21世纪法学系列教材配套辅导用书

婚姻家庭继承法练习题集

房绍坤　范李瑛　纪力玮　编著

中国人民大学出版社
·北京·

出版说明

法学练习题集系列自 2006 年出版以来，已经发行了 15 年。在这 15 年中，这套书受到了广大法学师生的喜爱，屡屡登上法学畅销书的排行榜。作为编者，我们倍受鼓舞，为能够为中国法学教育事业的发展贡献一点微薄的力量而感到由衷的喜悦，同时也深感自己身上的担子更重了。

这套书的设计初衷是帮助学生通过做练习的方式来检测、巩固所学知识，并通过案例分析、论述等题型的设计，进一步提高解决实务问题的能力和开阔学术研究的视野，通过“应试”的方式提高学习能力。从广大读者的反馈来看，这一设计初衷较好地实现了：学生通过精心设计的同步练习，更好地掌握了本学科的知识，加深了对司法实务问题的理解，并对一些法学学术前沿问题有所涉猎。

具体来讲，这套书有如下一些特点：

第一，帮助学生系统掌握本门学科知识。这套书参照法学课程通用教材设计章节体系，每本练习题集的每章下设“知识逻辑图”栏目，提纲挈领地勾画了一章的内容中不同知识点之间的逻辑关系，能帮助学生更好地理解知识体系、结构、逻辑关系，快速记忆本章的核心知识点。其后设计了名词解释、单项选择题、多项选择题、简答题、案例分析题、论述题等常见题型的自测题，突出了本章的重点、难点知识点，并提供了详细的答案分析，从而不仅可以开阔学生的眼界，帮助学生了解不同类型考题的不同形态，掌握其解题方法，而且可以培养和增强学生的综合实战能力。除每章的自测题外，全书还专门设计了三套综合测试题，学生可以在学完本门课程后自己测验一下对这门课程总的学习效果。

第二，帮助学生通过国家统一法律职业资格考试。法学专业的学生在经过系统学习之后，通过法律职业资格考试应当是顺理成章的事情，然而，法律职业资格考试在大多数法学院校学生中的通过率并不高。这套书从历年法律职业资格考试（司法考试）的试题中精选了部分经典的试题，帮助学生在上学期间了解法律职业资格考试的难度、考查的角度和形式，并进行有针对性的学习和准备。

第三，帮助学生准备考研。一方面，这套书从一些法学名校（如中国人民大学、北京大学、中国政法大学等）的历年考研试题中精选了部分试题；另一方面，这套书专门设计了“论述题与深度思考题”栏目，以拓展学生学术视野，同时，对考研的学生掌握论述题的答题方法和技巧亦有较大帮助。

我们的思路可归纳为：通过似乎回到“应试教育”模式、进行同步练习这样一种“俗”的方式，来达到我们强化“专业教育”的大而不俗的目的。

法学教育进入了新时代，更加强调法学专业学生对国家全面依法治国方略的学习和理解，更加强调法律职业伦理的塑造，更加强调法治人才对法治理论的实际运用能力。原来的“司法考试”升级为“国家统一法律职业资格考试”，无论是客观题还是主观题，都更加强调对案例分析能力的考查。作为一门实践性、应用性很强的学科，法学案例教学的重要性日益凸显。

为了回应新时代法学教育的需求，我们对这套书进行了全新的改版升级。一方面，我们适当增大了各类案例题型（案例型选择题、案例型分析题、案例型论述题）的比例。另一方面，我们力图运用新的出版技术手段，更好地为广大读者服务。在保留原有优势和特色的基础上，我们为每本书增加了相配套的视频讲解，选择书中的重点和难点题目，由作者进行更详细的分析和讲解。全书后附数字学习卡，扫码即可观看全部视频。除此之外，为方便读者学习，在有视频解析的题目下也配有二维码，读者扫码即可观看相关的讲解视频。另外，为了让大家有更好的阅读体验，我们采取了双色印刷的形式。采用双色印刷，既能帮助读者缓解视觉疲劳，又能对重点内容有所提示。[*]

此外，为了更好地为广大读者服务，我们计划建立读者答疑群。购买正版图书的读者可以凭书后的数字学习卡，一书一码，扫码进微信答疑群，我们会请相关书的作者不定期地进行集中的答疑。在这里，您既可以跟全国的读者进行交流，又可以得到专家学者的指导，从而能在学习上获得更多的帮助和支持。

最后，推荐大家关注中国人民大学出版社法律分社的微信公众号“人大社法律出版”。这里不仅有大量的出版资讯，还有不少的数字资源，是跟我们联系的另一条渠道。

您的喜爱是我们前行的动力，衷心希望这套练习题集能够做得越来越好，在您的前进道路上略尽绵薄之力。

2021 年 11 月

扫码关注“人大社法律出版”

* 《婚姻家庭继承法练习题集》无视频讲解和数字学习卡，采单色印刷形式。——编辑注

目　录

第一章　婚姻家庭法概述

知识逻辑图

- 婚姻家庭法概述
  - 婚姻家庭
    - 概念
      - 婚姻
        - 一般概念：当时社会制度确认的男女两性互为配偶的结合
        - 法律概念：男女双方以夫妻的权利、义务为内容的结合
      - 家庭
        - 一般概念：以婚姻、血缘和共同经济为纽带组成的亲属团体
        - 法律概念：共同生活成员间互享权利、互负义务的亲属团体
    - 特点
      - 婚姻
        - 婚姻的主体：男女两性的结合
        - 婚姻的目的：双方共同永久生活
        - 婚姻的效力：双方确立配偶身份
      - 家庭
        - 家庭的主体：一定范围内的亲属
        - 家庭的状态：共同生活和共同经济
        - 家庭的效力：家庭成员间确立权利义务
    - 属性
      - 自然属性：婚姻家庭关系赖以存在的自然因素
      - 社会属性：社会制度赋予婚姻家庭关系的本质属性
      - 属性间关系：自然属性是重要属性，社会属性是本质属性
    - 社会功能
      - 实现人口再生产的功能
      - 组织消费的功能
      - 教育的功能
  - 婚姻家庭制度
    - 概念：同一群体内男女两性关系限制的规则
    - 历史类型
      - 群婚制
        - 血缘群婚制
        - 亚血缘群婚制
      - 对偶婚制：一群男女中的一男一女一定时期内脱离群婚稳定地单独生活
      - 一夫一妻制：一男一女结为夫妻的婚姻制度

- 婚姻家庭法概述
  - 婚姻家庭法
    - 概念：调整婚姻关系和家庭关系的法律规范的总和
    - 特点
      - 适用上具有极大的广泛性
      - 内容上具有鲜明的伦理性
      - 规范上具有较多的强制性
    - 调整对象
      - 范围
        - 婚姻关系：夫妻之间的权利义务关系
        - 家庭关系：家庭成员之间的权利和义务关系
      - 性质
        - 人身关系：特定亲属间不具有经济内容的关系
        - 财产关系：特定亲属具有一定的经济内容的关系
    - 基本原则
      - 概念：婚姻家庭立法、婚姻家庭司法与婚姻家庭活动的基本准则
      - 类型
        - 婚姻自由
          - 内容
            - 结婚自由
            - 离婚自由
            - 两者的关系
          - 禁止性规定
            - 禁止包办婚姻
            - 禁止买卖婚姻
            - 禁止其他干涉婚姻自由的行为
            - 禁止借婚姻索取财物
        - 一夫一妻
          - 内容
            - 自然人不得同时有两个以上的配偶
            - 有配偶者在婚姻终止前不得再行结婚
          - 禁止性规定
            - 禁止重婚
              - 重婚类型
                - 法律重婚
                - 事实重婚
              - 重婚后果
                - 民事后果
                - 刑事后果
            - 禁止有配偶者与他人同居
        - 男女平等
          - 内容
            - 男女在婚姻上的权利义务平等
            - 夫妻在人身和财产上的权利义务平等
            - 父母对子女的权利义务平等
            - 其他男性和女性的权利义务平等
          - 禁止性规定
            - 禁止剥夺女性继承人的继承权
            - 禁止遗弃及虐待女婴、女童
            - 禁止虐待家庭成员
            - 禁止遗弃家庭成员
            - 禁止家庭暴力
        - 保护妇女合法权益
          - 保护的必要性
            - 男女平等原则的必要补充
            - 妇女生理因素的要求
          - 保护的法律规范
            - 《民法典》
            - 《妇女权益保障法》

- 婚姻家庭法概述
  - 婚姻家庭法
    - 基本原则
      - 类型
        - 保护未成年人合法权益
          - 保护的必要性
            - 祖国建设发展需要
            - 未成年人健康成长需要
          - 保护的法律规范
            - 《民法典》
            - 《未成年人保护法》
        - 保护老年人合法权益
          - 保护的必要性
            - 家风建设的需要
            - 老年人生活需要
          - 保护的法律规范
            - 《民法典》
            - 《老年人权益保障法》
        - 保护残疾人合法权益
          - 保护的必要性
            - 平等原则的必要补充
            - 残疾人身心及功能需要
          - 保护的法律规范
            - 《民法典》
            - 《残疾人保障法》
        - 家庭成员间相互关系
          - 树立优良家风，弘扬家庭美德
          - 夫妻间相互忠实、相互尊重
          - 家庭成员间敬老爱幼，相互帮助

名词解释与概念比较

1. 婚姻
2. 家庭
3. 包办婚姻
4. 遗弃
5. 事实重婚
6. 买卖婚姻与借婚姻索取财物
7. 重婚和有配偶者与他人同居
8. 家庭暴力与虐待

选择题

（一）单项选择题

1. 关于婚姻家庭法的调整对象，下列哪种说法是正确的？（　　）

A. 婚姻家庭法的调整对象仅包括婚姻家庭方面的人身关系

B. 婚姻家庭法的调整对象仅包括婚姻家庭方面的财产关系

C. 婚姻家庭法的调整对象包括婚姻家庭方面的人身关系和财产关系

D. 婚姻家庭法的调整对象包括婚姻家庭方面的人身关系和财产关系，人身关系附从于财产关系

2. 下列说法中，哪种说法是正确的？（　　）

A. 甲不殴打女儿，但经常对其谩骂，甲的行为不构成家庭暴力

B. 甲稍不如意就对儿子乙进行打骂，甲的行为构成虐待

C. 有配偶者与婚外异性持续、稳定地共同居住，但不以夫妻名义，不违反一夫一妻原则

D. 保护妇女、未成年人和老年人合法权益原则与男女平等原则，从某种程度上说是矛盾的

3. 关于违反婚姻自由原则的行为，下列哪种说法是正确的？（　　）

A. 甲对乙承诺：乙与其结婚后，赠送乙房屋一套。乙表示同意

B. 甲威胁乙，若不与其结婚，就与乙同归于尽。乙因恐惧而与之结婚

C. 甲威胁乙，若不与其结婚，就跳楼自杀。乙因恐惧而与之结婚

D. 甲将患有重大疾病的情况告诉乙，乙坚持与甲登记结婚

4. 甲男按当地习俗向乙女支付了结婚彩礼 10 万元及金银首饰数件，婚后不久甲男即主张离婚并要求返还彩礼。关于该彩礼的返还，下列哪种说法是正确的？（　　）

A. 因双方已办理结婚登记，故不能主张返还

B. 甲男主张彩礼返还，不以双方离婚为条件

C. 已办理结婚登记，未共同生活的，可主张返还

D. 已办理结婚登记，并已共同生活的，仍可主张返还

（二）多项选择题

1. 下列原则中，哪些属于婚姻家庭法的基本原则？（　　）

A. 婚姻自由原则

B. 一夫一妻原则

C. 男女平等原则

D. 计划生育原则

2. 下列行为中，哪些违反了婚姻家庭法的基本原则？（　　）

A. 甲男与乙女登记结婚后，甲在其打工所在城市与丙女不以夫妻名义长期同居生活

B. 家境贫寒的甲男与乙女自由恋爱准备结婚，乙女父母称，结婚可以，但必须先支付彩礼人民币12万元

C. 甲男与乙女结婚后，甲要求乙辞职在家专心照顾家庭，乙同意后辞去工作成为全职太太，甲外出工作赚钱养家

D. 甲男与乙女结婚后，甲要求乙辞职在家专心照顾家庭，甲外出赚钱养家。乙辞职后，甲说："这个家是我在挣钱养着，家里事我说了算。"并以乙不挣钱为由不允许乙向父母支付赡养费用

3. 下列情形中，哪些属于借婚姻索取财物的行为？（　　）

A. 甲男与乙女自愿结婚，但乙母向甲索要10万元彩礼

B. 乙女本不愿与甲男结婚，但在甲男自愿为其父支付10万元医药费后同意结婚

C. 甲男与乙女自愿结婚，甲母主动给付乙女10万元彩礼

D. 甲男与乙女自愿结婚，但乙女向甲母索要10万元彩礼

4. 关于婚姻家庭财产关系的表述，哪些说法是错误的？（　　）

A. 婚姻家庭财产关系，与婚姻家庭人身关系是并列关系

B. 婚姻家庭财产关系，与婚姻家庭人身关系是从属关系

C. 婚姻家庭财产关系，与财产法中的财产关系并无区别

D. 婚姻家庭财产关系，不适用《民法典》的财产规范

简答题

1. 简述婚姻家庭的属性。
2. 简述婚姻家庭的社会功能。
3. 简述彩礼的返还规则。
4. 简述婚姻家庭法的特点。

案例分析题

1. 甲男是A市某街道办事处婚姻登记员。甲欲与表妹乙登记结婚，但因乙在B市工作，且经常出差，甲便在乙未到场的情况下，给自己办理了结婚登记，开具了结婚证书。乙凭该结婚证书在单位申请了住房，甲也经常到B市与乙团聚。后甲又利用任职婚姻登记员的职务便利，与A市女青年丙领取了结婚证书。乙发现甲与丙领取结婚证书后，向法院提起自诉，要求追究甲、丙重婚罪的刑事责任。法院经审理认为，甲与乙为三代以内旁系血亲，且甲在乙未到场的情况下办理了结婚登记，其与乙的婚姻属于无效婚姻，不构成重婚。

请回答下列问题：

（1）法院的认识是否正确？

（2）甲的行为如何定性？

（3）丙的行为如何定性？

2. 甲男与乙女经人介绍相识，确定恋爱关系后，甲即购买了一枚钻戒赠送给乙。甲带乙回老家拜见父母，按照乙家乡的习俗，甲下聘礼10万元给乙后，乙跟随甲回家。同年两人举行了订婚仪式。仪式上，甲向乙父母支付了10 888元礼金。订婚后两人同居生活，因性格不合半年后分手。分手前后，乙多次为甲购买手表、衣服等物，共计人民币4万余元。因同居期间财产发生纠纷，甲将乙起诉到法院，要求其返还钻戒及彩礼21万余元；乙则起诉要求甲返还4万余元。

请回答下列问题：

（1）甲赠送给乙钻戒的行为性质是什么？

（2）甲支付乙聘礼及乙父母礼金的行为性质是什么？

（3）乙送甲物品的行为性质是什么？

论述题与深度思考题

1. 试述婚姻家庭财产关系的特点。

2. 试述婚姻自由原则。

参考答案

名词解释与概念比较

1. 婚姻，是指男女双方以永久生活为目的，以夫妻的权利、义务为内容的合法结合。

2. 家庭，是指共同生活的其成员互享法定权利、互负法定义务的亲属团体。

3. 包办婚姻，是指包括父母在内的第三者，违背婚姻自由原则，包办强迫他人婚姻的行为。

4. 遗弃，是指应当履行扶养、抚养和赡养的法定义务而不履行，使受害人的身心遭受严重损害的行为。

5. 事实重婚，是指前一个婚姻关系并未终止，一方或双方又与他人以夫妻名义共同生活，周围群众也认为是夫妻关系而形成的重婚。

6. 买卖婚姻与借婚姻索取财物

比较点	买卖婚姻	借婚姻索取财物
含义	第三者（包括父母）以索取大量财物为目的，包办强迫他人婚姻的行为	当事人一方或者一方的亲属，向对方索取一定数量的财物作为结婚条件的行为
婚姻基础	建立在包办、强制婚姻基础之上	建立在自主婚姻基础之上
索取财物主体	婚姻当事人以外的第三人，往往是一方的父母	既可以是婚姻当事人以外的第三人，也可以是婚姻当事人
违法程度	侵犯了当事人的婚姻自主权，违法程度较重	没有侵犯当事人的人身权，是对婚姻自主权的滥用，违法程度较低
目的	以索取财物为目的	以索取一定的财物为结婚的条件

7. 重婚和有配偶者与他人同居

比较点	重婚	有配偶者与他人同居
含义	有配偶者又与他人再行结婚的行为，包括事实上的重婚和法律上的重婚	有配偶者与婚外异性，不以夫妻名义，持续、稳定地共同生活
同居目的	以永久共同生活为目的	无永久共同生活的目的
同居名义	以夫妻名义同居	不以夫妻名义同居
法律后果	可能构成犯罪	违法但不构成犯罪

8. 家庭暴力与虐待

比较点	家庭暴力	虐待
含义	家庭成员之间以殴打、捆绑、残害、限制人身自由以及经常性谩骂、恐吓等方式实施的身体、精神等侵害行为	以作为或者不作为的手段，如打骂、冻饿、恐吓、限制人身自由、有病不予医治等，对家庭成员进行精神上和肉体上的折磨、摧残，使其遭受严重痛苦的行为
行为方式	作为形式	作为和不作为两种形式
行为状态	具有突发性、偶发性	具有持续性、经常性

选择题

（一）单项选择题

1. C。婚姻家庭法调整对象，从性质上既包括婚姻家庭方面的人身关系，又包括从属于人身关系的财产关系。综上，本题应选C项。

2. B。甲经常对女儿谩骂，对其精神造成损害，构成家庭暴力。有配偶者与婚外异性持续、稳定地共同居住，虽不以夫妻名义，但违背夫妻忠实义务，违反了一夫一妻原则。基于妇女、未成年人和老年人的社会状况和生理特点，对其进行特殊保护，是男女平等原则的补充，是男女平等原则真正实现的保障，二者在立法精神上是一致的。甲对儿子乙进行打骂的行为，属家庭暴力。甲稍不如意就对儿子乙进行打骂，为经常性的家庭暴力，构成虐待。综上，本题应选B项。

3. B。甲以自杀相威胁，迫使乙与其结婚，因不是以对乙的生命、健康、名誉、财产等造成损害为要挟，不构成胁迫。但甲声言与乙同归于尽，以给乙的生命健康造成损害为要挟，迫使乙因恐惧而违背真实意愿与之结婚，不符合“男女双方完全自愿”的结婚条件，违背婚姻自由原则。综上，本题应选B项。

4. C。甲与乙虽已办理结婚登记，但未共同生活，甲可主张乙返还给付的彩礼。如甲与乙已办理结婚登记且共同生活，甲也未因给付彩礼导致生活困难的，甲则不能主张乙返还彩礼。综上，本题应选C项。

（二）多项选择题

1. ABC。《民法典》在《婚姻法》基本原则的基础上，适应了计划生育政策的调整，删除了计划生育原则。综上，本题应选A、B、C项。

2. ABD。甲男有配偶与丙女长期持续、稳定同居生活，违反了一夫一妻制原则。甲男与乙女自愿结婚，但乙女父母却以索取彩礼作为结婚条件，违反了婚姻自由原则。甲男与乙女协商一致，乙辞职在家照顾家庭，甲外出工作赚钱养家，双方完全自愿，不违反法律强制性规定，合法有效。甲男剥夺乙女平等处理家庭事务的权利，不协助乙履行赡养费支付义务，违反男女平等原则。综上，本题应选A、B、D项。

3. AD。甲男与乙女自愿结婚，乙母向甲索要10万元彩礼作为结婚条件，属于借婚姻索取财物；甲男自愿为其父支付10万元医药费后，乙女同意与其结婚，符合婚姻自由原则的要求；甲母给付乙女10万元彩礼的行为，是以结婚为条件的自愿赠与行为，此种基于民间习俗不同于借婚姻索取财物的行为。甲男与乙女自愿结婚，乙女虽向甲母索要彩礼，仍为借婚姻索取财物。综上，本题应选A、D项。

4. ACD。婚姻家庭财产关系，与《民法典》中其他财产关系不同，从属于婚姻家庭人身关系。但同时，婚姻家庭财产关系，在法律适用上又具有相对的独立性。婚姻家庭法中对财产关系有规定的，优先适用该规定；没有规定的，《民法典》中与身份法特质不抵触的财产规范，具有适用性。综上，本题应选A、C、D项。

简答题

1. 婚姻家庭的属性，即婚姻家庭关系的本质，包括：（1）自然属性。婚姻家庭的自然属性，是指婚姻家庭关系赖以存在的自然因素。婚姻主体、法定婚龄及禁婚亲等规范都是自然属性的体现。（2）社会属性，是指社会制度赋予婚姻家庭关系的本质属性。婚姻家庭的社会职能、婚姻家庭制度类型的历史演变以及婚姻家庭法在法律体系中的地位等，都是社会属性的体现。（3）自然属性与社会属性，在地位上并不等同。自然属性是婚姻家庭的重要属性，社会属性是婚姻家庭的本质属性。

2. 婚姻家庭的社会功能，即婚姻家庭关系的社会功能，包括：（1）实现人口再生产的功能；（2）组织消费的功能；（3）教育的功能。

3. 彩礼，是当事人一方基于民间习俗给予另一方一定数量财物的行为，是当事人一方以结婚为目的的赠与。因此，接受彩礼的一方具备以下情形导致赠与目的不能实现时，应当返还收取的彩礼：（1）双方未办理结婚登记手续；（2）双方办理结婚登记手续但确未共同生活即离婚的；（3）婚前给付并导致给付人生活困难，登记结婚后离婚的。

4. 婚姻家庭法的特点体现在以下方面：（1）适用范围的广泛性；（2）规范内容的伦理性；（3）规范性质的强制性。

案例分析题

1.（1）法院的认识值得商榷。法院认为，甲与乙为三代以内旁系血亲，且甲在乙未到场的情况下领取结婚证的行为属违法，在前婚违法、后婚合法时，不构成重婚。这种解释将重婚行为的主体仅理解为前婚中的合法配偶，缩小了重婚的范围，有违立法本意，是不妥的。甲与乙为三代以内旁系血亲，属于《民法典》规定的法定婚姻无效情形。关于前婚无效、后婚是否构成重婚的问题，《民法典》没有作出规定，理论上有不同认识。但司法实践中，对婚姻无效采取宣告无效制度，经登记确立的婚姻关系在被法院确认无效之前，基于登记产生的婚姻约束力仍合法有效地存续。

（2）甲男隐瞒与乙三代以内旁系血亲关系的事实，在乙未到场的情况下，为其与乙办理结婚登记手续，出具结婚证书；乙虽未亲自到场办理结婚登记，但接受结婚登记结果并享受结婚登记利益，其与甲男的婚姻关系成立。甲男在与乙的婚姻关系存续期间，又开具与丙的结婚证明，属于明知自己有配偶而与他人结婚的行为，构成法律上的重婚，甲男与乙间的禁婚亲，不能成为甲男重婚的阻却事由。

（3）对于丙的行为定性，应区分两种情形进行分析。其一，如果丙也为已婚者，则因其属于有配偶者而与他人结婚的，构成重婚；其二，如果丙为未婚者，依据我国《刑法》第258条的规定，只有“明知”他人有配偶而仍与之结婚的未婚者，才构成重婚。申言之，如果丙因受甲男欺骗，在不知甲男为已有配偶者的情形下与甲男结婚，则因其没有重婚犯罪的故意，不构成重婚罪。相反，如果丙明知甲男与乙之间存在婚姻关系，而仍与甲男登记结婚，则因其具有主观的重婚故意，对其行为应定性为重婚罪。

2.（1）甲赠送乙钻戒的行为，为赠与行为，但该赠与行为属于以结婚为目的的特种赠与行为，现结婚目的没有实现，乙女对受赠钻戒构成不当得利，应当予以返还。

（2）甲支付乙聘礼及乙父母礼金的行为，为给付彩礼行为。彩礼系当事人一方以结婚为目的支付给另一方的钱物，是附条件的赠与行为。如婚姻不能缔结，则解除条件成就，给付方有权请求返还。

（3）乙给甲购买手表、衣服的行为，没有明确是以缔结婚姻为条件，分手前后均有该类行为，应为联络感情和表达爱意，不是附条件的赠与行为，而是一般的赠与行为，乙无法定撤销事由，无权请求甲返还。

论述题与深度思考题

1. 婚姻家庭财产关系与其他民事财产关系相比，具有以下特点：（1）主体不同。婚姻家庭财产关系以特定亲属关系为前提，从属于婚姻家庭人身关系，具体表现为发生上的从属性、内容上的从属性和终止时的从属性；而其他民事财产关系的主体，则为一般主体，财产关系与人身关系是并列关系。（2）功能不同。婚姻家庭财产关系是为了满足亲属间共同生活和家庭经济功能的需要，是为了实现家庭的社会功能；而其他民事财产关系一般是为了实现商品交换的功能。（3）产生依据不同。婚姻家庭中的财产关系，依据婚姻家庭法规定产生，适用《民法典》婚姻家庭编的规定。在婚姻家庭编没有规定时，《民法典》中财产法的规定与婚姻家庭法身份法的特质不相抵触的，可适用财产法的规定；而其他民事财产关系，则适用纯粹财产法规范。（4）意思自治程度不同。婚姻家庭法为强制性规范，相应地，婚姻家庭财产关系中当事人意思表示的自治程度受到法律的限制；而其他民事财产关系则以意思自治为原则。

2. 婚姻自由是指婚姻当事人有权按照法律的规定，完全自主地决定自己的婚姻问题，不受任何他人的强制和干涉，包括结婚自由和离婚自由。婚姻自由的实现，应当具备法律规定的条件和程序。就结婚自由的实现条件而言，结婚应当符合法律规定的必备条件，无法律规定的禁止条件，并办理结婚登记手续。就离婚自由的实现条件而言，因离婚方式的不同而有所不同。协议离婚的，应当具备协议离婚的条件，并办理离婚登记手续；诉讼离婚的，应当具备感情确已破裂的条件，经法院调解或者判决离婚。同时，婚姻自由的实现，应当排除违反婚姻自由原则的行为。包办婚姻、买卖婚姻、其他干涉婚姻自由的行为和借婚姻索取财物等违反婚姻自由的行为，均为我国法律所禁止。

第二章　亲属制度

知识逻辑图

- 亲属制度
  - 亲属的概念：基于婚姻、血缘和法律拟制而形成的社会关系
  - 亲属的特点
    - 亲属社会关系经法律调整，形成亲属法律关系
    - 亲属法律关系的产生基于特定的法律事实
    - 亲属有固定的身份和称谓
    - 法律确认的亲属之间互有法律上的权利和义务
  - 亲属的种类
    - 配偶：男女双方因结婚而形成的亲属关系
    - 血亲
      - 自然血亲
        - 全血缘自然血亲
        - 半血缘自然血亲
      - 拟制血亲
    - 姻亲：以婚姻为中介形成的亲属关系
  - 亲系
    - 类型
      - 直系亲和旁系亲
        - 直系血亲
        - 直系姻亲
        - 旁系血亲
        - 旁系姻亲
      - 父系亲和母系亲
      - 男系亲和女系亲
      - 长辈亲、同辈亲与晚辈亲
  - 亲等
    - 概念：计算亲属关系亲疏远近的基本单位
    - 类型
      - 罗马法计算法
        - 直系血亲计算法
        - 旁系血亲计算法
        - 姻亲亲等计算法
      - 寺院法计算法
        - 直系血亲计算法
        - 旁系血亲计算法
        - 姻亲亲等计算法
      - 我国代数计算法
        - 直系血亲计算法
        - 旁系血亲计算法
  - 亲属关系的重复
    - 概念：有亲属关系的两人同时存在两种以上的亲属关系
    - 处理原则
      - 一关系不为另一关系吸收或排斥原则
      - 法律适用采从近从重原则
  - 亲属关系的发生
    - 配偶关系：以婚姻成立为发生原因
    - 血亲关系
      - 自然血亲：以自然人出生为发生原因
      - 拟制血亲
        - 养父母子女关系，因收养成立而发生
        - 继父母子女关系，因继父母抚养、教育继子女而发生
    - 姻亲关系：以婚姻的成立为发生原因

- 亲属制度
  - 亲属关系的终止
    - 配偶关系
      - 一方死亡
        - 宣告死亡
        - 自然死亡
      - 双方离婚
        - 协议离婚：完成离婚登记
        - 诉讼离婚
          - 离婚判决书生效
          - 离婚调解书生效
    - 血亲关系
      - 自然血亲
        - 宣告死亡
        - 自然死亡
      - 拟制血亲
        - 一方死亡
        - 依法解除
    - 姻亲关系
      - 婚姻因离婚终止：自然终止
      - 婚姻因一方死亡终止：不自然终止
  - 亲属关系的法律效力
    - 婚姻家庭法上的效力
      - 扶养效力
      - 共同财产效力
      - 禁婚效力
      - 继承效力
    - 其他民事规范上的效力
      - 法定代理效力
      - 成年人民事行为能力丧失的申请认定效力
      - 监护效力
      - 对下落不明人的申请宣告效力
    - 刑法上的效力
      - 犯罪构成效力
      - 告诉、和解效力
    - 诉讼法上的效力
      - 回避效力
      - 上诉和申诉效力
      - 申请执行效力
    - 劳动法上的效力
      - 劳动者死后其亲属的抚恤待遇
      - 劳动者与亲属分居两地的探亲待遇
    - 国籍法上的效力
      - 基于亲属关系申请取得中国国籍
      - 基于亲属关系申请退出中国国籍

名词解释与概念比较

1. 亲属
2. 配偶
3. 血亲
4. 姻亲
5. 直系血亲与旁系血亲
6. 自然血亲与拟制血亲
7. 亲系与亲等

选择题

（一）单项选择题

1. 依据亲属关系产生的原因不同，亲属可以作哪种分类？（　　）

A. 直系亲与旁系亲

B. 配偶、血亲和姻亲

C. 直系血亲与直系姻亲、旁系血亲与旁系姻亲

D. 配偶、自然血亲和拟制血亲

2.《民法典》中计算亲属关系亲疏远近的方法是哪一种？（　　）

A. 罗马法计算法

B. 寺院法计算法

C. 以“代数”作为计算亲属关系的基本单位

D. 以上方法综合运用

3. 关于亲属关系的终止，下列哪种说法是正确的？（　　）

A. 一审判决准予甲、乙离婚，乙在上诉期内死亡，双方的配偶关系因一审判决生效而终止

B. 一审判决准予甲、乙离婚，乙在上诉期内死亡，双方的配偶关系因乙死亡而终止

C. 甲、乙签署了离婚协议，双方的配偶关系自协议成立之日起终止

D. 甲签收离婚调解书后，乙在签收前死亡，双方的配偶关系自甲签收之日起终止

4. 关于父母与子女间解除亲子关系协议的效力，下列哪种说法是正确的？（　　）

A. 甲与婚生子乙解除父子关系的协议，自签订之日起生效

B. 甲与婚生子乙免除乙赡养义务的协议，自协议签订之日起生效

C. 甲与养子乙解除父子关系的协议，自协议签订之日起生效

D. 甲与有抚养关系的继子乙解除父子关系的协议，自协议签订之日起生效

5. 关于姻亲的说法，下列哪种说法是正确的？（　　）

A. 甲父与继母乙登记结婚，乙与未受其抚养的甲产生姻亲关系

B. 甲父与继母乙未登记而同居生活，乙与未受其抚养的甲产生姻亲关系

C. 甲父与继母乙登记结婚后，乙与受其抚养的甲产生姻亲关系

D. 甲父与继母乙未登记而同居生活，乙与受其抚养的甲产生姻亲关系

6. 甲因婚后经常被其丈夫乙打骂，向某区法院提起离婚诉讼。该区法院经审理后认为双方感情确已破裂，判决准予离婚，并对共有财产进行了分割。甲认为区法院对财产的处理不公平，于是向中级人民法院提起上诉。在二审审理期间，乙因意外事故死亡，二审法院遂裁定终结诉讼。关于本案，下列哪种说法是正确的？（　　）

A. 二审法院裁定终结诉讼后，区法院的离婚判决即发生法律效力

B. 二审法院裁定终结诉讼后，区法院的离婚判决不发生法律效力

C. 区法院的离婚判决是否发生法律效力，取决于上诉期间是否届满，只要上诉期间届满，该判决即发生法律效力

D. 区法院的判决中，解除婚姻关系的部分发生法律效力，而财产分割部分不发生法律效力

（二）多项选择题

1. 下列关于“亲属法上的亲属”的阐释，哪些说法是正确的？（　　）

A. 亲属之间具有固定的身份和称谓

B. 亲属关系只能产生于特定的法律事实

C. 亲属之间具有法定的权利和义务关系

D. 社会学意义上的亲属与法律意义上的亲属相比，范围要广泛得多

2. 下列表述中，哪些说法是正确的？（　　）

A. 在我国，叔伯与侄子女虽然是亲属，但相互间不具有权利义务关系

B.《民法典》采用的是罗马法亲等计算法

C. 同父异母的兄弟姐妹是三代旁系血亲

D. 自然血亲只能因一方死亡而终止，拟制血亲除因一方死亡外，还可因其他法律事实而终止

3. 下列表述中，哪些表述不正确？（　　）

A. 亲属关系只能产生于血缘、法律拟制和婚姻等三个特定的法律事实

B. 亲属关系的法律效力仅体现在民法典上

C. 配偶是亲属之源而非亲属本身

D. 姻亲关系因婚姻终止而自然终止

4. 关于拟制血亲的终止，下列哪些说法是正确的？（　　）

A. 甲与养子乙生父母签订解除收养协议，协议生效，收养解除

B. 甲与未成年继子乙的生母离婚时单方请求解除与乙继父子关系，意思表示生效，继父子关系解除

C. 甲与成年养子乙签订解除收养协议，协议生效，收养解除

D. 甲与形成抚养关系的成年继子乙签订解除继父子关系协议，协议生效，继父子关系解除

5. 下列成员中，哪些属于家庭成员？（　　）

A. 甲与乙登记结婚后开始共同生活

B. 甲与乙未办理结婚登记而以夫妻名义共同生活

C. 甲与乙以夫妻名义的共同生活被认定为事实婚姻

D. 甲与乙离婚后仍以夫妻名义共同生活

6. 甲、乙为夫妻，长期感情不和。某日甲乘火车去外地出差，在火车上失踪，没有发现其被害尸体，也没有发现其在何处下车。乙向法院申请宣告甲死亡，法院依据法定程序作出宣告甲死亡的判决。之后，乙向法院起诉要求铁路公司对甲的死亡进行赔偿。关于甲被宣告死亡，下列哪些说法是正确的？（　　）

A. 甲的继承人可以继承其财产

B. 甲、乙婚姻关系消灭，且不可能恢复

C. 宣告死亡的判决作出之日为甲的死亡日期

D. 铁路公司应当对甲的死亡进行赔偿

简答题

1. 亲属的特点。

2. 亲属关系的类型。

3. 拟制血亲关系的终止。

4. 亲属关系重复的处理原则。

5. 亲属在婚姻家庭法上的效力。

案例分析题

1. 甲的父亲与乙的祖母是兄妹关系，甲是表叔，乙是表侄女。乙幼年被丙夫妇合法收养。现甲、乙准备结婚，丙夫妇表示反对，但乙坚持己见，丙夫妇与乙协议断绝了养父母子女关系。甲、乙双方到婚姻登记机关申请结婚登记，婚姻登记机关为其办理了结婚登记。

请回答下列问题：

（1）甲、乙之间发生何种亲属关系？

（2）甲、乙之间的亲等如何计算？

（3）丙夫妇与乙断绝养父母子女关系的协议是否具有法律效力？

2. 甲与乙双方具备结婚实质条件但未办理结婚登记即以夫妻名义共同生活。共同生活 6 年后，双方补办了结婚登记。2 年后，甲向法院起诉离婚，经法院主持调解，双方达成调解协议。甲签收了离婚调解书后，乙尚未签收离婚协议书即因意外事故下落不明。乙下落不明 4 年之后，甲向法院申请宣告乙死亡。

请回答下列问题：

（1）甲、乙双方的配偶关系何时确立？

（2）离婚调解书是否生效？

（3）甲是否有权申请宣告乙死亡？

论述题与深度思考题

1.《民法典》中的亲系划分。

2. 亲属关系在其他民事法律上的效力。

参考答案

名词解释与概念比较

1. 亲属，是指人们基于婚姻、血缘和法律拟制而形成的社会关系。

2. 配偶，即夫妻，是指男女双方因结婚而形成的亲属关系。

3. 血亲，是指有血缘联系的亲属。

4. 姻亲，是指以婚姻为中介而形成的亲属关系，但配偶本身除外。

5. 直系血亲与旁系血亲

比较点	直系血亲	旁系血亲
含义	彼此之间具有直接血缘联系的血亲，包括己身所从出和从己身所出的血亲	彼此间具有间接血缘联系的血亲，即没有直接的血缘联系，但在血缘上同出一源的血亲
血缘联系程度	直接血缘联系	间接血缘联系
禁婚范围	禁止结婚	三代以内禁止结婚

6. 自然血亲与拟制血亲

比较点	自然血亲	拟制血亲
含义	有自然血缘联系的亲属，全血缘（同父同母）或半血缘（同父异母、同母异父），都属于自然血亲的范围	相互之间本无该种血亲应当具有的血缘关系，但法律确认其与该种血亲具有相同的权利义务的亲属

续表

比较点	自然血亲	拟制血亲
血缘来源	在血缘上具有同源关系，以自然血缘为纽带	在血缘上无该种血亲应有的血缘关系，依法律创设血亲关系
发生原因	以出生作为法律事实	以法律行为或者事实行为作为法律事实
终止原因	当事人死亡	除当事人死亡外，收养关系还可因收养解除而终止；有抚养关系的继父母子女关系，可基于当事人协议解除，或者一方诉请法院依法解除

7. 亲系与亲等

比较点	亲系	亲等
含义	亲属间的联络系统	计算亲属关系亲疏远近的基本单位
依据	以婚姻、血缘为依据	以血缘为依据
划分标准	有直系亲与旁系亲之分，也有血亲与姻亲之分	只有直系血亲与旁系血亲之分
亲等计算	亲等计算以血亲为基础，只有血亲存在亲等问题	姻亲不存在亲等的计算，但亲等准用于姻亲，即姻亲以血亲的亲等为其亲等

选择题

（一）单项选择题

1. B。亲属是人们基于婚姻、血缘和法律拟制而形成的社会关系，因此根据亲属关系产生的原因，亲属分为配偶、血亲和姻亲。综上，本题应选 B 项。

2. C。《民法典》第 1048 条规定，直系血亲和三代以内旁系血亲禁止结婚。依据该规定，我国关于亲等的计算，采用代数计算法。综上，本题应选 C 项。

3. B。我国实行二审终审制，一审准予离婚的判决作出后，当事人在上诉期内提起上诉的，一审判决不发生效力，当事人的婚姻关系依然存续。上诉期内当事人一方死亡的，婚姻关系终止。当事人登记离婚的，完成离婚登记，婚姻关系解除，离婚协议书作为附生效条件的民事法律行为，自婚姻关系解除时附随生效，不是自协议成立之日起生效。离婚调解书作为解除当事人婚姻关系的法律文书，依据《民事诉讼法》第 97 条第 3 款的规定，调解书经双方当事人签收后，即具有法律效力。当事人一方签收后，另一方签收前死亡的，离婚调解书不生效，双方的配偶关系不终止。综上，本题应选 B 项。

4. D。父母与婚生子女的关系，是自然血亲关系，当事人死亡是唯一终止原因。子女与生父母签订的解除父子关系协议或免除对生父母赡养义务的协议，虽意思表示真实，但违背善良风俗，协议无效。养父母与养子女之间的关系，是基于法律行为形成的拟制血亲关系，可通过协议方式解除，但依据《民法典》的规定，解除收养关系的协议应自办理解除收养登记之日起生效。继父或者继母与受其抚养教育的继子女之间的关系，是因事实行为形成的拟制血亲关系，可通过协议方式解除，解除继父母子女关系的协议自签订之日起生效。综上，本题应选 D 项。

5. A。继子女与继父或继母姻亲关系的形成，原则上基于生父或生母与继母或继父登记结婚的事实。因此，甲父与继母乙登记结婚，乙与未受其抚养的甲产生姻亲关系；甲父与继母乙未登记而同居生活，乙与未受其抚养的甲不产生姻亲关系；甲父与继母乙登记结婚后，乙与受其抚养的甲之间的关系，已由姻亲转化为拟制血亲关系；甲父与继母乙未登记而同居生活，即使甲受继母乙的抚养教育，双方之间也不产生姻亲关系。综上，本题应选 A 项。

6. B。我国实行两审终审制。一审准予离婚的判决作出后，当事人在上诉期内提起上诉的，一审判决不生效力，双方的婚姻关系依然存续。在二审审理期间，因一方死亡，双方的婚姻关系终止。综上，本题应选 B 项。

（二）多项选择题

1. ABCD。社会学意义上亲属关系基于出生、法律行为或事实行为等特定的法律事实而产生。法律对一定范围内的亲属关系进行调整，设定相互间的权利义务。亲属法律关系与其他法律关系不同，主体间具有固定的身份和称谓，除法律规定外，当事人不得随意变更或者解除。综上，本题应选 A、B、C、D 项。

2. AD。《民法典》采用世代亲等计算法，叔伯与侄子女为三代以内旁系血亲，但不是近亲属，相互间无法定的权利和义务；同父异母的兄弟姐妹，是半血缘的自然血亲，为二代而非三代旁系血亲；自然血亲只能因一方死亡而终止，拟制血亲除因一方死亡外，养父母子女关系可依行政程序或诉讼程序解除，有抚养关系的继父母子女关系可由双方协议或依诉讼程序解除。综上，本题应选 A、D 项。

3. BCD。亲属关系基于血缘、法律拟制和婚姻三个特定法律事实。亲属关系经法律调整后，在民法、刑法、诉讼法、劳动法、国籍法上均具有法律效力。在我国，配偶既是亲属之源，又是亲属本体，以婚姻为中介的姻亲关系因离婚而自然终止，但不因配偶一方而自然终止。丧偶儿媳或丧偶女婿自愿与公婆或岳父母保持姻亲关系的，法律不予禁止，且在一定条件下享有公婆或岳父母遗产的继承权。综上，本题应选 B、C、D 项。

4. BD。收养人可与未成年养子女的生父母或成年养子女协议解除收养关系，但应当办理解除收养关系登记，否则不发生收养解除的效力。故 A、C 项错误。继父或继母与生母或继父离婚时，对曾受其抚养教育的未成年继子女，继父或继母有权单方解除继父母子女关系。但继父或继母无权单方解除与其形成抚养关系的成年继子女的继父母子女关系，应当协议解除或诉讼解除。协议解除继父母子女关系的，自协议生效时起继父母子女关系终止。综上，本题应选 B、D 项。

5. AC。依据《民法典》第 1045 条第 3 款的规定，配偶、父母、子女和其他共同生活的近亲属为家庭成员。甲与乙登记结婚后确立配偶关系，为家庭成员；甲与乙以夫妻名义的共同生活被认定为事实婚姻后，其地位视为婚姻关系存续期间，也为家庭成员。甲与乙未办理结婚登记而以夫妻名义共同生活或离婚后仍以夫妻名义共同生活，双方为同居关系，不是家庭成员。综上，本题应选 A、C 项。

6. AC。甲被宣告死亡，死亡日期为判决作出日期。宣告死亡产生与自然死亡同等的法律后果。因此，宣告甲死亡的判决生效后，甲与乙的婚姻关系消灭，继承开始，甲的继承人可以继承其财产。甲、乙的婚姻关系消灭后，如甲重新出现，宣告其死亡的判决被法院撤销，乙未再婚也未向婚姻登记机关书面申请不恢复婚姻关系的，双方的婚姻关系自行恢复。铁路公司对甲的死亡没有过错，依据《民法典》第 823 条第 1 款的规定，对甲的死亡不承担赔偿责任。综上，本题应选 A、C 项。

简答题

1. 亲属具有如下特点：(1) 亲属这种社会关系一经法律调整，便形成亲属法律关系；(2) 亲属法律关系的产生基于特定的法律事实，包括婚姻、血缘和法律拟制；(3) 亲属有固定的身份和称谓；(4) 法律确认的亲属之间互有法律上的权利和义务。

2. 根据亲属关系产生的原因不同，亲属分为配偶、血亲、姻亲三种。配偶是指结为夫妻的男女双方；血亲是指有血缘联络的亲属，包括自然血亲和拟制血亲，是亲属中的主要部分；姻亲是指以婚姻为中介而产生除配偶以外的亲属，即配偶一方与对方的亲属之间所产生的亲属关系。

3. 拟制血亲关系因类型不同，终止的法律事实也不相同。养父母与养子女的拟制血亲关系，除因当事人一方或双方死亡终止外，还可依行政程序和诉讼程序解除。继父或继母与受其抚养教育的继子女之间的拟制血亲关系，除因当事人一方或双方死亡终止外，可依双方协议或诉讼程序解除。继父或继母与生母或生父离婚时，继父或继母还可单方解除与受其抚养教育的未成年继子女之间的继父母子女关系。

4. 亲属关系的重复又称亲属关系的并存，是指有亲属关系的两人之间，同时存在两种以上不同的亲属关系。例如，叔侄间收养关系的成立，可同时存在养父母与子女间的拟制直系血亲关系和叔侄间的旁系血亲关系。亲属关系重复时适用两项原则：一是“一关系不为另一关系吸收或排斥”的原则，即并存的亲属关系各自独立存在，各保有其固有的效力；二是“从近从重”原则，即同时并存的亲属关系中，适用亲属关系近者、权利义务重者的法律规定，发生该种亲属的效力，同时停止亲属关系远者、权利义务轻者的亲属效力。

5. 亲属在婚姻家庭法上发生如下效力：(1) 扶养效力。一定范围内的亲属有相互的抚养、赡养和扶养的义务。(2) 共同财产效力。婚姻关系存续期间夫妻一方或双方所得的财产，推定为双方共同共有。(3) 禁婚效力。基于遗传学、优生学和伦理学原理，法律禁止直系血亲和三代以内旁系血亲结婚。(4) 继承效力。一定范围内的亲属有相互继承的权利。

案例分析题

1. (1) 甲、乙为自然血亲的旁系血亲。甲是乙父亲的表弟，甲的祖父母是乙的曾外祖父母，双方在血缘上同出一源，具有自然血缘的亲属关系。乙被人收养，与生父母及生父母近亲属之间的权利义务关系终止，但与生父母及生父母近亲属之间的自然血缘关系仍然存在。

(2) 甲、乙之间亲等的计算采用世代计算法。具体计算方法为：从己身往上数至所指亲属的同源的直系长辈血亲的代数，再从所指亲属数至同源直系长辈血亲的代数，两边代数相等的，取该等数；两边代数不等的，取多数为代数。甲、乙的同源直系长辈血亲为甲的祖父母、乙的曾外祖父母。甲与祖父母为三代内直系血亲，乙与曾祖父母为四代内直系血亲，因此，甲与乙为四代旁系血亲。

(3) 丙夫妇与乙可依协议方式解除养父母子女关系。丙夫妇与乙之间为拟制血亲的父母子女关系，除因一方死亡而终止外，民事法律行为也是父母子女关系终止的法律事实。乙与丙夫妇解除收养关系的协议自双方意思表示一致时成立，但应在办理解除收养登记后生效。

2. (1) 双方的配偶关系自以夫妻名义共同生活之日起发生。补办结婚登记的，婚姻关系是否具有溯及既往的效力，《民法典》未作出规定，司法实践中，赋予补办结婚登记溯及力。依据《最高人民法院关于适用〈中华人民共和国民法典〉婚姻家庭编的解释(一)》(以下简称《婚姻家庭解释（一)》) 第 6 条的规定，补办结婚登记的，婚姻关系的效力从双方均符合《民法典》规定的结婚的实质要件时起算。甲、乙以夫妻名义共同生活时均符合《民法典》规定的结婚实质要件，因此，补办结婚登记后，双方自以夫妻名义共同生活之日起即具有配偶身份。

(2) 离婚调解书尚未生效。依据《最高法院关于适用〈中华人民共和国民事诉讼法〉的解释》第 149 条的规定，调解书需经当事人签收后才发生法律效力的，应当以最后收到调解书的当事人签收的日期为调解书生效日期。乙尚未签收离婚调解书即因意外事故下落不明被法院宣告死亡，因此，该离婚调解书不发生法律效力。

(3) 甲有权申请宣告乙死亡。乙未签收离婚调解书，离婚调解书未生效，甲与乙的婚姻关系不发生解除后果。婚姻关系存续期间，乙因意外事故下落不明，甲作为配偶，有权向法院申请宣告乙死亡。法院依据法律规定的条件和程序宣告乙死亡的，宣告死亡的判决作出之日视为乙死亡的日期，甲与乙的婚姻关系因乙死亡而终止。

论述题与深度思考题

1. 亲系是指亲属之间（配偶除外）的联络系统。《民法典》将亲系划分为直系亲和旁系亲。(1) 直系亲包括直系血亲和直系姻亲。直系血亲是指彼此之间具有直接血缘联系的血亲，包括自然血缘的直系血亲和拟制血缘的直系血亲；民法典中的父母与子女之间、祖孙之间即为直系血亲关系。直系姻亲是指己身与直系血亲的配偶或与配偶的直系血亲所形成的亲属关系。民法典中的公婆与儿媳、岳父母与女婿属于直系姻亲。(2) 旁系亲包括旁系血亲和旁系姻亲。旁系血亲是指彼此间具有间接血缘联系的血亲，即没有直接的血缘联系，但在血缘上同出一源的血亲，包括自然血缘的旁系血亲和拟制血缘的旁系血亲。民法典中的兄弟姐妹之间的关系即为旁系血亲关系；旁系姻亲是指己身与旁系血亲的配偶或与配偶的旁系血亲所形成的亲属关系。

2. 在民法典体系下，民事法律规范与亲属关系密切相关，亲属关系主要发生如下效力：(1) 法定代理效力。近亲属是无民事行为能力人或限制民事行为能力人的法定代理人。(2) 对成年人为无民事行为能力人或限制民事行为能力人的申请认定效力。对于不能辨认或者不能完全辨认自己行为的成年人，近亲属可以向法院申请认定该成年人为无民事行为能力人或者限制民事行为能力人；被法院认定为无民事行为能力人或者限制民事行为能力人的，经本人或者近亲属申请，法院可以认定该成年人恢复为限制民事行为能力人或者完全民事行为能力人。(3) 监护效力。父母是未成年子女的监护人，如父母已经死亡或者没有监护能力的，祖父母、外祖父母以及兄、姐为监护人；无民事行为能力或者限制民事行为能力的成年人，其配偶、父母、子女、其他近亲属按照顺序担任其监护人。(4) 对下落不明人的申请宣告效力。近亲属对下落不明达一定期限的人，可以向法院申请宣告失踪、宣告死亡。当失踪人或被宣告死亡的人重新出现时，经本人或者近亲属申请，法院应当撤销失踪宣告、死亡宣告。

第三章　结婚制度

知识逻辑图

- 结婚制度
  - 结婚的概念：男女双方确立夫妻关系的民事法律行为
  - 结婚的特点
    - 结婚的主体是男女双方的结合
    - 结婚的行为是民事法律行为
    - 结婚的效力是确立婚姻关系
  - 结婚的条件
    - 必备条件
      - 概念：结婚当事人必须具备的条件
      - 类型
        - 有结婚的合意
        - 达到法定婚龄
        - 符合一夫一妻制
    - 禁止条件
      - 概念：结婚当事人不能具备的条件
      - 类型
        - 直系血亲
          - 自然血缘直系血亲
          - 法律拟制直系血亲
        - 三代以内旁系血亲：限于自然血亲
  - 结婚的程序
    - 概念：缔结婚姻所必须履行的法定手续
    - 类型
      - 登记制：当事人应到主管部门办理结婚登记
      - 仪式制：当事人须举行一定的公开形式以取得社会承认
      - 登记与仪式结合制：当事人既须登记又须举行仪式
    - 办理登记的机关：一方当事人常住户口所在地的婚姻登记机关
    - 登记的具体程序
      - 申请
      - 审查
      - 登记
    - 登记的效力：完成结婚登记，即确立婚姻关系
    - 复婚登记：当事人自愿恢复婚姻关系，应重新进行结婚登记
    - 结婚证书：婚姻登记机关出具的证明夫妻关系成立的法律文书
    - 婚约
      - 概念：男女双方以将来结婚为目的的事先约定
      - 纠纷的处理
        - 婚约履行之诉不予受理
        - 婚约财产纠纷予以受理
          - 买卖婚姻性质的财物没收
          - 诈骗性质的财物归还受害人
          - 赠与性质的财物返还赠与人
    - 登记后家庭成员身份的确定：男女双方都可成为对方的家庭成员

- 结婚制度
  - 婚姻无效
    - 概念：违反法律规定的结婚客观实质要件而不具有法律效力的违法结合
    - 原因
      - 重婚
      - 禁婚亲
      - 未达法定婚龄
    - 宣告程序
      - 特别程序：对婚姻效力不适用调解，确认判决作出即产生法律效力
      - 普通或简易程序：对财产处理和子女抚养适用调解，对一审判决当事人可以上诉
      - 法院依职权宣告：当事人未提出请求的，法院可主动否认违法婚姻的效力
    - 请求权人范围
      - 重婚的，为当事人的近亲属及基层组织
      - 未到法定婚龄的，为未到法定婚龄者的近亲属
      - 禁婚亲的，为当事人的近亲属
    - 请求权的行使期限
      - 申请时，法定的无效婚姻情形未消失
      - 申请时，夫妻一方或者双方死亡的，亦可
  - 婚姻撤销
    - 概念：结婚意思表示存在瑕疵的当事人，可依法请求撤销婚姻
    - 原因
      - 受胁迫而结婚：一方以给另一方或其亲属造成人身、财产损害要挟另一方与其结婚
      - 受欺诈而结婚：结婚登记前一方有重大疾病未告知，另一方不知情而结婚
    - 撤销程序
      - 普通程序
      - 简易程序
    - 请求权人范围：受胁迫或者受欺诈一方当事人
    - 请求权的行使期限
      - 受胁迫方应自胁迫行为终止之日起1年内
      - 被非法限制人身自由的受胁迫方自恢复人身自由之日起1年内
      - 一方患有重大疾病，在结婚登记前不如实告知另一方的，受欺诈方应自知道或者应当知道撤销事由之日起1年内
  - 婚姻无效或被撤销的后果
    - 对当事人的后果
      - 人身关系：以夫妻身份为基础的人身关系消除
      - 财产关系：以夫妻身份为基础的财产关系消除
    - 对子女的后果
      - 子女为非婚生子女
      - 子女地位与婚生子女相同
    - 其他后果：无过错方的损害赔偿请求权
    - 无效法律后果的缓和
      - 申请时，法定的无效婚姻情形消失，婚姻有效
      - 申请时，超过撤销权行使期间，婚姻有效
  - 事实婚姻
    - 概念
      - 广义：欠缺结婚实质要件和形式要件
      - 狭义：欠缺结婚的形式要件
    - 效力规范
      - 1994年2月1日前，男女双方符合结婚实质要件，构成事实婚姻
      - 1994年2月1日后，男女双方符合结婚实质要件未补办结婚登记，为同居关系
  - 同居
    - 概念：未办理结婚登记而以夫妻名义的共同生活
    - 类型
      - 未婚同居
        - 概念：没有配偶的男女双方、未办理结婚登记以夫妻名义的共同生活
        - 地位：法律不禁止，也不支持
        - 处理
          - 法院不予受理
          - 裁定驳回起诉
          - 补办结婚登记
      - 有配偶者与他人同居
        - 性质：非法同居
        - 认定标准：有配偶者与婚外异性不以夫妻名义的长期共同生活
        - 处理：当事人请求解除时，法院应受理并依法予以解除
        - 法律后果
          - 离婚事由
          - 离婚损害赔偿事由
          - 离婚财产分割时照顾无过错方事由
      - 补办结婚登记
        - 条件：男女双方以夫妻名义同居生活而未办理结婚登记
        - 效力：溯及至男女双方均符合结婚实质要件时

名词解释与概念比较

1. 结婚
2. 结婚实质要件
3. 结婚形式要件
4. 法定婚龄
5. 禁婚亲
6. 结婚证书
7. 婚约
8. 无效婚姻
9. 可撤销婚姻
10. 事实婚姻与同居

选择题

(一) 单项选择题

1. 乙（女，19周岁）为达到与甲（男，22周岁）结婚的目的，隐瞒真实年龄办理了结婚登记。2年后，因双方经常因琐事发生争吵，乙以登记结婚时未到法定婚龄为由向法院起诉，请求宣告婚姻无效。对此，法院应如何处理？（　　）

A. 乙登记结婚时未到法定婚龄，宣告婚姻无效

B. 乙提起诉讼时已到法定婚龄，对其请求不予支持

C. 宣告婚姻无效，判决解除同居关系

D. 甲受欺诈与乙结婚，可请求撤销婚姻

2. 甲男与乙女原系出自同一祖父母的堂兄妹，乙幼时被他人收养。依据《民法典》的规定，下列哪种说法是正确的？（　　）

A. 双方可以结婚

B. 双方决定不生育子女，可以结婚

C. 乙被收养后更改姓名，和甲不同姓，可以结婚

D. 双方仍为三代以内旁系血亲，不能结婚

3. 甲男的姨父是乙女的舅父，现甲和乙要求结婚。关于甲、乙的结婚，下列哪种说法是正确的？（　　）

A. 甲、乙是两代以内的旁系血亲，不能结婚

B. 甲、乙是三代以内的旁系血亲，不能结婚

C. 甲、乙是四代以内的旁系血亲，不能结婚

D. 甲、乙是三代以内的旁系姻亲，可以结婚

4. 下列哪种情形不属于无效婚姻？（　　）

A. 甲男和乙女未到法定婚龄而结婚

B. 甲男隐瞒重大疾病而与乙女结婚

C. 甲男和乙女是表兄妹而结婚

D. 甲男有配偶而与乙女结婚

5. 已婚甲男与未婚乙女一起出差期间，在某地旅馆登记住宿，以夫妻名义共同居住了2天。这种行为应如何定性？（　　）

A. 通奸

B. 有配偶与他人同居

C. 重婚

D. 不好定性

6. 甲男与生父母收养的养女乙两小无猜，青梅竹马，他们能否结婚？（　　）

A. 可以结婚

B. 如无自然血缘关系，可以结婚

C. 不能结婚

D. 征得其父母同意后方可结婚

7. 2020年元旦，甲男与乙女未办理结婚登记手续，即以夫妻名义共同生活。共同生活期间双方因经济问题争吵不断，故协商解除了同居关系，但仍有来往。后甲又与丙女同居生活，乙发现后诉至法院，请求法院依重婚论处。对于甲与丙女的同居生活，应当如何定性？（　　）

A. 构成重婚

B. 属于事实婚姻而不构成重婚

C. 不构成重婚

D. 依甲男与丙女是否以夫妻名义共同生活而定

8. 甲男与乙女已登记结婚，但未同居，也未举行婚礼。之后，甲后悔与乙结婚。下列哪种行为能够解除婚姻关系？

A. 基层组织调解

B. 宣布婚姻无效

C. 离婚

D. 分居2年以上

9. 甲男（22周岁）与乙女（18周岁）未办结婚登记即以夫妻名义共同生活。结婚3周年时，甲、乙共同到婚姻登记机关补办了结婚登记。关于甲、乙婚姻的效力，下列哪种说法是正确的？（　　）

A. 甲、乙婚姻关系的效力，自同居生活时起算

B. 甲、乙婚姻关系的效力，自乙到法定婚龄之日

起算

C. 甲、乙婚姻关系的效力，自补办结婚登记之日起算

D. 甲、乙同居生活时未到法定婚龄，婚姻无效

10. 甲看中打工妹乙，开始追求乙，遭到乙的拒绝。甲男便以毁坏乙的名誉为要挟，要求乙与其结婚。在甲的威胁之下，乙不得已与甲办理了结婚登记手续。对于该可撤销婚姻，哪种人有权申请撤销？（　　）

A. 甲　　B. 甲之父母

C. 乙　　D. 乙之父母

11. 甲男与乙女通过网聊恋爱，其间乙提出分手遭甲威胁，乙无奈与甲办理了结婚登记。甲婚前患有重大疾病但结婚登记时并未如实告知乙，乙得知后向法院起诉离婚。关于甲、乙婚姻的处理，下列哪种说法是正确的？（　　）

A. 法院应判决撤销该婚姻

B. 法院应判决宣告该婚姻无效

C. 法院应按离婚案件进行审理

D. 对法院的处理结果，当事人不能上诉

12. 甲与乙登记结婚 3 年后，乙向法院请求确认婚姻无效。对此，乙提出的下列哪种理由可以成立？（　　）

A. 乙登记结婚时实际年龄离法定婚龄相差 2 年

B. 甲为达购房目的与乙假结婚，婚后甲不按承诺办理离婚登记

C. 甲与乙是表兄妹关系

D. 甲登记结婚前未将患艾滋病之事告知乙，婚后被乙发现

13. 甲男与乙男长期保持同性恋关系，同居期间甲男创作同性恋题材的小说发表。后甲男迫于父母压力娶丙女为妻，结婚时丙父母赠与房屋 1 套，登记在丙和甲名下。婚后，甲收到出版社支付的小说稿费 10 万元。婚后，甲继续保持与乙的同性恋关系，乙非常痛苦。下列表述中，哪种说法是正确的？（　　）

A. 甲隐瞒同性恋重大事实，导致丙结婚的意思表示不真实，丙可请求撤销该婚姻

B. 丙受欺诈而登记结婚，导致丙父母赠与房屋意思表示不真实，丙父母可撤销赠与

C. 丙父母赠与房屋属于夫妻共同财产

D. 10 万元稿费属于甲婚前个人财产

14. 甲患有精神病，其父乙为监护人。甲与丙经人介绍认识，同年 12 月丙以其双胞胎妹妹丁的名义与甲登记结婚，2 年后生育一子戊。乙得知儿媳的真实姓名为丙，遂向法院起诉。诉讼期间，丙将一直由其抚养的戊户口迁往自己原籍，并将戊改名为己，乙对此提出异议。下列表述中，哪种说法是正确的？（　　）

A. 甲与丙的婚姻属无效婚姻

B. 甲与丙的婚姻属可撤销婚姻

C. 丙为戊改名的行为侵害了戊的合法权益

D. 丙为戊改名的行为未侵害戊的合法权益

（二）多项选择题

1. 婚姻登记机关不予办理结婚登记的情形包括哪些？（　　）

A. 女方不满 20 周岁但男女双方年龄相加已满 50 周岁

B. 双方的祖母是同胞姐妹

C. 已有配偶但配偶失踪多年

D. 已做绝育手术的出于同一外祖父母的表兄妹

2. 下列情形中，哪些属于婚姻无效事由？（　　）

A. 重婚

B. 有禁止结婚的亲属关系

C. 婚前患有重大疾病，婚后尚未治愈

D. 未到法定婚龄

3. 申请结婚登记的当事人，不得有下列哪些情形？（　　）

A. 非自愿

B. 间歇性精神病人

C. 已有配偶

D. 具有直系血亲或三代之内旁系血亲关系

4. 甲男、乙女共同到婚姻登记机关申请结婚登记，下列选项中，哪些可以成为婚姻登记机关不予登记的理由？（　　）

A. 一方未到法定婚龄

B. 双方为表兄妹

C. 甲妻因意外事故死亡，公安机关认为其有谋杀嫌疑，已立案侦查

D. 甲在妻死亡前即与乙长期同居

5. 下列选项中，哪些情形属于结婚的必备条件？（　　）

A. 男女双方完全自愿

B. 男女双方单位同意

C. 男女双方已到法定婚龄

D. 男女双方均已到晚婚年龄

6. 甲、乙于国庆日举行婚礼后开始共同生活，同年年底补办了结婚登记，次年生一女。3年后，甲向法院提起诉讼，请求解除同居关系，并要求抚养女儿，分割同居期间所得财产。乙则请求确认双方婚姻关系成立，主张夫妻感情并未破裂，不同意与甲离婚。法院经审理查明，甲、乙双方办理了结婚登记，领取了结婚证书，但办理结婚登记时双方均未到场，由乙父代为办理。下列法院的处理存在错误的有哪些？（　　）

A. 认定双方婚姻成立，按照离婚案件审理

B. 宣告双方婚姻无效

C. 认定双方婚姻不成立，按照解除同居关系处理

D. 告知当事人只能另行提起行政诉讼

7. 下列选项中，哪些情形属于无效婚姻？（　　）

A. 二审判决准予离婚，判决生效后甲即与他人结婚

B. 甲差2天到法定婚龄而与乙登记结婚

C. 婚后乙拒绝与甲共同生活，甲无奈与丙登记结婚

D. 甲为分得巨额遗产而与乙结婚

8. 甲男（22周岁）与乙女（18周岁）举行结婚仪式并以夫妻名义共同生活。1年后，甲某母亲去世，甲继承其母遗产A房屋。2年后，乙父去世，乙继承其父遗产存款500万元。3年后，双方补办了结婚登记手续。此后，甲购买单位集资所建B房屋，产权登记在甲名下。甲、乙未对上述财产归属作出约定。下列选项中，哪些说法是正确的？（　　）

A. 甲、乙婚姻关系的效力自乙到法定婚龄之日起算

B. 甲继承所得的A房屋，为甲婚前个人所有财产

C. 乙继承所得500万元，是夫妻共同财产

D. 甲集资分得的B房屋，是夫妻共同财产

9. 下列情形中，哪些不属于可撤销婚姻？（　　）

A. 甲男追求乙女不成，以毁坏乙的名誉为要挟，迫使乙与其结婚

B. 甲男以公司高管自诩，诱使乙与其结婚

C. 甲男追求乙女不成，以举报乙父受贿为要挟，迫使乙与其结婚

D. 甲男追求乙女不成，以自杀相威胁，迫使乙与其结婚

10. 网名“我心飞飞”的21岁女子甲与网名“我行我素”的25岁男子乙在网上聊天后产生好感，乙秘密将甲裸聊的镜头复制保存。后乙要求与甲结婚，甲不同意。乙威胁要公布其裸聊镜头，甲只好同意结婚并办理了登记。下列表述中，哪些说法是错误的？（　　）

A. 甲可以自婚姻登记之日起1年内请求撤销该婚姻

B. 甲可以在结婚后以无感情基础为由起诉要求离婚

C. 甲有权主张该婚姻无效

D. 乙侵犯了甲的隐私权

简答题

1. 简述结婚的特点。
2. 简述结婚的必备条件。
3. 简述结婚的禁止条件。
4. 简述婚姻无效的原因。
5. 简述婚姻无效请求权的主体。
6. 简述婚姻无效和被撤销的后果。
7. 简述同居关系的处理。

案例分析题

1. 甲男从外地务工回到家乡，经人介绍与同为“90后”的乙女相识，彼此印象较好，开始交往。经过一段时间接触了解，双方建立了恋爱关系。在各自父母的催促下，两人开始筹备结婚事宜。因乙未到法定婚龄，双方未办理结婚登记手续，甲乙在婚礼上对到场的亲朋好友宣布结婚后，便以夫妻名义共同生活。在共同生活期间，因经常发生争吵，乙搬回娘家与甲分居生活。分居期间，乙得知甲此前已与丙女登记结婚。

请回答下列问题：

（1）甲、乙之间是事实婚姻关系吗？

（2）甲与乙、丙的婚姻，哪一个是无效婚姻？

（3）丙得知甲、乙结婚后，提起离婚诉讼，法院应如何处理？

2. 甲与前妻离婚后，与前妻的侄女乙结婚。甲与乙离婚后，又与丙女结婚。丙女系甲儿子丁的前妻，丙与丁婚姻关系存续期间，甲与丙即有不伦之行，导致乙与甲离婚、丁与丙离婚的结果。丁与丙离婚后，婚生子戊由丙抚养，丙带戊与甲共同生活，甲与戊仍以祖孙相称。

请回答下列问题：

（1）甲、乙的婚姻有效吗？

（2）甲、丙的婚姻有效吗？

（3）甲、戊的亲属关系，因甲与丙结婚发生何种变化？

论述题与深度思考题

1. 试述撤销婚姻请求权的行使。

2. 试述无效婚姻与可撤销婚姻的区别。

参考答案

名词解释与概念比较

1. 结婚，又称婚姻的成立，是指男女双方确立夫妻关系的民事法律行为。

2. 结婚实质要件，是指结婚当事人必须具备、缺一不可的条件。

3. 结婚形式要件，又称婚姻成立的程序，是指法律规定的缔结婚姻所必须履行的手续。

4. 法定婚龄，是指法律规定的最低结婚年龄，即结婚的年龄下限。

5. 禁婚亲，是指禁止结婚的亲属范围。

6. 结婚证书，是指婚姻登记机关出具的证明夫妻关系成立的法律文书。

7. 婚约又称订婚，是指男女双方以将来结婚为目的而作的事先约定。

8. 无效婚姻，是指不具有法律效力的婚姻，即男女两性违反了法律规定的结婚客观实质要件而不具有法律效力的违法结合。

9. 可撤销婚姻，是指当事人违反了结婚的主观实质要件，即其结婚意思表示存在瑕疵，享有请求权的人可依法申请撤销的婚姻。

10. 事实婚姻与同居

比较点	事实婚姻	同居
含义	欠缺结婚形式要件但被赋予夫妻关系效力的男女双方以夫妻名义的共同生活	欠缺结婚形式要件又不符合事实婚姻认定条件的男女双方，以夫妻名义或不以夫妻名义的共同生活
同居名义	以夫妻名义同居	既可以夫妻名义同居，也可不以夫妻名义同居
同居主体	无配偶异性	既包括异性同居，也包括同性同居；既包括无配偶者同居，也包括有配偶者与他人同居
同居者地位	当事人具有与合法婚姻关系者同等的地位	无配偶者同居，当事人间为同居关系，法律既不保护也不反对；有配偶者又与他人同居，当事人间为非法同居关系，为法律所禁止
同居解除	按照离婚案件处理	无配偶者同居，当事人请求解除同居关系的，法院不予受理；有配偶者与他人同居，当事人请求解除同居关系的，法院应当受理并依法解除

选择题

（一）单项选择题

1. B。乙结婚登记时未到法定婚龄，具备婚姻无效的情形，乙可向法院请求确认婚姻无效。但乙在提起诉讼时已到法定婚龄，无效婚姻情形已经消失，对乙的请求法院不应予以支持。乙隐瞒真实年龄与甲结婚，甲虽受欺诈，但乙的行为不属于婚姻撤销的法定事由，甲无权请求撤销婚姻。综上，本题应选B项。

2. D。乙被收养后，其与生父母及生父母近亲属的权利义务关系消灭，但自然血亲关系不消灭，乙与甲仍为自然血缘的三代以内旁系血亲关系，为民法典规定的禁婚亲。结婚是确立夫妻关系的身份行为，禁婚亲不能结婚的强制性规定不因双方不生育子女或更改姓氏而缓和。综上，本题应选D项。

3. D。乙女母亲与舅父的最近血缘同源之人是乙的外祖父母，乙女与舅父是三代以内旁系血亲。甲男与姨妈为三代以内旁系血亲关系，与姨父应为三代以内的姻亲关系。因此，乙女与甲男为三代以内旁系姻亲关系，不属于民法典禁止结婚的亲属范围，可以结婚。综上，本题应选 D 项。

4. B。我国民法典实行婚姻无效事由法定，只有具备重婚、有禁止结婚的亲属关系和未到法定婚龄三种情形的，婚姻才可被宣告无效。甲男隐瞒重大疾病而与乙女结婚，不属于婚姻无效的情形。综上，本题应选 B 项。

5. A。有配偶与他人同居，是指有配偶者与婚外异性，不以夫妻名义持续、稳定地共同居住；重婚是指有配偶者又与他人结婚的行为。甲男与乙女的行为显然不符合上述行为特征。通奸则是指有配偶者违背忠实义务与他人隐秘地发生性关系的行为。综上，本题应选 A 项。

6. B。民法典禁止结婚的三代以内旁系血亲关系，应采用立法目的解释和限缩解释，将其限定在有自然血缘关系的同辈旁系血亲和不同辈分的旁系血亲范围内，不应扩大到拟制血亲的三代以内旁系血亲。又因收养人可以收养三代以内旁系同辈血亲的子女，综上，本题应选 B 项。

7. C。重婚是有配偶者又与他人再行结婚的行为，包括法律上的重婚和事实上的重婚。事实上的重婚，是指前婚未解除又与他人以夫妻名义的公开同居生活。重婚中的前婚既包括登记婚姻，也包括事实婚姻。甲男与乙女未办结婚登记以夫妻名义的共同生活，开始于 1994 年 2 月 1 日民政部《婚姻登记管理条例》实施之后，依据《婚姻家庭解释（一）》第 7 条的规定，不构成事实婚姻。因此，甲不符合有配偶者的身份条件，其与丙女以夫妻名义的共同生活，不构成重婚，即使双方以夫妻名义公开同居生活也不例外。综上，本题应选 C 项。

8. C。夫妻一方要求离婚的，可以由基层组织进行调解，但调解结果不具有解除婚姻关系的效力，双方达成离婚协议的，应当到婚姻登记机关办理离婚登记，完成离婚登记，婚姻关系解除；无效婚姻在依法被法院确认无效时，才确定无效，当事人宣布婚姻无效，不产生婚姻无效的效力；夫妻感情不和分居 2 年以上，是夫妻感情破裂的情形，不是婚姻关系解除的法律事实。综上，本题应选 C 项。

9. B。甲、乙同居生活时因未到法定婚龄，未办理结婚登记，依据民法典的规定，应当补办结婚登记。补办结婚登记的效力，依据《婚姻家庭解释（一）》第 6 条的规定，从双方均符合民法典所规定的结婚的实质要件时起算。甲、乙结婚时甲男符合结婚实质要件，乙女 18 周岁，未到法定婚龄。但补办结婚登记时乙到法定婚龄，婚姻关系的效力应当自乙符合法定婚龄时起算，不是自同居生活时起算，也不是自补办结婚登记之日起算。综上，本题应选 B 项。

10. C。行为人以给另一方当事人的名誉造成损害为要挟，迫使另一方当事人违背真实意愿结婚的，为可撤销婚姻。甲以毁坏乙的名义为要挟，乙受胁迫与之结婚，甲、乙的婚姻可以撤销。但受胁迫而请求撤销婚姻的主体，只能是受胁迫一方的婚姻关系当事人本人。综上，本题应选 C 项。

11. C。行为人以给另一方当事人的人身、财产造成损害为要挟，迫使另一方当事人违背真实意愿结婚，或者患有重大疾病结婚登记前未告知另一方而结婚，不是婚姻无效的情形，而是婚姻可撤销的情形。但撤销权是否行使，由撤销权人自行决定，法院不得以审判权干预。乙不撤销婚姻而提出离婚请求，法院应当按离婚案件审理，不能依职权撤销该婚姻，也无权宣告婚姻无效。对法院作出的离婚与否的判决，当事人不服的，有权提起上诉。综上，本题应选 C 项。

12. C。甲、乙办理结婚登记时，乙未到法定婚龄，但向法院请求确认婚姻无效时，已到法定婚龄，法定的无效婚姻情形已经消失，乙以结婚登记时未到法定婚龄为由请求确认婚姻无效的，法院不予支持，但双方有禁止结婚的亲属关系，以该理由请求确认婚姻无效的，法院应当予以支持。甲与乙假结婚，虽属虚假的民事法律行为，但身份法律行为与财产法律行为不同，具有既定力，意思表示采取形式主义，无意思表示瑕疵之适用余地，双方的婚姻有效。甲登记结婚前隐瞒艾滋病病情，不属婚姻无效的情形。综上，本题应选 C 项。

13. C。甲隐瞒同性恋重大事实，导致丙结婚的意思表示不真实，但该事实不是婚姻可撤销的法定事由，丙无权请求撤销该婚姻；丙父母赠与房屋的意思表示，与丙受欺诈与甲登记结婚的行为，两者之间没有因果关系，丙父母无权以此为由撤销赠与；丙父母赠与的房屋，登记在丙和甲名下，为丙和甲婚姻关系存续期间接受赠与所得财产，归夫妻共同共有。甲婚前创作小说发表，婚后实际取得的10万元稿费，为婚姻关系存续期间所得的知识产权收益，属于夫妻共有财产。综上，本题应选C项。

14. D。甲患有精神病而与丙登记结婚，虽违反《婚姻登记条例》关于当事人应当具有完全民事行为能力的要求，但婚姻经登记成立后，具有法律效力。甲患有精神病而结婚，既不是婚姻无效的情形，也不是婚姻可撤销的法定事由。丙作为戊的母亲，给戊改名的行为，是其作为法定代理人行使代理权的正当行为，不会给戊造成不利的后果，未侵害戊的合法权益。综上，本题应选D项。

（二）多项选择题

1. ACD。当事人结婚的，双方应当共同到一方常住户口所在地的婚姻登记机关申请结婚登记。婚姻登记机关对当事人的申请及相关证件和证明材料审查后，认为当事人符合结婚实质要件且没有结婚禁止条件，予以登记。女方未到法定婚龄，不符合结婚条件，不能结婚。当事人的祖母是同胞姐妹，双方为四代以内旁系血亲，不违反禁婚亲规定，可以结婚；配偶失踪，不改变已有配偶的事实，在失踪配偶死亡前或通过离婚解除婚姻关系前，不得再行结婚；出于同一外祖父母的表兄妹，为三代以内旁系血亲，属于民法典规定的禁婚亲范围，不得结婚。综上，本题应选A、C、D项。

2. ABD。依据《民法典》第1051条的规定，婚姻无效的情形为：重婚、有禁止结婚的亲属关系、未到法定婚龄。婚前患有重大疾病婚后尚未治愈不属于法律规定的婚姻无效情形。综上，本题应选A、B、D项。

3. ACD。依据《婚姻登记条例》第6条的规定，办理结婚登记的当事人有下列情形之一的，婚姻登记机关不予登记：(1) 未到法定结婚年龄的；(2) 非双方自愿的；(3) 一方或者双方已有配偶的；(4) 属于直系血亲或者三代以内旁系血亲的；(5) 患有医学上认为不应当结婚的疾病的。但是，《民法典》已将“疾病婚”从婚姻无效的事由中排除，因此，间歇性精神病人如果在申请结婚登记时能表达结婚的真实意思，婚姻登记机关应当为其办理结婚登记。因此，选项B错误。综上，本题应选A、C、D项。

4. AB。甲妻死亡，双方婚姻关系终止。甲有谋杀其妻嫌疑，即使嫌疑成立，甲应承担的是刑事责任或刑事附带民事赔偿责任，其行为既不能改变甲无配偶的事实，也不能成为剥夺甲无结婚权利的根据，自然不是婚姻登记机关不予登记的理由；甲妻死亡后，甲、乙具备《民法典》规定的结婚条件时，应当为其办理结婚登记。甲在妻死亡前与乙长期同居，属于有配偶者与他人同居，为承担离婚损害赔偿等民事责任的法定事由，不能成为其结婚的障碍。综上，本题应选A、B项。

5. AC。依据《民法典》第1046条的规定，结婚应当男女双方完全自愿，禁止任何一方对另一方加以强迫，禁止任何组织或者个人加以干涉。第1047条规定，结婚年龄，男不得早于22周岁，女不得早于20周岁。男女双方单位同意和男女双方已到晚婚年龄，均不是结婚的必备条件。综上，本题应选A、C项。

6. ABC。《民法典》第1049条规定，要求结婚的男女双方应当亲自到婚姻登记机关申请结婚登记。依据该规定，结婚登记作为确立身份关系的行为，不适用代理。甲、乙补办结婚登记时，由乙父代为办理，违反法律规定。但婚姻登记程序存在的瑕疵，不是婚姻无效的情形，当事人不得请求确认婚姻无效。对婚姻登记程序瑕疵对婚姻效力的影响，法院也不能按照民事诉讼程序作出双方婚姻成立或不成立的认定，应当告知当事人可依法申请行政复议或者提起行政诉讼。综上，本题应选A、B、C项。

7. BC。依据《民法典》第1051条和《婚姻家庭解释（一）》第17条的规定，婚姻无效的情形为重婚、有禁止结婚的亲属关系、未到法定婚龄。当事人以该三种无效婚姻以外的情形请求确认婚姻无效的，法院不予支持。二审准予离婚的判决生效后，甲恢复结婚自由，有权与他人结婚；甲未到法定婚龄与乙结婚，婚姻无效；乙婚后虽拒绝与甲共同生活，但婚姻关系存续，甲有配偶与丙登记结婚，构成重婚，婚姻无效；甲为分得巨额遗产而与乙结婚，虽动机不纯，但不影响双方婚姻的效力。综上，本题应选B、C项。

8. ABCD。甲、乙未办理结婚登记以夫妻名义共同生活，应当补办结婚登记。补办结婚登记后，婚姻关系的效力从双方均符合民法典所规定的结婚的实质要件时起算。乙女与甲男同居时满18周岁，补办结婚登记的效力应溯及乙满20周岁之日。甲在双方共同生活一年后继承所得A房屋，为甲、乙同居期间所得财产，属于甲的婚前个人财产；乙在双方共同生活2年后继承所得500万元，为婚姻关系存续期间一方继承所得财产，推定为夫妻共有财产；补办结婚登记后，甲以个人名义购买B房屋，虽然产权登记在甲个人名下，应当推定为夫妻共同财产。综上，本题应选A、B、C、D项。

9. BCD。依据《婚姻家庭解释（一）》第18条的规定，行为人以给另一方当事人或者其近亲属的生命、身体、健康、名誉、财产等方面造成损害为要挟，迫使另一方当事人违背真实意愿结婚的，可以认定为《民法典》第1052条所称的“胁迫”。甲男以毁坏乙的名誉为要挟，迫使乙与其结婚，其行为构成胁迫；甲男以公司高管自诩，诱使乙与其结婚，虽违背乙的真实意愿，但不构成胁迫；甲男举报乙女父亲受贿的行为，不是对乙父名誉损害的行为，不属于胁迫；甲男以自杀相威胁，不是以对乙生命造成损害相要挟，不构成胁迫。综上，本题应选B、C、D项。

10. ACD。乙以公布甲的裸聊镜头相威胁，迫使甲与其结婚。乙受胁迫与甲结婚，可以自胁迫行为终止之日起1年内提出撤销婚姻的请求，而不是自婚姻登记之日起1年内提出。乙公布甲裸聊镜头的威胁行为，不属于婚姻无效的情形，甲无权主张该婚姻无效；乙秘密复制保存的甲的裸聊镜头，并没有向外界公布，不构成对甲隐私权的侵害。甲受胁迫与乙结婚，结婚后既可以受胁迫为由，请求撤销与乙的婚姻，也可以没有感情基础为由，提起离婚诉讼。综上，本题应选A、C、D项。

简答题

1. 结婚具有以下三个特点：（1）结婚主体，必须是异性，同性之间不得结婚；（2）结婚行为，是民事法律行为而非事实行为，当事人具备结婚条件并履行了结婚登记手续，以夫妻名义的结合才能形成婚姻；（3）结婚效力，是确立婚姻关系。婚姻关系确立后，任何一方当事人不得任意解除。

2. 结婚的必备条件包括：（1）当事人须有结婚合意，即当事人双方对于确立夫妻关系的意思表示完全一致。（2）当事人须到法定婚龄。《民法典》规定的男女双方的最低结婚年龄，男为22周岁，女为20周岁。（3）符合一夫一妻制，即当事人须无配偶。有配偶者不得他人结婚，只有配偶死亡或与之离婚后始得再婚。

3. 结婚的禁止条件包括：（1）直系血亲之间禁止结婚。自然血缘的直系血亲（包括父母与子女、祖父母与孙子女、外祖父母与外孙子女等生育自己和自己所生育的上下各代亲属）禁止结婚；法律拟制的直系血亲适用法律关于父母子女关系的有关规定，因此，自然血缘的直系血亲禁止结婚的限制，也适用于拟制血亲的直系血亲之间。（2）三代以内的旁系血亲之间禁止结婚。三代以内的旁系血亲，是指同源于祖父母、外祖父母的没有直接血缘联系的血亲。基于遗传学、优生学和伦理学原理，禁止结婚的三代以内旁系血亲仅限于有血缘同源之人的自然血缘的三代以内旁系血亲，法律拟制的不具自然血缘的三代以内旁系血亲如养兄妹，不属于禁止结婚的亲属。

4.《民法典》第1051条规定的婚姻无效的原因包括：（1）重婚；（2）有禁止结婚的亲属关系；（3）未达法定婚龄。婚姻无效原因法定，当事人以上述三种无效婚姻以外的情形请求确认婚姻无效的，法院应当判决驳回当事人的诉讼请求。

5. 婚姻无效请求权的主体除婚姻当事人外，还包括利害关系人。其中利害关系人包括：（1）以重婚为由的，为当事人的近亲属及基层组织；（2）以未到法定婚龄为由的，为未到法定婚龄者的近亲属；（3）以有禁止结婚的亲属关系为由的，为当事人的近亲属。

6. 无效的或被撤销的婚姻，发生如下法律后果：（1）人身关系的后果。无效或被撤销的婚姻，自始没有法律约束力，当事人不具有夫妻的权利和义务。（2）财产关系的后果。1）当事人同居期间所得的财产，按共同共有处理，但有证据证明为当事人一方所有的除外；2）当事人对同居期间财产的处理，有协议的按照协议处理，协议不成的，由法院根据照顾无过错方的原则处理；3）重婚导致的无效婚姻的财产处理，合法婚姻当事人有权作为有独立请求权的第三人参加诉讼。（3）对子女的后果。当事人所生子女，为非婚生子女，适用《民法典》关于父母子女的规定。（4）其他后果。婚姻无效或被撤销的，无过错方有权请求损害赔偿。

7. 同居关系的处理，司法实践中遵循以下规则：（1）未办理结婚登记而以夫妻名义共同生活，当事人提起诉讼要求离婚，不符合事实婚姻认定条件的，法院应当告知其补办结婚登记。（2）当事人未补办结婚登记，请求解除同居关系的，或提起诉讼请求解除同居关系的，法院不予受理；已经受理的，裁定驳回起诉。(3) 当事人因同居期间财产分割或者子女抚养纠纷提起诉讼的，法院应当受理。

案例分析题

1. (1) 甲与乙之间不成立事实婚姻关系。甲、乙举办婚礼，对外宣告婚姻关系成立，但没有办理结婚登记手续。由于二人在 1994 年 2 月 1 日民政部《婚姻登记管理条例》公布实施后以夫妻名义共同生活，即使乙到法定婚姻，但未补办结婚登记，双方只能是同居关系，而不具有事实婚姻关系。

(2) 甲与乙的婚姻，是无效婚姻。甲与乙以夫妻名义同居生活之前，已与丙女登记结婚。甲在婚姻关系存续期间，又与乙以夫妻名义共同生活，形成事实重婚，该事实上的重婚关系无效。

(3) 对丙女的离婚请求，法院应当予以支持。甲与丙女婚姻关系存续期间，与乙以夫妻名义同居生活，丙女有权以甲重婚为由，提起离婚诉讼。法院在审理丙女与甲离婚纠纷过程中，对甲与乙的无效婚姻，有权主动审理，否认该违法婚姻的效力，并在判决中予以宣告。

2. (1) 甲与乙的婚姻有效。因为二人的结合符合结婚的实质要件。该案的认定难点在于，甲与乙之间是否存在禁止结婚的亲属关系。依据《民法典》第 1048 条的规定，三代以内的旁系血亲禁止结婚。在本案中，乙系甲前妻的侄女，在甲与其前妻婚姻关系存续期间内，甲与乙系三代以内的旁系姻亲关系，而不属于三代以内的旁系血亲关系；更何况在甲与其前妻离婚后，甲与乙的姻亲关系也已解除，二人之间根本不存在任何的亲属关系。综上，在甲、乙符合结婚的实质要件的前提下，二人的婚姻关系是合法的。

(2) 甲与丙的婚姻有效。甲与丙系直系姻亲关系，二人在乙与丙的婚姻关系存续期间即有不正当两性关系，这是一种严重的不道德的行为，但这种行为也只能受到道德伦理上的谴责，不受法律调整和规制。在丁、丙离婚后，甲与乙的直系姻亲关系不论是自动解除，还是依双方当事人的意愿而解除，二人之间已经不存在姻亲关系。但在伦理道德上，二人之间曾经存在的直系姻亲关系，使二者的结合被斥为不道德。但从纯粹的法律角度讲，甲与丙的结合是符合结婚的实质要件的，二人的婚姻是合法的。

(3) 甲与丙结婚后，从亲属关系的角度，甲与戊产生亲属关系的重复：由丙抚养的戊随丙与甲共同生活后，如甲对戊进行了抚养，甲与受其抚养的戊之间则形成有抚养关系的继父子关系，这时甲与戊之间发生自然血亲和拟制血亲关系的重复；由丙抚养的戊随丙与甲共同生活后，如甲未对戊进行抚养，甲与戊之间形成姻亲关系的继父子关系，这时甲与戊之间发生自然血亲和姻亲关系的重复。如此，不论在人伦还是法律关系上，都产生了辈分和身份上的混乱。

论述题与深度思考题

1. 婚姻具备可撤销事由后，撤销权人撤销婚姻请求权的行使，应当具备以下条件：

(1) 合适的撤销权主体。1) 因胁迫结婚的，受胁迫的一方有权请求撤销婚姻。行为人以给另一方当事人或者其近亲属的生命、身体健康、名誉、财产等方面造成损害为要挟，迫使另一方当事人违背真实意愿结婚的，受胁迫方有权请求撤销婚姻。2) 一方患有重大结婚疾病结婚登记前未告知的，不知情的另一方有权请求撤销婚姻。一方患有严重遗传性疾病、指定传染病和有关精神疾病等重大疾病，结婚登记前未告知另一方，受欺诈方有权请求撤销婚姻。

(2) 在撤销权行使期间内。依据《民法典》的规定，受胁迫的一方请求撤销婚姻的，应当自胁迫行为终止之日起 1 年内提出。被非法限制人身自由的当事人请求撤销婚姻的，应当自恢复人身自由之日起 1 年内提出。一方患有重大疾病，在结婚登记前不如实告知另一方的，另一方请求撤销婚姻的，应当自知道或者应当知道撤销事由之日起 1 年内行使。请求权人逾期不行使请求权的，撤销婚姻的请求权消灭。

(3) 符合撤销权行使方式。撤销婚姻的权利，在性质上属于形成诉权，应当通过诉讼的方式行使。法院审理当事人请求撤销婚姻的案件，应当适用简易程序或普通程序。

2. 无效婚姻与可撤销婚姻的区别体现在以下方面：(1) 发生原因不同。无效婚姻的发生原因是欠缺结婚的某些公益的要件，如重婚等，违法程度较重；可撤销婚姻欠缺结婚的某些私益要件，如受胁迫而结婚或一方隐瞒重大疾病而结婚，违法程度相对较轻。(2) 请求权主体不同。无效婚姻请求权主体范围较广，除婚姻当事人外，利害关系人也可以作为申请宣告婚姻无效的主体；可撤销婚姻请求权的主体仅限意思表示有瑕疵的当事人本人。(3) 请求权行使期间不同。无效婚姻请求权行使的期间较长，在法定的婚姻无效情形消失前，都可以请求宣告婚姻无效；可撤销婚姻请求权行使的期间较短，应当在1年内提出。

第四章　夫妻关系

知识逻辑图

- 夫妻关系
  - 概念：男女因结婚而形成的相互间具有权利义务内容的社会关系
  - 立法例
    - 类型
      - 夫妻一体主义：夫妻婚后人格互相吸收
      - 夫妻别体主义：夫妻婚后人格独立
      - 夫妻共同体主义：夫妻婚后既不完全别体，又不完全合一
    - 我国《民法典》：夫妻婚后地位平等
      - 人身权利义务平等
      - 财产权利义务平等
  - 夫妻人身关系
    - 概念：与配偶身份不可分离，不以直接的经济利益为内容的社会关系
    - 类型
      - 夫妻独立姓名权：夫妻各自使用自己姓名的权利
      - 夫妻人身自由权：夫妻各有参加生产、工作、学习和社会活动的自由
      - 夫妻同居权利义务
        - 权利：夫妻一方要求与另一方共同生活的权利
        - 义务：夫妻任何一方都有与对方共同生活的义务
      - 夫妻忠实义务
        - 狭义：主要是指贞操义务，即专一的夫妻性生活的义务
        - 广义：包括贞操义务，不得恶意遗弃配偶，不得为第三人利益而损害或牺牲配偶他方的利益
      - 夫妻婚姻住所决定权
        - 概念：选择、决定夫妻婚后共同生活住所的权利
        - 内容
          - 女方可以成为男方家庭的成员
          - 男方可以成为女方家庭的成员
      - 互相尊重和协助义务
        - 互相忠实，互相尊重
        - 互相关爱，互相帮助
      - 夫妻日常家事代理权
        - 概念：夫或者妻因日常家庭事务为法律行为时互有代理权
        - 性质：法定代理权
        - 效力：代理方的行为对另一方有连带效力
        - 越权后果
          - 夫妻双方间：无效
          - 对善意第三人：无对抗效力

- 夫妻关系
  - 夫妻财产关系
    - 夫妻财产制
      - 概念：夫妻财产关系的法律制度
      - 类型
        - 法定财产制与约定财产制
          - 分类标准：发生依据
          - 适用条件
            - 法定财产制
            - 约定财产制
        - 普通财产制与非常财产制
          - 分类标准：适用情况
          - 适用条件
            - 通常情况下适用普通财产制
            - 特定情况下适用非常财产制
        - 特有财产制与共同财产制
          - 分类标准：财产制所涉范围
          - 适用条件
            - 特有财产制
            - 共同财产制
    - 我国夫妻财产制
      - 法定财产制
        - 共同财产制
          - 共同财产的推定规则：婚后所得财产为共同财产
          - 共同财产的范围
            - 工资、奖金、劳务报酬
            - 生产、经营、投资的收益
            - 知识产权的收益
            - 继承或者受赠的财产
            - 其他共同所有的财产
          - 共同财产权的行使
            - 单方有权行使
            - 双方共同行使
          - 共同财产的终止
            - 因一方死亡终止
            - 因双方离婚终止
            - 双方协议终止
            - 单方请求分割终止
        - 特有财产制
          - 特有财产的概念：共同财产中个人保有的财产
          - 特有财产的类型
            - 一方的婚前财产
            - 一方获得人身损害赔偿和补偿
            - 遗嘱、赠与合同确定只归一方的财产
            - 一方专用的生活用品
            - 其他应归一方的财产
          - 特有财产权的行使：独立行使

- 夫妻关系
  - 夫妻财产关系
    - 我国夫妻财产制
      - 约定财产制
        - 概念：当事人协议选择决定夫妻财产制的法律制度
        - 协议的有效条件
          - 主体具有夫妻身份
          - 夫妻双方完全自愿
          - 协议内容和形式合法
        - 协议的内容
          - 一般共同制
          - 部分共同制
          - 分别财产制
        - 协议订立的时间
          - 婚姻成立前
          - 婚姻成立后
        - 协议订立的方式：书面形式
        - 协议的效力
          - 对双方当事人具有约束力
          - 对知道该约定的相对人有约束力
  - 夫妻扶养义务
    - 概念：夫妻基于配偶身份成立的私法上的法定义务
    - 内容
      - 经济上的供养
      - 生活上的扶助
    - 性质：强制性义务
    - 不履行扶养义务的后果
      - 扶养权人的扶养费请求权
      - 扶养权人的离婚请求权
      - 扶养权人的多分财产请求权
      - 扶养权人的离婚损害赔偿请求权
      - 扶养权人对遗弃罪的追究权
  - 夫妻遗产继承权
    - 概念：夫妻一方死亡时，生存一方对死者遗产的继承权
    - 主体
      - 配偶
      - 事实婚姻者

名词解释与概念比较

1. 夫妻关系
2. 同居义务
3. 忠实义务
4. 婚姻住所决定权
5. 日常家事代理权
6. 夫妻财产制
7. 分别财产制
8. 扶养
9. 共同财产制与特有财产制
10. 约定财产制与法定财产制

选择题

（一）单项选择题

1. 我国实行哪种法定夫妻财产制？（　　）

A. 一般共同制

B. 劳动所得共同制

C. 动产及所得共同制

D. 婚后所得共同制

2. 按照我国法定夫妻财产制，下列哪种财产属于夫妻个人财产？（　　）

A. 婚后一方接受亲友馈赠的财物

B. 一方在婚前接受继承而于婚后实际取得的财产

C. 夫妻分居两地分别管理、使用的婚后所得财产

D. 婚后一方购买彩票所得的奖金

3. 甲婚后 2 年其父病故，甲与母亲及 3 个弟弟继承了父亲的遗产。为了使母亲晚年能生活得更好，甲想把继承遗产送给母亲，如何能实现这个愿望？（　　）

A. 征得 3 个弟弟的同意

B. 征得妻子的同意

C. 征得儿女及妻子的同意

D. 自行将继承的遗产赠与其母

4. 下列财产中，哪种属于夫妻共同财产？（　　）

A. 夫妻一方的生活用品

B. 经过若干年以后的夫妻一方婚前财产

C. 夫妻一方的婚前财产

D. 夫妻关系存续期间的知识产权收益

5. 甲与乙登记结婚。甲婚前拥有价值 10 万元的股票，婚后因股价上涨，甲将股票抛出，得款人民币 14 万元。下列表述中，哪种说法是正确的？（　　）

A. 价值 10 万元的股票因两人结婚而转化为夫妻共同财产

B. 股票是甲的婚前个人财产，但因股票被抛出并得款 14 万元是在两人婚后，故 14 万元为夫妻共同财产

C. 股票增值部分人民币 4 万元为夫妻共同财产

D. 14 万元均为甲的个人财产

6. 甲以夫妻共有的写字楼作为出资设立个人独资企业。企业设立后，其妻乙购体育彩票中奖 100 万元，后提出与甲离婚。离婚诉讼期间，甲的独资企业宣告解散，尚欠银行债务 120 万元。该项债务的清偿责任应如何确定？（　　）

A. 甲以其在夫妻共有财产中应占的份额对银行承担无限责任

B. 甲以夫妻共有财产承担无限责任，但乙中奖的 100 万元除外

C. 甲以夫妻共有财产承担无限责任，包括乙中奖的 100 万元在内

D. 甲仅以写字楼对银行承担责任

7. 甲与乙结婚后，以个人名义向其弟借款 100 万元购买商品房 1 套，夫妻共同居住。3 年后，甲、乙离婚。甲向其弟所借的钱，离婚时应如何处理？（　　）

A. 由甲偿还

B. 由乙偿还

C. 以夫妻共同财产偿还

D. 主要由甲偿还

8. 甲与乙在离婚诉讼进行时，甲父因故去世，未留遗嘱，甲依法继承遗产一宗。此后不久，法院判决甲、乙离婚。依据《民法典》的规定，如何确定甲继承的遗产的归属？

A. 属于甲的个人财产

B. 属于乙的个人财产

C. 由甲、乙双方协商确定所有权归属

D. 属于夫妻共同财产，双方另有约定除外

9. 甲在结婚后不久向朋友借债 12 万元，其中 6 万元为新家购买电器，5 万元偿还结婚请客时欠酒店的酒席款，余款 1 万元寄给与前妻所生、由前妻抚养的儿子作生活费。在债务 12 万元中，多少债务属于夫妻共同债务？（　　）

A. 12 万　　B. 11 万

C. 6 万　　D. 5 万

10. 甲与乙结婚前，乙的父亲出资 200 万元为乙购买婚房 1 套，产权登记于乙名下。婚姻关系存续期间，因遭遇车祸，甲被定为十级伤残，事故责任方赔偿甲医疗费 20 万元，残疾人生活补助费 12 万元。此后，乙以夫妻感情不和为由向法院提出离婚，并要求分割夫妻共同财产。另查，乙起诉离婚前，其单位一次性发放住房补贴人民币 3 万元。下列选项中，哪种财产属于夫妻共同财产？（　　）

A. 乙父亲出资购置的婚房

B. 甲因遭遇车祸取得的医疗费 20 万元

C. 甲因评定为十级伤残取得的残疾人生活补助费 12 万元

D. 乙单位发放的住房补贴 3 万元

11. 甲的妻子乙是个体经营者，开一高档饭店，生意兴隆，年收入 100 余万元。婚姻关系存续期间，乙不幸遇车祸死亡。此时，夫妻共有存款 160 余万元。因乙死亡，当地银行找到甲，告知乙为经营饭店从银行贷款 140 万元尚未偿还，要求甲清偿债务。如果该饭店的收入用于家庭共同生活，140 万元银行贷款应如何偿还？（　　）

A. 甲应当清偿债务

B. 甲不应当清偿债务

C. 甲知情，应当由其偿还；甲不知情，则不承担

清偿责任

D. 甲应当清偿 70 万银行贷款

（二）多项选择题

1. 按照我国法定夫妻财产制，甲在婚姻关系存续期间所得的哪些财产属于夫妻共同财产？（　　）

A. 甲兼职所得的劳务报酬

B. 甲婚前完成著作，婚后出版所得稿酬

C. 甲婚后接受遗嘱继承所得财产

D. 甲所在企业破产获得的破产安置费

2. 下列情形中，哪些财产属于夫妻个人财产？（　　）

A. 军人的医药生活补助费、伤残补助金和伤亡保险金

B. 军人所得的全部复员费、自主择业费

C. 夫妻分居两地分别管理和使用的财产

D. 一方婚前所有婚后由双方共同使用的财产

3. 甲、乙协议离婚。下列情形中，哪些财产属于夫妻共同财产？（　　）

A. 甲在婚姻关系存续期间出版一本专著，离婚后不久拿到的 2 万元稿费

B. 乙单位拖欠乙的工资，离婚后补发乙工资 3 万元

C. 甲、乙婚姻关系存续期间，乙伯父死亡时遗赠乙 4 万元，遗嘱指明该遗产只归乙所有

D. 甲在婚姻关系存续期间购买的一套高级西装

4. 依据《民法典》的规定，夫妻在人身关系方面的权利义务包括哪些？（　　）

A. 夫妻各有独立的姓名权

B. 夫妻双方都有参加生产、工作、学习和社会活动的自由

C. 夫妻双方都有同居和忠实的义务

D. 夫妻双方都有计划生育的义务

5. 甲、乙结婚 1 年后，甲出版一部小说，获得 20 万元的收入。2 年后甲继承了其母亲的 1 套房产。乙在一次车祸中受到重伤，获得 16 万元赔偿金。乙受伤后，亲朋好友前来探望，共收礼金 5 万多元。下列表述中，哪些说法是正确的？（　　）

A. 甲出版小说所得的收入归夫妻共有

B. 甲继承的房产归夫妻共有

C. 乙获得的 16 万元赔偿金归乙个人所有

D. 乙接受的礼金归乙个人所有

6. 甲得知侄女乙与丙结婚的消息，非常高兴，表示要送笔记本电脑 1 台作为礼物，乙欣然接受。甲购买后携电脑到乙家中直接交给了为其开门的丙。下列表述中，哪些说法是不正确的？（　　）

A. 属于乙的个人财产

B. 属于乙、丙共同接受赠与所得财产

C. 属于乙个人接受赠与所得财产

D. 属于丙接受赠与的财产

7. 甲从部队转业获得自主择业费，半年后与乙结婚，结婚时乙购置了 1 套家具。结婚后，甲创作长篇小说《军人》并于当年出版，获稿酬若干。结婚登记前，甲的姑妈去世，遗留给甲 1 套私房，一直由甲的父母居住。根据以上情况，甲、乙的夫妻共同财产包括哪些？（　　）

A. 甲的自主择业费

B. 乙所购置的家具

C. 甲出版小说《军人》所得的稿费

D. 甲姑妈遗留的房屋

8. 甲与乙再婚前订立协议，约定双方的婚前财产归各自所有，并到公证机关办理了公证。婚后，出于对再婚生活的谨慎，双方又签订了夫妻财产协议，约定婚姻关系存续期间各自所得财产归各自所有，该协议未办理公证。关于甲、乙夫妻财产约定的效力，哪些说法是不正确的？（　　）

A. 夫妻财产约定对双方均有约束力

B. 夫妻财产约定对第三人均不具有约束力

C. 婚前财产约定有效，婚后财产约定因未办理公证而无效

D. 婚后财产尚未确定发生，婚后财产约定无效

9. 甲与乙因婚后感情不和起诉离婚。甲父早年病故，母亲去世时遗留房屋 3 套。为避免乙分得其继承的遗产，甲与姐、弟商量暂不对 3 套房屋进行分割。离婚诉讼中，乙对甲应继承房产提出分割请求，甲则表示要放弃继承权，乙只得作罢。甲、乙离婚后，甲与姐、弟对母亲遗留的房屋进行了分割，甲分得其中的一套，并办理了产权变更登记。乙得知 3 年后，向法院起诉要求对甲分得房产重新分割。下列表述中，哪些说法是正确的？（　　）

A. 乙有权起诉请求分割甲继承所得的房产

B. 乙无权起诉请求分割离婚后甲分得的房产

C. 乙有权起诉请求分割甲分得的房产，且甲提出已过诉讼时效的抗辩不能被支持

D. 甲虚假放弃继承，企图侵占夫妻共有财产，应承担少分或不分财产的责任

10. 甲、乙结婚时订立夫妻财产制协议，约定婚后各自所得财产归各自所有，各自名下债务由个人偿还，并办理了公证。婚姻关系存续期间，乙向丙借款 10 万元用于支付婚生子的医药费。对该借款的偿还，下列表述中，哪些说法是正确的？（　　）

A. 夫妻财产约定对双方有约束力，但不能对抗第三人，甲、乙应承担连带清偿责任

B. 丙知道甲、乙之间的财产约定，应由乙负责清偿，甲不承担清偿责任

C. 丙不知甲、乙之间的财产约定，则甲、乙承担连带清偿责任

D. 夫妻财产约定已公证，无论丙是否知道该约定，均由乙负责清偿

11. 甲与乙结婚后生有一子。生子后甲外出打工，乙在家照顾甲的父母及孩子。甲外出打工期间遇丙女并以夫妻名义同居生活。甲返回原籍向法院起诉离婚，乙同意离婚。关于财产分割问题，下列哪些说法是正确的？（　　）

A. 法院应根据财产的具体情况，本着照顾乙的权益的原则作出判决

B. 乙离婚时生活确困难，有权请求甲给予适当帮助

C. 乙照料老人、抚育子女付出较多，有权请求甲给予经济补偿

D. 乙婚后向姐姐借款 2 万元为甲支付医疗费，该借款应由甲负责偿还

简答题

1. 简述夫妻违反同居义务的法律后果。
2. 简述夫或妻继承或者受赠财产的归属。
3. 简述夫妻扶养义务的性质。
4. 简述家庭日常生活需要的范围。
5. 简述夫妻一方请求分割共同财产的条件。
6. 简述夫妻约定财产制的内容。

案例分析题

1. 甲与乙登记结婚后，甲为满足父母早日抱上孙子的愿望，要求乙怀孕生子，乙不同意。甲以生育权受侵害为由，起诉到法院。

请回答下列问题：

（1）甲的主张是否正确？

（2）若两人感情继续恶化，甲不回家，乙起诉离婚时以甲违反同居义务为由请求离婚损害赔偿，法院能否支持乙的主张？

（3）甲、乙婚后未对夫妻财产进行约定。乙提起离婚时，夫妻财产状况如下：20 万存款；甲是出租车司机，婚后购买了 1 辆专用出租车；婚后乙的哥哥赠送 1 台苹果笔记本电脑，明确表示该电脑是送给乙的；结婚前，甲的父母出资为甲、乙购置结婚用房。上述财产归属应如何判定？

2. 甲为某高校教师，科研工作十分繁忙，与乙结婚并生育一子后，甲便动员乙放弃工作，全职相夫教子，乙接受了甲的建议。儿子入学后，家务劳动减少，乙在闲暇时便到慈善机构从事公益活动。但甲认为这影响了自己和儿子的生活质量，便阻止乙继续从事慈善活动。乙则认为其有参加社会活动的自由，甲无权干涉。两人各不相让，纷争不断，要求住所地居民委员会予以调解。

请回答下列问题：

（1）甲的要求合理吗？

（2）乙的争辩于法有据吗？

（3）居委会应如何处理？

论述题与深度思考题

1. 试述夫妻对共同财产的平等处理权。
2. 试述夫妻的人身权利和义务。

参考答案

名词解释与概念比较

1. 夫妻关系，是指男女双方因结婚而形成的相互间具有权利义务内容的社会关系。

2. 同居义务，是指夫妻一方与对方共同生活的义务。

3. 忠实义务，主要是指贞操义务，即专一的夫妻

性生活的义务；广义的解释还包括不得恶意遗弃配偶，以及不得为第三人的利益而损害或牺牲配偶他方的利益。

4. 婚姻住所决定权，是指夫妻选择、决定夫妻婚后共同生活住所的权利。

5. 日常家事代理权又称夫妻相互代理权，是指夫或妻因日常家庭生活需要与第三人为一定法律行为时互为代理人、互有代理权，一方实施的民事法律行为对另一方发生效力。

6. 夫妻财产制又称婚姻财产制，是指规定夫妻财产关系的法律制度，其核心是夫妻婚前财产和婚后所得财产的所有权归属问题。

7. 分别财产制，是指夫妻婚姻成立前后所得的财产均归各自所有，各自独立行使管理、使用、收益和处分权。

8. 扶养，是指夫妻之间或者兄弟姐妹之间在生活上相互供养的责任。

9. 法定财产制与约定财产制

比较点	法定财产制	约定财产制
含义	夫妻财产制形式由法律直接规定的制度	夫妻以约定的方式，选择决定夫妻财产制形式的法律制度
适用效力	补充适用效力，即夫妻未对财产进行约定或约定无效时适用	具有优先适用的效力
夫妻财产范围	只涉及婚姻关系存续期间所得的财产	既可对婚前夫妻个人财产进行约定，也可对婚后共同财产进行约定
制度内容	夫妻婚后所得共同制	既可以约定采取分别财产制或共同财产制，也可以约定采取混合共同制
法律原则	法定原则	意思自治原则

10. 共同财产制与特有财产制

比较点	共同财产制	特有财产制
含义	夫妻婚后全部或部分财产归双方共同所有的制度	夫妻在婚后实行共同财产制时，基于法律规定或夫妻约定，由夫妻各自保有一定个人所有财产的制度
所有形式	夫妻婚姻关系存续期间所得的财产，推定为夫妻共同共有	夫妻婚姻关系存续期间所得的财产，法律将一定范围内的财产排除在共同财产之外，由夫妻一方个人单独所有
处分原则	共同共有财产的权利行使及财产处分，实行全体同意原则	特有财产的权利行使及财产处分，实行意思自治原则，由夫妻一方自由决定
规范地位	夫妻共同共有财产的规范为一般规范，夫妻没有约定或法律没有另外规定时适用	特别规范特有财产规定为特别规范，与一般规范冲突时，依特别规定优先于一般规定规则，具有优先适用的效力

选择题

（一）单项选择题

1. D。《民法典》第 1062 条规定，夫妻在婚姻关系存续期间所得的财产，为夫妻的共同财产，归夫妻共同所有。依据该规定，我国的法定财产制是共同财产制，且为婚后所得共同制。综上，本题应选 D 项。

2. B。依据《民法典》第 1062 条的规定，夫妻一方在婚姻关系存续期间接受赠与所得的财产，赠与人未确定只归受赠人一方所有的，为夫妻的共同财产，归夫妻共同所有；夫妻分居两地分别管理、使用的婚后所得财产，虽占有、使用权由一方行使，但该财产仍为婚姻关系存续期间所得财产，为夫妻的共同财产，归夫妻共同所有；婚后一方购买彩票所得的奖金，为婚姻关系存续期间一方投资的收益，为夫妻的共同财产，归夫妻共同所有。《民法典》第 230 条规定，因继承取得物权的，自继承开始时发生效力。依据该规定，夫妻一方婚前接受继承而于婚姻关系存续期间实际取得的财产，应为夫妻一方个人财产。综上，本题应选 B 项。

3. B。甲继承的父亲遗产，为婚姻关系存续期间继承的财产，被继承人生前未留遗嘱，依据《民法典》第 1062 条的规定，为夫妻的共同财产，归夫妻共同所有。甲将继承所得财产赠送母亲，是对夫妻共同财产的处分行为，应当征得共有人妻子的同意，而不必征得其他人的同意。综上，本题应选答案B项。

4. D。依据《民法典》第1063条及《婚姻家庭解释（一）》的规定，夫妻一方的生活用品，为个人专用物品，为夫妻一方的个人财产；夫妻一方的婚前财产，为夫妻一方的个人财产；夫妻一方的个人财产，不因婚姻关系的延续而转化为夫妻共同财产。夫妻在婚姻关系存续期间所得的知识产权的收益，属于《民法典》第1062条规定的夫妻共同财产的范围。综上，本题应选D项。

5. D。甲婚前购买的价值10万元的股票，为甲的婚前个人财产，应当归甲个人所有。股票婚后抛售所得4万元，虽为婚姻关系存续期间的投资收益，但为股票依据市场规律的自然增值，乙对该增值没有贡献性的劳动，依据《婚姻家庭解释（一）》第26条的规定，该收益应为自然增值，属于甲的个人财产。综上，本题应选D项。

6. C。甲以个人名义设立独资企业，但以夫妻共同财产作为出资，该独资企业的出资及其他所得财产，为夫妻共同财产，相应地独资企业经营期间所负债务也为夫妻共同债务。独资企业解散时尚欠银行的债务，以独资企业财产偿还，独资企业财产不足以清偿全部债务的，不能清偿部分由夫妻作为出资人以共同财产清偿。乙在婚姻关系存续期间所购体育彩票中奖所得100万元，为一方投资的收益，依据《民法典》第1062条的规定，应当为夫妻共同财产，归夫妻共同所有。综上，本题应选C项。

7. C。婚姻关系存续期间，甲为购买婚姻住所，以个人名义向其弟弟的借款，依据《民法典》的规定，为家庭日常生活需要所负的债务，属于夫妻共同债务，离婚时应当共同清偿。共同财产不足清偿或者财产归各自所有的，由双方协议清偿；协议不成的，由法院判决。综上，本题应选C项。

8. D。甲、乙离婚诉讼期间，仍为婚姻关系存续期间。甲父去世，甲依法定继承所得遗产，为婚姻关系存续期间继承所得的财产，依据《民法典》第1062条的规定，推定为夫妻共同财产，归夫妻共同所有。除非双方另有约定。综上，本题应选D项。

9. B。依据《民法典》第1064条的规定，婚姻关系存续期间，甲以个人名义所负的12万元债务，购买电器的6万元和偿还结婚请客时欠酒店的酒席款5万元，为家庭日常生活需要所负债务，属于夫妻共同债务；甲对与前妻所生子女，有抚养的义务，但其再婚妻子无此义务。甲因支付该子女生活费所负的1万元债务，不是为家庭共同生活所负债务，属于甲的个人债务。综上，本题应选B项。

10. D。甲、乙结婚前，乙的父亲出资200万元为甲、乙购买结婚用房，乙父亲未明确表示该出资赠与双方，依据《婚姻家庭解释（一）》第29条的规定，该出资应当认定为对乙的赠与，以该资金购买的结婚用房，应当认定为乙的婚前个人财产；婚姻关系存续期间，甲因受到人身损害获得的医疗费赔偿和残疾人生活补助，依据《民法典》第1063条的规定，为甲的个人特有财产；乙离婚前获得的一次性住房补贴，依据《婚姻家庭解释（一）》第25条的规定，属于夫妻双方的共同财产，归双方共有。综上，本题应选D项。

11. A。甲、乙婚姻关系存续期间，乙虽以个人名义经营饭店，但饭店收入用于家庭共同生活，依据《民法典》第1063条和第1089条的规定，银行贷款属于夫妻共同债务，离婚时，由夫妻共同偿还。因此，夫妻共同存款160余万元，在乙死亡后应当首先用于清偿银行140万元债务。剩余部分，进行夫妻财产分割后，属于乙的部分作为遗产，由其继承人依法继承。综上，本题应选A项。

（二）多项选择题

1. ABCD。甲婚姻关系存续期间兼职所得劳务报酬，依据《民法典》第1062条的规定，属于夫妻共同财产。婚前完成婚后出版所得的稿酬，为婚姻关系存续期间实际取得的知识产权收益，依据《婚姻家庭解释（一）》第24条的规定，属于夫妻共同财产。甲婚后接受继承，遗嘱中并未明确只归甲所有，应属于夫妻共同财产。甲所得破产安置费，依据《婚姻家庭解释（一）》第25条的规定，属于夫妻共同财产。综上，本题应选A、B、C、D项。

2. AD。军人的医药生活补助费、伤残补助金和伤亡保险金，依据《婚姻家庭解释（一）》第30条的规定，属于个人财产。军人所得的复员费、自主择业费等一次性费用，依据《婚姻家庭解释（一）》第71条的规定，在以夫妻婚姻关系存续期间年限乘以年平均值之外的部分，属于个人财产。夫妻分居两地分别管理和使用的财产，仍为夫妻关系存续期间所得财产，仅为共有财产占有和使用关系变化，所有关系并不因此发生变化，依据《民法典》第1062条的规定，仍属夫妻共同财产。一方婚前所有财产，虽然婚后由双方共同使用，但财产所有权的性质不会改变。综上，本题应选A、D项。

3. AB。甲出版专著取得的稿酬，为婚姻关系存续期间已经明确可以取得的知识产权财产性收益，依据《婚姻家庭解释（一）》第24条的规定，属于夫妻共同财产；单位拖欠离婚后补发给乙的工资，为乙婚姻关系存续期间所得的工资，依据《民法典》第1061条的规定，属于夫妻共有财产；乙婚姻关系存续期间受遗赠所得的4万元，因遗嘱人在遗嘱中确定该财产归乙所有，因而属于乙的个人财产；甲在婚姻关系存续期间购买的高级西装，属于一方专用的生活用品，属于甲的个人财产，归甲个人所有。综上，本题应选A、B项。

4. ABC。依据《民法典》的规定，夫妻应当相互忠实，夫妻双方都有各自使用自己姓名的权利，都有参加生产、工作、学习和社会活动的自由。虽然《民法典》没有明确规定夫妻双方有同居的义务，但规定夫妻一方具有重婚或者与他人同居的不履行同居义务的情形时，可作为准予离婚、离婚损害赔偿以及财产分割时对无过错方予以照顾的条件。计划生育原则是《婚姻法》中的婚姻家庭原则，但随着生育政策的变化，《民法典》未再予以规定。综上，本题应选A、B、C项。

5. ABC。依据《民法典》第1062条的规定，甲婚姻关系存续期间出版小说的收入、继承所得的遗产以及乙接受赠与所得的礼金，均属夫妻共同财产，归夫妻共同所有；乙在车祸中受重伤所得16万元赔偿金，属于因人身受到伤害获得的赔偿金，依据《民法典》第1063条的规定属于个人所有财产。综上，本题应选A、B、C项。

6. ABD。甲送笔记本电脑作为乙与丙结婚的礼物，乙作出接受赠与的意思表示后，赠与合同成立。甲虽将赠与物直接交给丙，但没有赠与丙的意思表示，因此，该赠与行为的主体是甲与乙。甲在赠与合同中未确定赠与物只归乙所有，该婚姻关系存续期间接受赠与所得的财产，依据《民法典》第1062条的规定，属于乙、丙的夫妻共同财产。综上，本题应选A、B、D项。

7. BC。甲结婚前从部队转业获得的自主择业费，系放弃被安排工作机会获得的补偿，依据《婚姻家庭解释（一）》第71条的规定，为甲婚前个人财产；乙结婚时购置的家具，为婚姻关系存续期间取得的财产，甲结婚后出版小说所得稿酬，为婚姻关系存续期间取得的知识产权收益，依据《民法典》第1062条的规定，均属于夫妻共同财产；甲结婚登记前受遗赠姑妈遗留的房产，属于婚前财产，依据《民法典》第1063条的规定，属于夫妻一方个人财产。综上，本题应选B、C项。

8. BCD。甲、乙对双方婚前财产及婚姻关系存续期间各自所得财产作出分别所有的约定，为夫妻约定财产制协议。夫妻约定财产制协议，依据《民法典》第1065条的规定，应当采用书面形式，而不是公证形式，是否公证由当事人自行决定；夫妻约定财产制协议自婚姻关系确立时生效，对双方具有法律约束力，但第三人知道该夫妻分别财产制约定的，对第三人具有约束力。综上，本题应选B、C、D项。

9. AC。甲、乙婚姻关系存续期间，甲父母去世均未留遗嘱，对其父母遗留的房屋，甲享有法定继承的权利。《婚姻家庭解释（一）》第81条规定，婚姻关系存续期间，夫妻一方作为继承人依法可以继承的遗产，在继承人之间尚未实际分割，起诉离婚时另一方请求分割的，法院应当告知当事人在继承人之间实际分割遗产后另行起诉。依据该规定，乙有权在离婚后起诉请求分割甲继承所得遗产。《婚姻家庭解释（一）》第84条规定，当事人请求再次分割夫妻共同财产的诉讼时效期间为3年，从当事人发现之日起计算。甲表示放弃继承权，不属于《民法典》第1092条规定的侵害夫妻共同财产的行为，不承担少分或不分夫妻共同财产的责任。本题应选A、C项。

10. BC。甲、乙结婚时订立夫妻财产制协议，约定婚后各自所得财产归各自所有，依据《民法典》第1065条的规定，该约定为分别财产制协议，财产归属及债务承担的约定，对双方具有法律约束力。第三人知道该约定的，对第三人具有法律约束力，第三人不知道该约定的，则不能对抗第三人。乙向丙的借款，用于支付婚生子的医药费，为家庭日常生活需要所负债务，属于夫妻共同债务，甲、之间关于债务清偿责任的约定能否对丙产生效力，取决于丙是否知道该约定，已办理公证并不是甲不承担清偿责任的理由。综上，本题应选B、C项。

11. ABC。依据《民法典》的规定，夫妻离婚时的共同财产分割，由双方协议处理；协议不成的，由法院根据财产的具体情况，按照照顾子女、女方和无过错方权益的原则判决。离婚时，如果一方生活困难，有负担能力的另一方应当给予适当帮助。夫妻一方因抚育子女、照料老年人、协助另一方工作等负担较多义务的，离婚时有权向另一方请求补偿。婚姻关系存续期间，一方以个人名义为家庭日常生活需要所负的债务，属于夫妻共同债务，应当由双方共同偿还，不是由一方负责偿还。综上，本题应选 A、B、C 项。

简答题

1. 同居，是指夫妻共同居住、共同生活。同居权是指夫妻一方要求与另一方共同生活的权利，同居义务是指夫妻任何一方都有与对方共同生活的义务。《民法典》没有关于夫妻同居的正面规定，但对违反同居义务的法律后果以下规定可以体现：(1)《民法典》第1079 条规定，因感情不和分居满 2 年调解无效或者经法院判决不准离婚后又分居满 1 年，可认定夫妻感情确已破裂，婚姻关系准予解除。(2)《民法典》第 1087 条规定，离婚时，夫妻的共同财产处理协议不成的，由法院根据财产的具体情况，按照照顾无过错方权益等原则判决。(3)《民法典》第 1091 条规定有重婚、与他人同居违反同居义务等情形之一，导致离婚的，无过错方有权请求损害赔偿。

2. 依据《民法典》第 1062 条的规定，夫妻在婚姻关系存续期间继承或者受赠的财产，无论是遗嘱遗产还是法定继承所得，无论是根据赠与合同还是根据遗赠人遗嘱受遗赠所得，无论是夫妻双方所得还是夫妻一方所得，均为夫妻的共同财产，归夫妻共同所有。依据《民法典》第 1063 条的规定，婚姻关系存续期间继承或者受赠的财产，遗嘱或者赠与合同中确定只归一方的财产，为夫妻一方的个人财产。这里的确定，即为在遗嘱或赠与合同中以明示的意思表示，确定夫妻一方接受继承、遗赠或赠与的财产，只归该继承人或受赠人个人所有。

3. 夫妻扶养义务的性质，可以从以下方面理解：(1) 扶养是一定亲属间成立的私法上的法定义务，是以一定的亲属关系为前提的。夫妻扶养义务，是夫妻身份关系所导致的必然结果。(2) 夫妻的扶养义务，属于生活保持义务。《民法典》规定的夫妻之间的扶养义务是无条件的，扶养义务人要履行的是作出较大自我牺牲的生活保持义务。(3) 夫妻之间的扶助义务属于民法上的强行性义务，夫妻之间不得以约定形式改变此种法定义务。在夫妻实行分别财产制的情形下，夫妻之间的扶养义务也不得因此而改变。

4. 家庭日常生活需要的范围，《民法典》未作出明确规定。理论上一般认为，日常生活需要包括通常必要的一切事项，诸如一家之食物、衣着等之购买，医疗、子女教育的支出，家具、日常用品之购置，家政、家庭教师之雇佣，亲友的馈赠，报纸杂志之订购等。司法实践中，一般将食物、衣着等购买，家庭成员的医疗、子女必要教育费的支出，家具、日常用品之购置，报纸杂志之订购、亲友间的礼尚往来支出。

5. 婚姻关系存续期间，夫妻一方请求分割共同财产的，法院一般不予支持，但依据《民法典》的规定，具备下列条件的，夫妻一方可以向法院请求分割共同财产：(1) 一方有隐藏、转移、变卖、毁损、挥霍夫妻共同财产或者伪造夫妻共同债务等严重损害夫妻共同财产利益的行为；(2) 一方负有法定扶养义务的人患重大疾病需要医治，另一方不同意支付相关医疗费用。

6. 夫妻约定财产制的内容包括：(1) 一般共同制，即婚前财产和婚姻关系存续期间所得的财产，均归夫妻双方共同所有；(2) 部分共同制，即婚前财产和婚姻关系存续期间所得的财产中，只将部分财产设为夫妻共同所有，由双方约定属共同所有的财产和一方个人所有的财产的范围；(3) 分别财产制，即婚前财产和婚姻关系存续期间所得的财产，归各自所有。

案例分析题

1. (1) 甲的主张于法无据，是不正确的。生育权是公民享有的法定权利，生育权的主体不是夫妻双方的复数主体，在婚姻关系存续期间，夫和妻各自单独享有生育权。但因生育权的实现有赖于男女双方的共同生育行为，不论是夫还是妻，都无法单独完成生育行为，夫或妻各自生育权的实现有赖于对方的支持和配合。因此，如果夫妻双方在生育问题上不能达成合意，则夫或妻一方的生育权就无法实现。但这种生育权不能实现的结果，是因夫妻双方行使生育权的结果，而非一方对另一方生育权的侵犯。甲要求生育，这是甲行使其生育权的行为；而乙不同意生育，这也是乙行使其生育权的行为，不能因为乙不同意生育就认为乙侵犯了甲的生育权。

（2）法院不应当支持乙的主张。依据《民法典》的规定，有下列情形之一，导致离婚的，无过错方有权请求损害赔偿：重婚；与他人同居；实施家庭暴力；虐待、遗弃家庭成员；有其他重大过错。这里的重大过错应当是与重婚、与他人同居等程度相适应的过错，如与他人婚外生子等。甲无正当理由经常不回家，应当认定为违反同居义务的行为，侵害了配偶的同居权，但其不履行同居义务的行为，非因重婚或与他人同居造成，也不具备《民法典》规定的其他重大过错情形，乙无权请求甲承担离婚过错损害赔偿责任。

（3）乙和甲在婚姻关系存续期间没有对财产进行约定，因而依据《民法典》的规定，双方实行法定夫妻财产制，应依法律的规定，确定双方之间的个人财产和共同财产。

其一，20 万元存款究竟是甲个人的存款还是乙个人的存款并不明确，因此，根据婚后所得共同制的原则，这笔存款应认定为夫妻的共同存款，属夫妻共同财产。

其二，依据《民法典》的规定，一方专用的“生活用品”，属夫妻一方的个人财产。甲是一位专职的出租车司机，小汽车是其专用的生产经营工具，而非其专用的“生活用品”，因而小汽车应认定为夫妻共同财产，而非甲的个人财产。

其三，依据《民法典》的规定，在婚姻关系存续期间因继承或赠与所得的财产，归夫妻共同所有，但遗嘱或赠与合同中确定只归一方的财产，为夫妻一方的个人财产。乙的哥哥在送给乙笔记本电脑时，明确表示只送给乙个人，因而该电脑应认定为乙的个人财产。

其四，当事人结婚前一方父母出资为其购买住房，应当认定为对自己子女的赠与，除非父母明确表示赠与双方。甲的父母赠送甲房屋一幢，供甲、乙结婚使用。但甲父母并未明确将房屋赠与双方当事人，因而应当认定为该幢房屋是甲之父母赠与甲一人所有，为甲的个人财产。

2.（1）甲的要求不合理。在婚姻关系中，夫妻双方都有参加生产、工作、学习和社会活动的自由，一方不得对他方加以限制或干涉。乙在从事家务劳动之余，自愿从事社会慈善等公益性活动，属法定的参与社会活动的自由，甲不得无故干涉。因此，甲要求其不得再从事此等活动的要求是不合理的。

（2）乙认为自己有权从事公益性活动，参加社会活动是自己的自由，丈夫无权干涉，该争辩于法有据，其依据就是《民法典》第 1057 条的规定。

（3）甲、乙双方当事人可以选择所在地的居民委员会请求给予调解。居民委员会应当事人的请求，首先应对甲给予批评教育，使其认识到自己的思想观念以及行为不仅有违夫妻伦理，而且于法无据。在甲认识到自己的错误之后，居委会可以主持调解，在保障乙有继续参与公益活动的自由同时，也要照顾到甲的情绪和家庭利益问题，在双方各自作出一定让步的基础上，促使甲与乙的夫妻关系和睦如初。

论述题与深度思考题

1. 夫妻对共同财产的平等处理权，主要体现以下方面：（1）依据《民法典》第 1060 条的规定，夫或者妻在处理夫妻共同财产上的权利是平等的，因家庭日常生活需要而处理夫妻共同财产的，任何一方均有权决定，但是夫妻一方与相对人另有约定的除外；夫妻之间对于一方可以实施的财产处分行为范围的限制，不得对抗善意第三人。（2）夫或者妻非因日常生活需要对夫妻共同财产作重要处理决定，夫妻双方应当平等协商，取得一致意见。他人有理由相信其为夫妻双方共同意思表示的，另一方不得以不同意或者不知道为由对抗善意第三人。由此给配偶造成的损失，应由擅自处分财产的配偶一方予以赔偿。一方未经另一方同意出售夫妻共同共有的房屋，第三人善意购买、支付合理对价并办理产权登记手续，另一方主张追回该房屋的，法院不予支持；夫妻一方擅自处分共同共有的房屋造成另一方损失，离婚时另一方请求赔偿损失的，法院应予支持。（3）夫妻对共同财产平等地享有权利，平等地承担义务。夫妻共同生活费用应以夫妻共同财产负担，共同财产不足负担时，由夫妻双方以个人财产负担。夫妻为共同生活所负债务，为夫妻共同债务，应当以夫妻共同财产清偿。

2.《民法典》规定的夫妻人身权利和义务，主要包括：（1）夫妻的独立姓名权。《民法典》第 1056 条规定，夫妻双方都有各自使用自己姓名的权利。(2) 夫妻的人身自由权。《民法典》第 1057 条规定，夫妻双方都有参加生产、工作、学习和社会活动的自由，一方不得对另一方加以限制或者干涉。(3) 夫妻同居的权利和义务。夫妻同居义务是指男女双方以配偶身份共同生活的义务，夫妻性生活是同居义务的主要内容。(4) 夫妻忠实义务。夫妻忠实义务是指配偶双方互负专一的性生活义务，不得为婚外性行为。《民法典》第 1043 条第 2 款规定，夫妻应当互相忠实。(5) 夫妻婚姻住所决定权。婚姻住所决定权，是指选择、决定夫妻婚后共同生活住所的权利。《民法典》第 1050 条规定，登记结婚后，按照男女双方约定，女方可以成为男方家庭的成员，男方可以成为女方家庭的成员。(6) 互相尊重、互相协助义务。夫妻间互相尊重、互相协助的义务，有利于指导公民处理夫妻关系，以减少现实中夫妻一方遇难时另一方见死不救等行为的发生。《民法典》第 1043 条第 2 款规定，夫妻应当互相尊重，互相关爱。(7) 夫妻日常家事代理权。《民法典》第 1060 条规定，夫妻一方因家庭日常生活需要而实施的民事法律行为，对夫妻双方发生效力，但是夫妻一方与相对人另有约定的除外。

第五章　离婚制度

知识逻辑图

- 离婚制度
  - 婚姻终止
    - 概念：合法有效的婚姻关系因发生一定的法律事实而归于消灭
    - 原因
      - 配偶死亡
        - 自然死亡
        - 宣告死亡
      - 离婚
        - 概念：夫妻双方生存期间，依照法定的条件和程序解除婚姻关系
        - 特点
          - 离婚的主体：具有合法夫妻身份的男女
          - 离婚的期间：夫妻双方生存期间
          - 离婚的前提：双方存在合法婚姻关系
          - 离婚的要求：符合法律规定的条件和程序
          - 离婚的后果：婚姻关系解除等一系列后果
        - 类型
          - 离婚程序标准：行政程序的离婚与诉讼程序的离婚
          - 离婚态度标准：双方自愿的离婚和一方要求离婚
          - 结案方式标准：调解离婚和判决离婚
        - 离婚与婚姻无效及撤销
          - 联系：均导致婚姻效力的消除
          - 区别
            - 形成原因不同
            - 请求权主体不同
            - 请求权行使时间不同
            - 适用程序不同
            - 法律后果不同
  - 协议离婚
    - 概念：双方达成并签署离婚协议书并经有关机关认可的离婚
    - 条件
      - 当事人具有完全民事行为能力
      - 当事人达成离婚的合意
      - 当事人对子女抚养、财产、债务等问题达成一致
    - 程序
      - 申请
      - 受理
      - 冷静期
      - 审查
      - 登记
    - 离婚登记的几个问题
      - 假离婚
      - 登记离婚后一方反悔

- 离婚制度
  - 判决离婚
    - 概念：夫妻一方提出离婚请求，经人民法院审理，作出肯定判决的离婚制度
    - 程序
      - 诉讼外调解：法院以外的基层组织主持的调解
      - 诉讼内调解：法院主持的调解
      - 法院判决准予或不准予离婚
      - 判决离婚的两项特别规定
        - 现役军人的配偶提出离婚
        - 孕产妇的丈夫提出离婚
    - 条件
      - 夫妻感情破裂认定的“五看”标准
        - 看婚姻基础
        - 看婚后感情
        - 看离婚原因
        - 看婚姻现状
        - 看有无和好的可能
      - 判决离婚理由的例示性规定
        - 重婚或与他人同居
        - 实施家庭暴力或虐待、遗弃家庭成员
        - 有赌博、吸毒等恶习，屡教不改
        - 因感情不和分居满 2 年
        - 其他导致夫妻感情破裂的情形
  - 离婚的法律后果
    - 概念：离婚在婚姻当事人之间、婚姻当事人与子女及其他第三人之间引起的系列法律后果
    - 离婚后的子女抚养
      - 父母子女关系
      - 未成年子女的抚养归属
        - 不满 2 周岁子女的抚养
        - 已满 2 周岁子女的抚养
        - 抚养关系的变更
      - 子女抚养费的分担和变更
        - 抚养费的分担
        - 抚养费的增加
      - 对子女的探望权
        - 探望权的主体
        - 拒不协助行使探望权的强制执行
        - 探望权的终止和恢复
    - 离婚时的财产清算
      - 夫妻财产的分割
        - 财产分割的范围
        - 财产分割的原则
      - 判决财产分割的方法
      - 夫妻债务的清偿
        - 夫妻共同债务
          - 认定标准
            - 共同意思
            - 家庭日常生活
            - 共同生产经营
          - 清偿原则：夫妻共同清偿
        - 夫妻个人债务
          - 认定标准：非共同生活
          - 清偿原则：个人清偿

- 离婚制度
  - 离婚的法律后果
    - 离婚时的救济
      - 经济补偿
        - 请求权主体
        - 请求权的成立条件
        - 请求权的行使时间
        - 请求权的行使方式
        - 请求权的范围
      - 经济帮助
        - 经济帮助的性质
        - 经济帮助的条件
        - 经济帮助的具体办法
      - 损害赔偿责任
        - 赔偿责任性质
        - 赔偿责任构成
        - 请求权主体
        - 请求权范围
        - 请求权行使的期间
        - 请求权行使的方式
    - 离婚后的侵权责任
      - 侵害夫妻共同财产的行为
      - 侵害夫妻共同财产的后果
      - 受害人再次分割请求权

名词解释与概念比较

1. 婚姻终止
2. 离婚的法律后果
3. 假离婚
4. 探望权
5. 协议离婚与判决离婚
6. 离婚与婚姻的无效和撤销
7. 经济补偿请求权与夫妻扶养请求权
8. 经济帮助请求权与夫妻扶养请求权

选择题

（一）单项选择题

1. 甲被宣告死亡后，其妻乙改嫁于丙，其后丙死亡。丙死亡 1 年后，乙确知甲仍然在世，遂向法院申请撤销对甲的死亡宣告。依据《民法典》的规定，该死亡宣告被撤销后，甲与乙原有的婚姻关系如何？（　　）

A. 自行恢复

B. 不得自行恢复

C. 经乙同意后恢复

D. 经甲同意后恢复

2. 村民甲与妻子婚后感情较好，但因其妻接连生了 2 个女孩而提起离婚诉讼。对此，法院应如何处理？（　　）

A. 可以判决离婚

B. 必须判决离婚

C. 在调解无效后，判决离婚

D. 在调解无效后，判决不准离婚

3. 甲、乙夫妻签署离婚协议后，乙委托丙与甲共同到婚姻登记机关代为办理离婚登记手续。依据《民法典》的规定，丙可否代理？（　　）

A. 可以代理

B. 在甲、乙双方同意下可以代理

C. 在取得授权委托书的情况下可以代理

D. 不能代理

4. 下列哪种情形导致离婚时，甲无权请求损害赔偿？（　　）

A. 甲的丈夫在家中时常打骂甲

B. 甲的丈夫在外出务工时与某女青年长期以夫妻

名义同居生活

C. 甲的丈夫在外地骗取结婚登记，与他人重婚

D. 甲的丈夫结婚登记前未如实告知甲其有过恋爱经历

5. 诉讼中的调解是法院审理离婚案件的何种程序？（　　）

A. 诉讼外程序

B. 必经程序

C. 可有可无的例行程序

D. 审判人员任意选择的程序

6. 一方提出离婚，法院判决准予离婚的法定条件是什么？（　　）

A. 离婚有正当理由

B. 夫妻感情确已破裂又有正当理由

C. 夫妻感情尚未破裂但调解无效

D. 夫妻感情确已破裂且调解无效

7. 离婚时，因家庭日常生活需要所负的债务，应如何偿还？（　　）

A. 男方偿还

B. 女方偿还

C. 夫妻双方偿还

D. 有负担能力的一方偿还

8. 甲是现役军人，与乙结婚后分居生活。婚姻关系存续期间，甲与部队驻地一女子长期同居生活，乙得知后向法院起诉离婚。对此，法院应当如何处理？（　　）

A. 是否判决离婚须经甲同意

B. 是否判决离婚须部队有关机关同意

C. 不得判决离婚

D. 调解无效，应判决准予离婚

9. 甲（男）与乙（女）结婚后，夫妻感情一般，常为生活琐事争吵。甲多次与乙协商离婚，均因财产处理无法达成一致而搁置。甲向法院起诉离婚，法院判决准予离婚。离婚判决生效 1 年后，甲得知乙在结婚后曾购买彩票中奖，乙用该奖金购买了 1 套商品房。因离婚判决中未涉及该房产的处理，甲向法院申请再审。对此，法院应当如何处理？（　　）

A. 接受申请并进行再审

B. 应当不予受理

C. 应当告知甲另行起诉

D. 可以组织双方当事人对房产的分割进行调解，调解不成驳回申请

10. 甲婚前受赠 1 套房屋，与乙结婚后共同使用、管理该房屋近 10 年。甲与乙离婚时，如何确定该房屋的所有权？（　　）

A. 为甲方的婚前个人财产

B. 为甲、乙的夫妻共同财产

C. 如双方无夫妻个人财产的特别约定，则为夫妻共同财产

D. 以上选项都不对

11. 甲、乙系自由恋爱结婚，婚后夫妻感情较好。某日，甲收到数张照片，显示乙与一女同事关系暧昧，甲听不进乙的解释，向法院提起离婚诉讼。法院根据甲提交的照片认定乙违反夫妻忠实义务，判决准予离婚。离婚判决生效后，甲发现照片系人为合成，悔恨不已，请求乙原谅并复婚遭拒，遂以原判“主要事实认定错误”为由申请再审，请求撤销原判决。关于甲的再审请求，下列哪种说法是正确的？（　　）

A. 由于原判确实有误，法院应当撤销原判进行再审

B. 法院应当不予再审

C. 如果乙再婚，法院不予再审；如果乙未再婚，法院应当再审，撤销原判

D. 是否再审由法院根据案情自由裁量

12. 甲与妻子乙发生争执，甲一记耳光导致乙右耳失聪。乙起诉甲赔偿医药费、精神损害，但未提出离婚请求。下列表述中，哪种说法是正确的？（　　）

A. 甲应赔偿医疗费和精神损害

B. 甲应赔偿医疗费而不应赔偿精神损害

C. 甲应赔偿精神损害而不应赔偿医疗费

D. 法院应当不予受理

13. 甲、乙结婚多年，因甲沉迷于网络游戏，双方协议离婚，甲同意家庭的主要财产由乙取得。离婚后不久，乙发现甲曾在婚姻存续期间私自购买了两处房产并登记在甲名下，于是起诉甲，要求再次分割房产并要求甲承担损害赔偿责任。对此，下列哪种说法是正确的？（　　）

A. 乙无权要求甲承担损害赔偿责任

B. 法院应当将两处房产都判给乙

C. 请求分割房产的诉讼时效，为乙发现或者应当发现甲的隐藏财产行为之次日起 3 年

D. 若法院判决乙分得房产，则乙在判决生效之日

即取得房屋所有权

14. 甲以个人名义向乙独资设立的有限责任公司——飞跃公司借款 80 万元，借期 1 年。不久，甲与丙登记结婚，将上述借款全部用于婚房的装修。婚后半年，甲与丙协议离婚，未对债务的偿还作出约定。对此，下列哪种说法是正确的？（　　）

A. 乙向甲请求偿还

B. 乙向甲、丙请求偿还

C. 飞跃公司只能向甲请求偿还

D. 飞跃公司可向甲、丙请求偿还

15. 甲与乙自愿达成离婚协议并约定财产平均分配，婚姻关系存续期间的债务全部由乙偿还。经查，甲以个人名义在婚姻存续期间向丙借款 70 万元用于购买婚房。下列情形中，哪种说法是正确的？（　　）

A. 丙只能要求乙偿还 70 万元

B. 丙只能要求甲偿还 70 万元

C. 如甲偿还了 70 万元，则有权向乙追偿 70 万元

D. 如乙偿还了 70 万元，则有权向甲追偿 35 万元

16. 乙起诉离婚时，才得知丈夫甲此前已着手隐匿并转移财产。关于甲、乙离婚的财产分割，下列哪种说法是错误的？（　　）

A. 甲隐匿转移财产，分割财产时可少分或不分

B. 就履行离婚财产分割协议事宜发生纠纷，乙可再起诉

C. 离婚后发现甲还隐匿其他共同财产，乙可另诉再次分割财产

D. 离婚后因发现甲还隐匿其他共同财产，乙再行起诉不受诉讼时效限制

17. 甲性情暴躁，常殴打妻子乙，乙经常找同村未婚男青年丙诉苦排遣，日久生情。现乙起诉离婚。关于乙的离婚损害赔偿请求，下列哪种说法是正确的？（　　）

A. 乙不能向甲主张精神损害赔偿

B. 乙不能向甲主张物质损害赔偿

C. 如乙婚内与丙同居，则不能向甲主张损害赔偿

D. 如乙婚内与丙同居，则甲可向乙主张损害赔偿

（二）多项选择题

1. 一方要求离婚，法院判决准予离婚的法定条件有哪些？（　　）

A. 有正当离婚理由

B. 夫妻感情确已破裂

C. 无和好可能

D. 经调解无效

2. 下列情形中，哪些应被视为夫妻感情确已破裂？（　　）

A. 丈夫因强奸罪被判有期徒刑 10 年，妻子坚决要求离婚

B. 包办婚姻，婚后妻子难以接受丈夫，随即提出离婚

C. 夫妻发生争吵，妻子一怒之下回娘家住了 1 月有余仍拒绝回家

D. 丈夫公然与另一女性同居，又不同意妻子的离婚要求

3. 依据《婚姻登记条例》的规定，下列证件和证明中，当事人在申请离婚登记时必须出具的有哪些？（　　）

A. 户口证明　　B. 居民身份证

C. 离婚协议书　　D. 结婚证

4. 婚姻终止的原因包括哪些？（　　）

A. 婚姻无效

B. 婚姻当事人一方自然死亡

C. 婚姻当事人一方被宣告死亡

D. 离婚

5. 离婚对当事人发生哪些后果？（　　）

A. 夫妻身份关系的解除

B. 夫妻财产关系的变更

C. 夫妻扶养义务的解除

D. 子女抚养关系的变更

6. 甲（男）与乙（女）婚后签署分别财产制协议，约定婚姻关系存续期间各自所得财产归各自所有。后乙辞去工作在家奉养公婆、照顾小孩。甲长期在外地工作，后与丙同居，乙得知后向法院起诉要求离婚。乙的下列哪些请求可以得到法院的支持？（　　）

A. 乙为家庭生活付出较多义务，有权请求甲予以补偿

B. 乙为家庭放弃工作，分别财产制协议显失公平，有权请求法院撤销

C. 乙离婚后生活困难，有权请求甲给予适当帮助

D. 甲与他人同居导致离婚，乙有权请求甲给予损害赔偿

7. 甲被宣告死亡，后又重新出现，法院撤销了死亡宣告后，下列哪些说法是正确的？（　　）

A. 甲妻未再婚，婚姻关系自撤销死亡宣告之日起自行恢复
B. 甲妻再婚，婚姻关系不能自行恢复
C. 甲妻再婚后又离婚，婚姻关系不能自行恢复
D. 甲妻再婚后配偶死亡，婚姻关系不能自行恢复

8. 下列情形中，男方不得提出离婚的有哪些？
A. 女方怀孕
B. 女方分娩后1年内
C. 女方为现役军人
D. 女方提出离婚

9. 甲（男）与乙（女）协议离婚，约定女儿丙（6周岁）由乙抚养，甲每月支付抚养费2 000元直至丙满18周岁。甲、乙离婚后丙入某寄宿初中学习，每年学杂费1万元。因乙被单位辞退，无力承担该笔费用，遂与甲协商增加抚养费。关于甲承担的抚养费，下列哪些说法是正确的？（　　）
A. 甲、乙可协商增加抚养费
B. 甲、乙离婚时对甲承担的抚养费已有明确约定，乙增加抚养费的主张违约
C. 甲不同意增加抚养费，乙可代理丙提起诉讼请求增加
D. 对丙增加抚养费的诉讼请求，法院应当驳回

10. 下列选项中，哪些表述符合《民法典》中对现役军人的特殊保护规定？（　　）
A. 现役军人的配偶要求离婚应当经过军人的同意
B. 现役军人的配偶要求离婚无须经过军人的同意
C. 现役军人及其配偶不允许协议离婚
D. 现役军人如有重大过错，法院判决离婚无须现役军人同意

11. 甲、乙签署离婚协议，协议中约定：婚生男孩丙（3岁）的抚养权归乙（女方）；如乙方再婚，丙的抚养权变更为甲。丙6岁时乙再婚，甲到乙家欲带走丙自行抚养，乙不允。甲从幼儿园直接带走丙后，电话通知了乙。为此，双方发生争执，乙诉至法院。下列表述中，哪些说法是正确的？（　　）
A. 甲、乙均为丙的监护人
B. 乙的行为是违约行为，应当承担违约责任
C. 甲欲行使对丙的抚养权，应通过诉讼程序解决
D. 甲、乙的协议违反了法律

12. 甲、乙结婚后因无房居住，甲以个人名义向丙借款50万元购房，约定5年后归还，但未约定利息。甲外出打工期间与他人同居，乙提出离婚，甲同意离婚。双方签署离婚协议书，约定夫妻共同财产全部归乙，债务由甲负责清偿。对此，下列哪些说法是错误的？（　　）
A. 借期届满后，丙有权要求乙偿还50万元及利息
B. 借期届满后，丙只能要求甲偿还50万元
C. 借期届满后，丙只能要求甲和乙分别偿还25万元
D. 借期届满后，丙有权要求甲和乙连带清偿50万元

13. 甲和乙婚后开了一家美发店，由乙负责经营。二人分居半年后，甲向当地法院起诉离婚。审理中查明，乙曾于婚姻关系存续期间向他人借款20万元用于美发店的经营。对此，下列哪些说法是正确的？（　　）
A. 该美发店属于夫妻共同财产
B. 该债务是夫妻共同债务，应以共同财产清偿
C. 该债务是夫妻共同债务，甲应承担一半的清偿责任
D. 如该债务系分居期间所负，应由乙独自承担清偿责任

14. 甲、乙婚前订立夫妻约定财产制协议，约定婚前及婚后财产归各自所有。婚姻关系存续期间，甲用个人收入购置房屋1套。乙失业后在家负责照料女儿，协助甲的工作。乙得知甲与丙同居多年，提起离婚诉讼。法院应支持乙的下列哪些主张？（　　）
A. 乙因抚育女儿、协助甲工作付出较多义务，甲应予以补偿
B. 离婚后乙没有住房，应根据公平原则判决甲购买住房为双方共有财产
C. 甲与丙同居导致离婚，应对乙进行损害赔偿
D. 丙与甲同居破坏他人家庭，应向乙赔礼道歉

15. 甲、乙因离婚诉至法院，要求分割甲在丙合伙企业的出资。诉讼中，甲、乙达成协议，将甲在丙合伙企业中的出资转让给乙。法院对此作出处理，下列哪些说法是正确的？（　　）
A. 其他2/3以上合伙人同意转让的，乙取得合伙人地位
B. 其他合伙人不同意转让，在同等条件下行使优先受让权的，可对转让所得的财产进行分割

C. 其他合伙人不同意转让，也不行使优先受让权，但同意甲退伙或消减部分财产份额的，可对结算后的财产进行分割

D. 其他合伙人对转让、退伙、消减财产均不同意，也不行使优先受让权的，视为全体合伙人同意转让，乙依法取得合伙人地位

16. 甲、乙结婚后，甲对妻子乙承诺：第一个子或女出生后，即将其婚前所有的1间门面房，变更登记为夫妻共同财产，乙表示同意。女儿丙出生因甲不兑现承诺，导致夫妻感情破裂离婚，女儿丙由乙直接抚养。甲与丁再婚后，婚姻关系存续期间，丙因患白血病急需医疗费20万元但丁不同意支付，甲与丁签订借款协议后从夫妻共同财产中支取20万元。对此，下列哪些说法是正确的？（　　）

A. 甲、乙离婚时，乙无权请求分割门面房

B. 借款协议是甲、丁约定处分共同财产的行为

C. 甲、丁离婚时，甲支取的20万元按借款协议约定处理

D. 丁不同意甲支付医疗费，甲不离婚则无权要求分割共有财产

17. 甲（男）和乙（女）是美术学院同学，共同创作一幅油画作品《爱你一千年》。毕业后二人结婚育有一女。甲染上吸毒恶习，未经乙同意变卖了《爱你一千年》，所得款项用于吸毒。因甲恶习不改，乙在女儿不满1周岁时提起离婚诉讼。对此，下列哪些说法是正确的？（　　）

A. 乙虽在分娩后1年内提出离婚，法院应予受理

B. 如调解无效，应准予离婚

C. 甲出售《爱你一千年》侵犯了乙的物权和著作权

D. 对甲吸毒恶习，乙有权请求离婚损害赔偿

18. 甲（男）与乙（女）协议离婚并约定婚生子丙由甲抚养，另口头约定乙按其能力给付抚养费并可随时探望丙。对此，下列哪些说法是正确的？（　　）

A. 乙有探望权，甲应履行必要的协助义务

B. 乙连续几年对丙不闻不问，违背了法定的探望义务

C. 甲拒不履行协助乙探望的判决，法院可依法对甲采取拘留、罚款等强制措施

D. 甲拒不履行协助乙探望的判决，法院可依法强制从甲处接领丙与乙会面

19. 甲出国经商下落不明，经其妻乙请求被K县法院宣告死亡，其后乙再婚，乙是甲唯一的继承人。甲被宣告死亡后，乙将家里的一辆轿车赠送给了弟弟丙，交付并办理了过户登记。经商失败的甲返回K县，为还债将登记于自己名下的1套夫妻共有住房私自卖给知情的丁。同年12月，甲的死亡宣告被撤销。对此，下列哪些说法是正确的？（　　）

A. 甲、乙的婚姻关系自撤销死亡宣告之日起自行恢复

B. 乙有权赠与该轿车

C. 丙可不返还该轿车

D. 乙有权要求丁返还房屋

20. 甲欠乙30万元到期后，乙多次催要未果。甲与丙结婚数日后即办理离婚手续，在离婚协议书中约定将甲婚前的一处住房赠与知悉甲欠乙债务的丙，并办理了产权变更登记。乙认为甲侵害了自己的权益，聘请律师向法院起诉，请求撤销甲的赠与行为，为此向律师支付代理费2万元。对此，下列哪些说法是正确的？（　　）

A. 离婚协议书因恶意串通损害第三人利益而无效

B. 如甲证明自己有稳定工资收入及汽车等财产可供还债，法院应驳回乙的诉讼请求

C. 如乙仅以甲为被告，法院可以追加丙为被告

D. 如法院认定乙的撤销权成立，应一并支持乙提出的由甲承担律师代理费的请求

21. 乙女与甲男婚后多年未生育，后甲发现乙因不愿生育曾数次擅自终止妊娠，为此甲多次殴打乙。乙在被打住院后诉至法院要求离婚并请求损害赔偿，甲以生育权被侵害为由提起反诉，请求乙赔偿其精神损害。法院经调解无效，拟判决双方离婚。对此，下列哪些说法是正确的？（　　）

A. 法院应支持乙女的赔偿请求

B. 乙女侵害了甲男的生育权

C. 乙女侵害了甲男的人格尊严

D. 法院不应支持甲男的赔偿请求

22. 甲（男）与乙（女）结婚后二人感情不和，常为琐事争吵。乙多次与甲协商离婚，均因财产处理问题无法达成一致而未成。乙向法院提起诉讼，要求解除与甲的婚姻关系。请回答以下问题：

（1）如果甲在乙向法院起诉前2年已离家出走，下列处理错误的情形有哪些？（　　）

A. 法院不能受理该案，应当告知乙先按特别程序申请宣告甲为失踪人
B. 法院可以受理该案并且应在审理过程中同时宣布甲为失踪人
C. 法院不能受理该案，因为被告在起诉时下落不明
D. 法院可以受理该案并应用公告方式向甲送达起诉文书

(2) 如果法院审理该案的过程中发现乙怀孕已 3 个月，下列处理错误的情形有哪些？（　　）
A. 作出驳回起诉裁定
B. 判决不准许离婚
C. 中止诉讼，待乙分娩后 1 年再继续审理
D. 继续审理

简答题

1. 简述离婚的特点。
2. 简述协议离婚的条件。
3. 简述夫妻感情确已破裂的认定标准。
4. 简述离婚在夫妻人身关系上的后果。
5. 简述探望权的行使。
6. 简述离婚损害赔偿责任的构成条件。
7. 简述男方离婚请求权限制的条件。
8. 简述夫妻共同债务的范围。
9. 简述协议离婚中夫妻财产分割协议的效力。
10. 简述离婚后请求再次分割夫妻共同财产权利的行使条件。

案例分析题

1. 甲（女）与乙（男）婚姻关系存续期间，甲婚外与第三人怀孕，乙起诉离婚。经法院判决离婚后，不满 2 周岁的婚生女儿丙由乙抚养。关于丙的探望，判决书中规定，每个月的最后一周周五下午四点，甲可直接从幼儿园将丙接回其住处共同生活 2 天。甲有吸毒史，经常与社会闲散人员聚集，其毒友甚至还当丙面注射毒品。丙年龄渐长，明确表达了对甲的生活态度和处事风格的反感，拒绝甲的探望。甲以乙不履行协助探望义务为由，起诉到法院。诉讼中，乙提起反诉，请求判令中止甲的探望权。

请回答下列问题：

(1) 甲怀孕期间，乙有权提起离婚诉讼吗？

(2) 甲、乙离婚时，甲、乙均要求抚养丙，应如何确定？

(3) 甲对丙拒绝探望的行为，能否追究乙的民事责任？

(4) 乙是否有权请求中止甲对丙的探望权？

2. 甲（男）与乙（女）登记结婚后，夫唱妇随，感情融洽。乙为支持甲完成博士学业，承担了所有家务，照料老人，抚养子女。甲取得博士学位后，因工作选择与乙产生冲突，双方互不相让，分居生活。甲在联系工作途中发生车祸，经抢救保住了性命，但呈植物人状态。乙辞职照料甲 1 年后花光了积蓄，后续的医疗费用没有着落，甲的父母和兄弟姐妹又不提供帮助，乙为甲雇请护工后重新求职工作。甲苏醒遥遥无期，乙心力交瘁，便向法院提起离婚诉讼，但承诺离婚后继续负担甲的治疗和护理费用。甲的父母及兄弟姐妹认可乙对甲的付出，但不能接受乙与甲离婚的事实，对其承诺也不信任。

请回答下列问题：

(1) 甲为植物人，乙是否有权起诉离婚？

(2) 乙离婚后仍承担甲医疗费和护理费的承诺，是否具有法律效力？

(3) 乙在离婚时，是否有权请求甲对其进行经济补偿？

论述题与深度思考题

1. 试述离婚后子女的抚养权归属。
2. 试述离婚纠纷中对夫妻有争议房屋的分割。

参考答案

名词解释与概念比较

1. 婚姻终止，是指合法有效的婚姻关系因发生一定的法律事实而归于消灭。

2. 离婚的法律后果，即离婚的法律效力，是指离婚在婚姻当事人之间、婚姻当事人与子女以及其他第三人之间引起的一系列相应的法律后果。

3. 假离婚，是指婚姻当事人双方为了共同的或者各自的目的，约定暂时离婚，待既定目的达到后再复婚的行为。

4. 探望权，是指夫妻离婚后不直接抚养子女的父或者母对子女探望的权利。

5. 协议离婚与判决离婚

比较点	协议离婚	判决离婚
含义	夫妻双方自愿离婚并对子女和财产问题达成协议，经过行政程序解除婚姻关系的离婚制度	夫妻一方提起离婚诉讼，经法院审理，作出肯定判决的一种离婚制度
请求权主体	请求权主体为夫妻双方	请求权主体为夫妻中的一方
受理机关	婚姻登记机关	法院
适用程序	适用行政程序	适用诉讼程序
受理机关的审查义务	形式审查	实质审查
离婚的标准	双方达成离婚合意并对子女和财产及债务问题作出处理	夫妻感情确已破裂

6. 离婚与婚姻的无效和撤销

比较点	离婚	婚姻的无效与撤销
含义	夫妻双方生存期间，依据法定的条件和程序解除婚姻关系的行为	婚姻无效，是男女双方因违反法律规定的结婚要件而使已成立婚姻被法院宣告无效；婚姻撤销，是指不具备某些法定条件，经有撤销权人通过行使撤销权而由法院撤销
形成原因	离婚原因一般发生在婚姻成立之后	婚姻无效与撤销的原因在婚姻成立之前或成立之时就存在
权利主体	离婚只能由夫妻双方提出	请求宣告婚姻无效既可由当事人提出，也可由其他利害关系人提出；可撤销婚姻的请求权只限于受胁迫或者受欺诈一方当事人
行使时间	离婚请求权可以在婚姻关系存续期间内任何时间提出	无效婚姻的请求权只能在法定的无效婚姻情形消失前提出；可撤销婚姻的请求权的行使期间为1年
适用程序	既可以适用诉讼程序，也可以适用行政程序	宣告婚姻无效和可撤销婚姻只能通过诉讼程序，不能适用行政程序
法律后果	离婚发生一系列的后果	婚姻的无效与撤销是对违法婚姻的解除，不产生离婚的后果

7. 经济补偿请求权与夫妻扶养请求权

比较点	经济补偿请求权	夫妻扶养请求权
含义	夫妻离婚时，对家庭生活付出较多义务的一方请求另一给付补偿的权利	在婚姻关系存续期间，需要扶养的一方在另一方不履行扶养义务时，要求其给付扶养费的权利
权利性质	离婚时一方对另一方的请求权	婚姻关系存续期间夫妻双方的相互请求权
发生时间	离婚时发生	婚姻关系存续期间发生
行使条件	请求方因抚育子女、照料老人、协助另一方工作等付出较多义务	请求方需要扶养但无须生活困难
权利内容	请求经济上的补偿	请求经济上、生活上、精神上的相互照顾和慰藉

8. 经济帮助请求权与夫妻扶养请求权

比较点	经济帮助请求权	夫妻扶养请求权
含义	夫妻离婚时，生活困难的一方请求有负担能力的一方提供帮助的权利	在婚姻关系存续期间，需要扶养的一方在另一方不履行扶养义务时，要求其给付扶养费的权利
权利性质	离婚时一方对另一方的请求权	婚姻关系存续期间夫妻双方的相互请求权
发生时间	离婚时发生	婚姻关系存续期间发生
行使条件	离婚时请求方生活困难	请求方需要扶养但无须生活困难

续表

比较点	经济帮助请求权	夫妻扶养请求权
权利内容	请求经济帮助	请求经济上、生活上、精神上的相互照顾和慰藉

选择题

（一）单项选择题

1. B。《民法典》第 51 条规定："死亡宣告被撤销的，婚姻关系自撤销死亡宣告之日起自行恢复。但是，其配偶再婚或者向婚姻登记机关书面声明不愿意恢复的除外。"依据该规定，因甲被宣告死亡后其配偶乙再婚，使其与甲婚姻关系自行恢复的可能性丧失，因此甲的死亡宣告被撤销后，甲与乙的婚姻关系不得自行恢复。综上，本题应选 B 项。

2. D。《民法典》第 1079 条规定，法院审理离婚案件，应当进行调解；如果感情确已破裂，调解无效的，应当准予离婚。关于夫妻感情是否确已破裂的认定，民法典采用概括与例示相结合的标准，在看婚姻基础、婚后感情、离婚原因等五看基础上，根据例示的认定夫妻感情确已破裂的情形，作出是否准予离婚的判决。甲与妻婚后感情较好，仅因妻连生女孩而提出离婚，其离婚理由不正当，不具备夫妻感情确已破裂的情形，法院不能支持其离婚请求。综上，本题应选 D 项。

3. D。《民法典》第 1076 条第 1 款规定，夫妻双方自愿离婚的，应当签署书面离婚协议，并亲自到婚姻登记机关申请离婚登记。依据该规定，离婚民事法律行为不适用代理，应当由当事人本人实施。综上，本题应选 D 项。

4. D。《民法典》第 1091 条规定，有下列情形之一，导致离婚的，无过错方有权请求损害赔偿：重婚；与他人同居；实施家庭暴力；虐待、遗弃家庭成员；有其他重大过错。依据该规定，甲对丈夫的下列行为，可请求离婚损害赔偿：时常打骂甲的家庭暴力行为；与他人同居行为；重婚行为。而结婚登记前的恋爱行为，属于甲丈夫的隐私，甲对此无知情权，因此导致离婚的，甲不得请求损害赔偿。综上，本题应选 D 项。

5. B。《民法典》第 1079 条第 2 款规定，法院审理离婚案件，应当进行调解；如果感情确已破裂，调解无效的，应当准予离婚。依据该规定，诉讼中的调解是法院审理离婚案件中的必经程序，不是诉讼外程序，也不是审判人员任意选择或可有可无的例行程序。综上，本题应选 B 项。

6. D。《民法典》第 1079 条规定，一方提出离婚、法院判决准予离婚的法定条件是夫妻感情确已破裂且调解无效。离婚是否有正当理由，不是判决是否准予离婚的标准。法院审理离婚案件，符合《民法典》第 1079 条第 3 款规定应当准予离婚条件的，不应因当事人有过错而判决不准离婚（《婚姻家庭解释（一）》第 63 条）。调解是审理离婚案件的必经程序，夫妻感情确已破裂未经调解，或夫妻感情尚未破裂但调解无效，法院均不得判决准予离婚。综上，本题应选 D 项。

7. C。《民法典》第 1064 条第 1 款规定，为家庭日常生活需要所负的债务，属于夫妻共同债务；第 1089 条规定，离婚时，夫妻共同债务应当共同偿还。共同财产不足清偿或者财产归各自所有的，由双方协议清偿；协议不成的，由法院判决。依据上述规定，夫妻共同债务应当双方共同偿还，不是由举债方个人偿还。综上，本题应选 C 项。

8. D。《民法典》第 1081 条规定，现役军人的配偶要求离婚，应当征得军人同意，但是军人一方有重大过错的除外。这里的军人一方有重大过错，依据《婚姻家庭解释（一）》第 64 条的规定，是指民法典第一千零七十九条第三款前三项规定及军人有其他重大过错导致夫妻感情破裂的情形。依据上述规定，甲部队驻地一女子长期同居生活，符合民法典第 1079 条第 3 款第 1 项规定的情形，属于《民法典》第 1081 条规定的例外情形。综上，本题应选 D 项。

9. C。《婚姻家庭解释（一）》第 83 条规定，离婚后，一方以尚有夫妻共同财产未处理为由向法院起诉请求分割的，经审查该财产确属离婚时未涉及的夫妻共同财产，法院应当依法予以分割。乙在婚姻关系存续期间购买彩票所得奖金，为婚姻关系存续期间投资的收益，依据《民法典》第 1062 条的规定，应当属于夫妻共同财产。乙用该共同财产购置的房屋，只是财产形态的变化，不能改变该财产属于夫妻共同财产的性质。对该离婚时未予分割的夫妻共同财产，一方可向法院另行提起诉讼请求分割，不能对生效离婚判决请求再审。综上，本题应选 C 项。

10. A。甲婚前接受赠与所得房屋，属于甲的婚前个人财产，归甲个人所有。甲个人所有的房屋作为婚姻住所，婚后虽由夫妻双方共同管理、使用近10年，但依据《婚姻家庭解释（一）》第31条的规定，夫妻一方的个人财产，不因婚姻关系的延续而转化为夫妻共同财产。因此，双方共同使用和管理的状态不能改变该房屋为甲个人所有的事实，除非双方另有约定。综上，本题应选A项。

11. B。甲根据照片误认乙与他人关系暧昧，提起离婚诉讼。法院准予离婚的判决生效后，甲、乙的婚姻关系解除。虽然判决认定夫妻感情确已破裂的事实被证明系他人伪造，但依据《民事诉讼法》第202条的规定，当事人对已经发生法律效力的解除婚姻关系的判决，不得申请再审。综上，本题应选B项。

12. A。甲与妻子乙发生争执时，一记耳光导致乙右耳失聪，构成家庭暴力。乙请求甲对其家庭暴力行为造成人身损害结果承担赔偿责任，而不是请求甲对其家庭暴力导致离婚的结果承担离婚损害赔偿责任，依据《民法典》第1165条第1款的规定，乙有权请求甲承担侵权责任。甲对乙实施家庭暴力，对乙造成严重的精神损害，依据《民法典》第1183条第1款的规定，应当承担精神损害赔偿。综上，本题应选A项。

13. D。《民法典》第1092条规定，夫妻一方隐藏、转移、变卖、毁损、挥霍夫妻共同财产，或者伪造夫妻共同债务企图侵占另一方财产的，在离婚分割夫妻共同财产时，对该方可以少分或者不分。离婚后，另一方发现有上述行为的，可以向法院提起诉讼，请求再次分割夫妻共同财产。依据该规定，甲隐藏夫妻共同财产，对其可以少分或者不分，不是应当不分。乙也无权要求甲承担损害赔偿责任。依据《婚姻家庭解释（一）》第84条的规定，当事人依据《民法典》第1092条的规定向法院提起诉讼，请求再次分割夫妻共同财产的诉讼时效期间为三年，从当事人发现之日起计算，而不是自发现或者应当发现之日起计算。因法院判决发生的物权变动，依据《民法典》第229条的规定，自法律文书生效之日起生效。综上，本题应选D项。

14. D。飞跃公司是乙独资设立的有限公司，为独立法人，因甲借款产生的债权，归属于飞跃公司，由飞跃公司作为债权人向债务人主张，乙作为出资人无权就飞跃公司的债权向债务人提出偿还请求。甲婚前以个人名义向飞跃公司借款，但该债务婚后用于家庭日常生活需要，依据《民法典》的有关规定，属于夫妻共同债务，离婚时应由夫妻双方共同偿还。因此，飞跃公司有权向甲、丙请求偿还。综上，本题应选D项。

15. C。婚姻关系存续期间，甲以个人名义向丙借款70万元用于购买婚房，该债务是因家庭日常生活需要所负债务，依据《民法典》的有关规定，属于夫妻共同债务，离婚时应由夫妻双方共同偿还。甲、乙离婚时关于共同债务全部由乙清偿的约定，对双方具有约束力，但依据《婚姻家庭解释（一）》第35条的规定，离婚协议已经对夫妻财产分割问题作出处理的，债权人仍有权就夫妻共同债务向夫妻双方主张权利。一方就夫妻共同债务承担清偿责任后，有权按照离婚协议要求另一方承担相应的责任。综上，本题应选C项。

16. D。《民法典》第1092条规定，夫妻一方隐藏、转移、变卖、毁损、挥霍夫妻共同财产，或者伪造夫妻共同债务企图侵占另一方财产的，在离婚分割夫妻共同财产时，对该方可以少分或者不分。离婚后，另一方发现有上述行为的，可以向法院提起诉讼，请求再次分割夫妻共同财产。依据该规定，乙离婚后可另行提起诉讼，请求再次分割夫妻共同财产。依据《婚姻家庭解释（一）》第84条的规定，当事人请求再次分割夫妻共同财产的权利，受诉讼时效的限制，诉讼时效期间为3年，从当事人发现之日起计算。综上，本题应选D项。

17. C。甲常殴打妻子乙的行为，在性质上为家庭暴力，依据《婚姻家庭解释（一）》第86条的规定，乙既可向甲主张物质损害赔偿，又可主张精神损害赔偿。如乙婚内与丙同居生活，性质上属于与他人同居行为，属于《民法典》第1091条规定的应当承担离婚损害赔偿的过错情形。依据《婚姻家庭解释（一）》第90条的规定，夫妻双方均有《民法典》第1091条规定的过错情形，一方或者双方向对方提出离婚损害赔偿请求的，法院不予支持。综上，本题应选C项。

（二）多项选择题

1. BCD。依据《民法典》第1079条的规定，一方要求离婚、法院判决准予离婚的法定条件是夫妻感情确已破裂，调解无效。离婚是否有正当理由，不是判决是否准予离婚的标准。夫妻感情确已破裂，调解无效，已无和好可能，法院应当判决准予离婚。综上，本题应选B、C、D项。

2. ABD。《民法典》第1079条第3款规定，有下列情形之一，调解无效的，应当准予离婚：（1）重婚或者与他人同居；（2）实施家庭暴力或者虐待、遗弃家庭成员；（3）有赌博、吸毒等恶习屡教不改；（4）因感情不和分居满2年；（5）其他导致夫妻感情破裂的情形。依据该规定，丈夫因强奸罪被判处10年有期徒刑、包办婚姻，属于其他导致夫妻感情破裂的情形；丈夫公然与另一女性同居，属于与他人同居导致夫妻感情破裂的情形。夫妻发生矛盾而分居，不属于《民法典》规定的夫妻感情破裂的情形。综上，本题应选A、B、D项。

3. ABCD。依据《婚姻登记条例》第11条的规定，办理离婚登记的内地居民应当出具的证件和证明材料为本人的户口簿、身份证，本人的结婚证，双方当事人共同签署的离婚协议书。综上，本题应选A、B、C、D项。

4. BCD。婚姻终止是指合法有效的婚姻关系，因发生一定的法律事实而归于消灭。婚姻关系终止的原因，一是婚姻当事人一方死亡（自然死亡或宣告死亡），二是离婚。婚姻无效是因双方当事人违反了法律规定的结婚条件而自始不具有法律效力的结合，不是婚姻终止的原因。综上，本题应选B、C、D项。

5. ABCD。依据《民法典》的有关规定，完成离婚登记，或者离婚判决书、调解书生效，即解除婚姻关系。离婚会发生以下一系列后果：夫妻身份关系解除，夫妻相互扶养义务消灭，夫妻共同财产进行清算分割，子女的抚养归属发生变更。综上，本题应选A、B、C、D项。

6. ACD。乙为抚育子女、照料老年人等付出较多义务，依据《民法典》第1088条的规定，离婚时有权请求甲给予经济补偿；甲、乙签订的分别财产制协议，是基于签订协议时双方的职业及收入状况，意思表示真实，不存在一方利用对方处于危困状态、缺乏判断能力等情形，乙无权撤销；乙离婚时生活困难，依据《民法典》第1090条的规定，有权请求甲给予适当帮助。甲与他人同居导致离婚，依据《民法典》第1091条的规定，乙有权请求离婚损害赔偿。综上，本题应选A、C、D项。

7. ABCD。《民法典》第51条规定，被宣告死亡人死亡宣告被撤销的，婚姻关系自撤销死亡宣告之日起自行恢复。但是，其配偶再婚或者向婚姻登记机关书面声明不愿意恢复的除外。依据该规定，甲妻再婚的，该再婚行为成为甲与妻婚姻关系自行恢复的阻却事由，即使甲撤销死亡宣告时妻甲再婚后又离婚或者再婚配偶死亡，双方的婚姻关系也不能自行恢复。综上，本题应选A、B、C、D项。

8. AB。依据《民法典》第1082条的规定，女方在怀孕期间、分娩后1年内，男方不得提出离婚。《民法典》第1081条规定，现役军人的配偶要求离婚，应当征得军人同意，但是军人一方有重大过错的除外。依据该规定，非军人方配偶有权对军人提出离婚，但是否准予离婚须征得军人同意。因此，女方为现役军人，男方仍得提出离婚。综上，本题应选A、B项。

9. AC。关于离婚后子女抚养费的负担，依据《民法典》的有关规定，可由双方协议确定。离婚协议对抚养费数额的约定，不妨碍子女在必要时向父母任何一方提出超过协议或者判决原定数额的合理要求。因此，甲、乙可以协商增加抚养费。协商不能达成协议的，乙可代理丙向法院提起增加抚养费的请求。丙增加抚养费的请求合理的，法院应当予以支持；要求不合理的，人民法律应当驳回其诉讼请求。综上，本题应选A、B项。

10. AD。《民法典》第1081条规定，现役军人的配偶要求离婚，应当征得军人同意，但是军人一方有重大过错的除外。依据该规定，现役军人同意与配偶离婚，达成离婚协议，可以协议离婚；现役军人的配偶要求离婚，必须通过军人同意，这只是保护现役军人婚姻的原则性规定。如果现役军人一方有重大过错，即使军人不同意离婚，法院也应当判决准予离婚，以保护无过错的现役军人配偶的利益。综上，本题应选A、D项。

11. ABC。依据《民法典》第1084条第1款的规定，父母与子女间的关系，不因父母离婚而消除。离婚后，子女无论由父或者母直接抚养，仍是父母双方的子女。因此，甲、乙离婚后，仍是丙的监护人。依据《婚姻家庭解释（一）》第57条的规定，父母双方协议变更子女抚养关系的，法院应予支持。依据该规定，甲、乙离婚协议中对内抚养权附条件的约定，合法有效。甲、乙变更抚养权的协议，以乙再婚为生效条件。乙再婚，生效条件成就，乙应当将丙交由甲抚养。乙不履行协议，构成违约，应当承担违约责任。甲、乙协议变更丙抚养权的行为是身份行为，权利变动不是自协议生效之日起发生效力，应当通过诉讼程序在法院判决书或者调解书生效之日起生效。综上，本题应选 A、B、C 项。

12. ABC。甲以个人名义所负债务，系为家庭日常生活需要所负债务，依据《民法典》的有关规定，属于夫妻共同债务。离婚时，应当由夫妻共同偿还。夫妻离婚时关于共同债务清偿的约定，对双方具有法律约束力，但依据《婚姻家庭解释（一）》第 35 条的规定，当事人的离婚协议已经对夫妻财产分割问题作出处理的，债权人仍有权就夫妻共同债务向男女双方主张权利。因此，借款期满后，丙有权要求甲和乙连带清偿债务。《民法典》第 680 条第 2 款规定，借款合同对支付利息没有约定的，视为没有利息。因此，丙有权要求甲和乙连带清偿的债务数额为 50 万元。综上，本题应选 A、B、C 项。

13. AB。美发店为甲、乙共同设立，乙因经营需要对外所负债务，属于共同生产经营的债务，依据民法典的有关规定，美发店为夫妻共同财产，经营所负债务属于夫妻共同债务。离婚时，应当由夫妻共同偿还。分居期间仍为夫妻关系存续期间，一方以个人名义所负债务，债权人能够证明该债务用于共同生产经营的，仍属于夫妻共同债务。综上，本题应选 A、B 项。

14. AC。甲、乙婚前订立分别财产制协议，符合《民法典》第 1065 条的规定，合法有效。甲以个人所有财产购置的房屋，属于个人财产，除双方约定外，不得因其他原因而转化为夫妻共同财产。婚姻关系存续期间，乙因抚育女儿、协助甲工作付出较多义务，依据《民法典》第 1088 条的规定，有权向甲请求补偿，同时对甲与他人同居的行为，有权依据《民法典》第 1091 条的规定，请求甲损害赔偿，但无权请求丙赔礼道歉。综上，本题应选 A、C 项。

15. BCD。夫妻双方离婚，涉及分割夫妻共同财产中以一方名义在合伙企业中的出资，另一方不是该企业合伙人的，当夫妻双方协商一致，将其合伙企业中的财产份额全部或者部分转让给对方时，依据《婚姻家庭解释（一）》第 74 条的规定，按以下情形处理：（1）其他合伙人一致同意的，该配偶依法取得合伙人地位；（2）其他合伙人不同意转让，在同等条件下行使优先购买权的，可以对转让所得的财产进行分割；（3）其他合伙人不同意转让，也不行使优先购买权，但同意该合伙人退伙或者削减部分财产份额的，可以对结算后的财产进行分割；（4）其他合伙人既不同意转让，也不行使优先购买权，又不同意该合伙人退伙或者削减部分财产份额的，视为全体合伙人同意转让，该配偶依法取得合伙人地位。综上，本题应选 B、C、D 项。

16. ABC。甲、乙关于甲婚前所有门面房结婚后归双方共有的约定，为附生效条件的赠与合同，自女儿丙出生时起生效。但依据《婚姻家庭解释（一）》第 32 条的规定，赠与人在赠与房产变更登记之前撤销赠与，另一方请求判令继续履行的，法院可以按照《民法典》第 658 条的规定处理。因此，甲、乙离婚时，乙无权请求分割门面房。甲再婚后，对女儿丙仍有抚养的义务。丙患有重大疾病需要医治，丁不同意支付医疗费，依据《民法典》第 1066 条的规定，甲有权向法院请求分割共同财产，D 项错误。甲因支付丙医疗费与丁签订的借款协议，依据《婚姻家庭解释（一）》第 82 条的规定，应视为双方约定处分夫妻共同财产的行为，离婚时可以按照借款协议的约定处理。综上，本题应选 A、B、C 项。

17. ABCD。乙为女方，在分娩后 1 年内提出离婚的，依据《民法典》第 1082 条的规定，法院对其离婚请求，应予受理。甲吸毒屡教不改，乙有权提出离婚，法院依据《民法典》第 1079 条的规定，如调解无效，应准予离婚。甲吸毒屡教不改的行为，导致离婚，属于其他导致离婚的重大过错，依据《民法典》第 1079 条的规定，乙有权请求离婚损害赔偿。《爱你一千年》系甲、乙共同创作，具有双重属性。作为一幅画，《爱你一千年》是两人按份共有的物；作为作品，《爱你一千年》是双方共有的作品。甲未经乙同意变卖了《爱你一千年》，侵犯了乙的物权及著作权即乙获得报酬的权利。综上，本题应选 A、B、C、D 项。

18. AC。《民法典》第 1086 条规定，离婚后，不直接抚养子女的父或者母，有探望子女的权利，另一方有协助的义务。依据该规定，探望人对不直接抚养子女的探望是权利而非义务，乙连续几年不探望子女丙的行为，是放弃探望的权利而非违背法定的探望义务。《婚姻家庭解释（一）》第 68 条规定，对于拒不协助另一方行使探望权的有关个人或者组织，可以由法院依法采取拘留、罚款等强制措施，但是不能对子女的人身、探望行为进行强制执行。依据该规定，法院不能强制从甲处接领丙与乙会面。综上，本题应选 A、

C项。

19. BCD。甲被宣告死亡，产生与自然死亡同等的法律效力，继承开始。乙作为甲唯一的法定继承人，对夫妻共有财产轿车中属于甲的份额，享有法定继承的权利。乙作为轿车的所有人，有权将轿车进行处分，赠与他人。甲重新出现死亡宣告被撤销后，其与乙的婚姻关系，依据《民法典》第51条的规定，因乙再婚而不能自行恢复。乙赠与丙的财产，依据《民法典》第53条的规定，因轿车过户到丙的名下无法返还，因此丙可不返还；甲将夫妻共有房屋处分给丁，丁知道甲未经乙同意处分原夫妻共有财产仍购买，不符合善意取得的主观条件，乙有权要求丁返还房屋。综上，本题应选B、C、D项。

20. BD。《民法典》第154条规定，行为人与相对人恶意串通，损害他人合法权益的民事法律行为无效。第156条规定，民事法律行为部分无效，不影响其他部分效力的，其他部分仍然有效。依据以上规定，甲欠乙款未清偿，甲与丙签订离婚协议书，甲将其个人所有的房屋赠与知情的丙，甲、丙之间有恶意串通的嫌疑，故关于赠与房屋的协议应属无效。但房屋赠与只是离婚协议书的部分内容，该部分无效并不导致离婚协议书全部无效。债权人撤销权的成立要件之一是债务人的行为须有害债权。因此，如果甲有稳定工资收入及汽车等财产可供还债，其对丙的赠与行为就不会损害乙的债权，债权人的撤销权因不符合成立条件而不能被法院支持。司法实践中，债权人提起撤销权诉讼时只以债务人为被告，未将受益人或受让人列为第三人的，法院可以追加该受益人或者受让人为第三人。债权人行使撤销权所支付的律师代理费、差旅费等必要费用，由债务人负担；第三人有过错的，应当分担。因此，如果乙的撤销权成立，其可主张律师费由甲承担。综上，本题应选B、D项。

21. AD。甲因乙不愿生育对其进行殴打，构成暴力，依据《民法典》的规定，乙有权提起离婚诉讼并请求离婚损害赔偿。乙擅自终止妊娠的行为，依据《妇女权益保障法》第51条的规定，属于行使生育权的行为，不构成对甲生育权和人格尊严的侵害。甲以生育权受侵害提起反诉的请求，依据《婚姻家庭解释(一)》第23条的规定，法院不予支持。但因是否生育发生纠纷，致使感情破裂，一方请求离婚的，经调解无效，法院应照《民法典》第1079条第3款第5项的规定处理。综上，本题应选A、D项。

22. (1) ABC。宣告失踪案件的发动，取决于利害关系人的申请，法院不得主动作出宣告失踪的判决。本题中，当事人提起了离婚诉讼，并非宣告失踪程序，因此法院可以受理此案并按照被告下落不明的送达方式通知被告参加诉讼，法院没有告知当事人按照特别程序起诉的义务。综上，本题应选A、B、C项。

(2) ABC。《民法典》第1082条规定，女方在怀孕期间、分娩后1年内或者终止妊娠后6个月内，男方不得提出离婚；但是，女方提出离婚或者法院认为确有必要受理男方离婚请求的除外。依据该规定，乙在怀孕期间有权提出离婚，审理过程中发现女方怀孕，不是诉讼中止的条件，法院对其提起的离婚诉讼应当继续审理，不是可以继续审理；法院对乙离婚的诉讼请求，应依据《民法典》第1079条的规定，经审理后作出是否准予离婚的判决，不是应当判决不准离婚；乙的起诉符合法院受理民事案件的条件，法院不能裁定驳回起诉。综上，本题应选A、B、C项。

简答题

1. 离婚具有以下特点：(1) 离婚的主体只能是具有合法夫妻身份关系的男女；(2) 离婚只能在夫妻双方生存期间办理；(3) 离婚的前提是男女双方存在合法的婚姻关系；(4) 离婚必须符合法定的条件，并经过必经的程序；(5) 离婚的后果是导致婚姻关系的解除，并引起夫妻财产关系、子女抚养关系、对外债务清偿等一系列法律后果。

2. 协议离婚应具备以下条件：(1) 双方当事人必须具有完全民事行为能力；(2) 双方当事人必须达成离婚的合意，签署离婚协议书；(3) 双方当事人必须对离婚后子女抚养、财产、债务等问题达成一致。

3. 夫妻感情确已破裂的认定标准包括概括标准和具体标准。关于概括标准，司法实践中归纳为“五看”，即看婚姻基础、看婚后感情、看离婚原因、看婚姻现状和看有无和好可能。关于具体标准，依据《民法典》第1079条的规定，包括：(1) 重婚或有配偶者与他人同居；(2) 实施家庭暴力或者虐待、遗弃家庭成员；(3) 有赌博、吸毒等恶习，屡教不改；(4) 因感情不和分居满2年；(5) 其他导致夫妻感情破裂的情形，如一方被宣告失踪另一方提出离婚诉讼。

4. 离婚在夫妻人身关系方面发生如下后果：(1) 配偶身份丧失；(2) 双方当事人再婚自由恢复；(3) 夫妻之间同居义务和忠实义务消灭；(4) 夫妻之间扶养权利义务终止；(5) 夫妻相互继承权丧失；(6) 夫妻家事代理权消灭；(7) 夫妻一方与对方血亲的姻亲关系消灭。

5. 探望权的行使内容包括：(1) 探望权行使主体为不直接抚养子女的父或母。(2) 探望权的行使期间。离婚后至子女成年前，不直接抚养子女的父或母有权探望子女，另一方有协助的义务。(3) 探望权的主要内容是父母与子女会面和交往，也包括通信、通话等。无论采取何种方式，都要以不影响子女的学习、生活为前提。(4) 探望权的中止。探望权人有不利于子女身心健康的情形时，由法院中止探望权。(5) 探望权的恢复。中止的事由消失后，经探望权人申请，法院应当恢复探望的权利。

6. 离婚损害赔偿责任的构成条件包括：(1) 行为人有特定的违法行为，即行为人具有《民法典》第1091条规定的重婚、与他人同居、家庭暴力、虐待或遗弃家庭成员及其他重大过错。(2) 行为人的违法行为导致离婚。即行为人的上述违法行为导致离婚结果的发生，与离婚结果具有必然的因果联系。(3) 离婚损害赔偿请求权人无过错。对于"无过错"，应理解为不具有《民法典》第1091条规定的过错情形。夫妻双方均有《民法典》第1091条规定的过错情形，一方或者双方向对方提出离婚损害赔偿请求的，法院不予支持。(4) 无过错方作为原告基于《民法典》第1091条规定向法院提起损害赔偿请求的，必须在离婚诉讼的同时提出。(5) 无过错方因离婚而蒙受损害。这里的损害，包括物质上的损害和精神上的损害。

7. 依据《民法典》第1082条的规定，女方在怀孕期间、分娩后1年内或者终止妊娠后6个月内，男方离婚诉权受到限制。但是，该限制仅是一种暂时性的限制，既不是对男方离婚诉权的剥夺，也不涉及离婚的实质要件，期间届满之后其离婚诉权自然恢复。如果法院认为确有必要受理男方离婚请求的，不受特定期限不得起诉的限制。所谓"确有必要"主要指两种情况：一是在此期间双方确实存在不能继续共同生活的重大而紧迫的理由，一方对他方有危及生命、人身安全的可能；二是女方怀孕系与他人通奸所致，女方也不否认，夫妻感情确已破裂，法院应根据具体情形，受理男方的离婚请求。

8. 夫妻共同债务是指夫妻在婚姻关系存续期间因婚姻共同生活等所负的债务，主要包括：(1) 夫妻双方共同签字或者夫妻一方事后追认等共同意思表示所负的债务；(2) 夫妻一方在婚姻关系存续期间以个人名义为家庭日常生活需要所负的债务；(3) 夫妻一方在婚姻关系存续期间以个人名义超出家庭日常生活需要所负、用于夫妻共同生活、共同生产经营或者基于夫妻双方共同意思表示的债务。

9. 协议离婚中夫妻财产分割协议具有以下效力：(1) 对夫妻双方具有法律约束力。夫妻离婚协议是附延缓条件的民事法律行为，自双方解除婚姻关系时生效。当事人达成的以协议离婚为条件的财产以及债务处理协议，如果双方离婚未成，一方在离婚诉讼中反悔的，法院应当认定该财产以及债务处理协议没有生效(《婚姻家庭解释（一）》第69条)。(2) 协议离婚后夫妻双方就财产分割问题反悔，请求撤销财产分割协议的，法院应当受理。法院审理后，未发现订立财产分割协议时存在欺诈、胁迫等情形的，应当依法驳回当事人的诉讼请求（《婚姻家庭解释（一）》第70条)。(3) 对第三人原则上不具有法律约束力。当事人的离婚协议或者法院生效判决、裁定、调解书已经对夫妻财产分割问题作出处理的，债权人仍有权就夫妻共同债务向男女双方主张权利（《婚姻家庭解释（一）》第35条第1款)。

10. 离婚后请求再次分割夫妻共同财产权利的行使条件：(1) 请求权主体。未分割夫妻共有财产的共有人。(2) 请求权的范围。离婚后，一方以尚有夫妻共同财产未处理为由向法院起诉请求分割的，经审查该财产确属离婚时未涉及的夫妻共同财产，法院应当依法予以分割（《婚姻家庭解释（一）》第83条)。婚姻关系存续期间或离婚时隐藏、转移、变卖、毁损、挥霍夫妻共同财产或者伪造夫妻共同债务企图侵占另一方财产的一方，分割夫妻共同财产时，对该方可以少分或者不分（《民法典》第1092条)。(3) 请求权的行使期间。当事人依据《民法典》第1092条的规定向法院提起诉讼，请求再次分割夫妻共同财产的诉讼时效期间为3年，从当事人发现之日起计算（《婚姻家庭解释（一）》第84条)。

案例分析题

1. (1) 甲怀孕期间，乙有权提出离婚诉讼。《民法典》第1082条规定，女方在怀孕期间、分娩后一年内或终止妊娠后六个月内，男方不得提出离婚。但是，女方提出离婚或者法院认为确有必要受理男方的离婚请求的除外。女方的怀孕是与第三人婚外性行为所致，如果再继续维持既存的婚姻关系，则会对乙造成进一步的伤害，所以，法院应受理甲的起诉。受理后，根据判决离婚的标准，具体判断二人的感情是否确已破裂，从而作出是否离婚的判决。

（2）丙的抚养归属，应当遵循最有利于其成长的原则确定。《民法典》第1084条第2款规定，已满2周岁的子女，父母双方对抚养问题协议不成的，由法院根据双方的具体情况，按照最有利于未成年子女的原则判决。

（3）甲对丙拒绝探望的行为，不能追究乙不履行协助义务的民事责任。《民法典》第1086条第1款规定，离婚后，不直接抚养子女的父或者母，有探望子女的权利，另一方有协助的义务。依据该规定，甲不能探望丙，是因为被探望人丙拒绝其探望，而不是乙未履行协助义务导致甲不能探望，乙不存在不履行协助义务的情形，因此，甲不能追究乙不履行协助义务的民事责任。

（4）乙有权请求中止甲对丙的探望权，法院应支持乙的反诉请求。依据《民法典》第1086条第3款的规定，父或者母探望子女，不利于子女身心健康的，法院可以依法中止探望。未成年子女、直接抚养子女的父或母及其他对未成年子女负担抚养、教育义务的法定监护人，有权向法院提出中止探望权的请求。因此，乙作为丙的直接抚养人，有权向法院提出中止探望权的请求。甲有吸毒史，并且经常与社会闲散人员交往，被探望人丙对此非常反感；甲不按规定的探望时间探望丙，干扰了丙的正常生活与学习，丙对此产生厌烦情绪；甲的朋友甚至当着丙的面注射毒品，给丙造成了极大的精神伤害。综合上述情况，如果继续允许甲探望丙，显然于丙的身心健康成长非常不利。因此，乙要求中止甲的探望权，既尊重了被探望人丙的意愿，也符合法律中止探望权的要件，于情理和法律相合，法院应判决予以支持。

2.（1）甲为植物人，乙有权起诉离婚。首先，根据婚姻自由原则，乙有权请求离婚。因为甲已经变成植物人，不可能先行调解，所以法院应直接进行判决。依据《民法典》规定的夫妻感情确已破裂的离婚标准，在甲已变成植物人而不可能恢复健康的情况下，乙与甲的感情不可能长久维持，所以，法院可依法认定夫妻感情确已破裂，判决离婚。但在判决离婚前，必须解决好甲的监护问题。

（2）乙离婚后仍承担甲医疗费和护理费的承诺，具有法律效力。乙承诺离婚后，仍将负担甲的医药费和每月雇请护工的费用，根据民事权利自由处分的原则，可准予其该项诉讼请求。此外，依据《民法典》第1090条的规定，离婚时，如果一方生活困难，有负担能力的另一方应当给予适当帮助。依该规定，乙也有法律上的义务给予甲以经济帮助。

（3）乙在离婚时，有请求甲对其经济补偿的权利。《民法典》第1088条确立了离婚中一方的经济补偿请求权，体现了法律对家务劳动所包含价值的肯定。甲为支持丈夫完成博士学业，全心全意料理一切家务，对其家庭生活和丈夫的学业而言，都给予了极大的帮助，付出了较多的义务。因此，离婚时，乙可依法要求甲给予经济补偿。

论述题与深度思考题

1. 离婚后子女的抚养权归属，应按如下标准确定：（1）不满2周岁的子女，以随母亲抚养为原则；但父母双方协议由父亲抚养或者母亲患有久治不愈的传染性疾病或者其他严重疾病或者有抚养条件不尽抚养义务等子女不宜与母亲共同生活时，父亲请求直接抚养的，法院应予支持。（2）已满2周岁的未成年子女的抚养，依据父母双方协议确定；协议不成的，由法院按照未成年子女利益最大化的原则判决；子女已满8周岁的，应当尊重其真实意思。（3）在有利于保护子女利益的前提下，父母双方可以协议轮流抚养子女。（4）父母双方条件相当，均请求抚养子女，一方有下列情形之一的，可予优先考虑：一是已做绝育手术或者因其他原因丧失生育能力；二是子女随其生活时间较长，改变生活环境对子女健康成长明显不利；三是无其他子女，而另一方有其他子女；四是子女随其生活，对子女成长有利，而另一方患有久治不愈的传染性疾病或者其他严重疾病，或者有其他不利于子女身心健康的情形，不宜与子女共同生活。（5）父母抚养子女的条件基本相同，双方均要求直接抚养子女，但子女单独随祖父母或者外祖父母共同生活多年，且祖父母或者外祖父母要求并且有能力帮助子女照顾孙子女或者外孙子女的，可以作为父或者母直接抚养子女的优先条件予以考虑。

2. 离婚纠纷中对夫妻有争议房屋的分割，应作如下处理：（1）由一方婚前承租、婚后用共同财产购买的房屋，登记在一方名下的，应当认定为夫妻共同财产（《婚姻家庭解释（一）》第27条）。（2）婚后双方对婚前一方所有的房屋进行过修缮、装修、原拆原建，离婚时未变更产权的，房屋所有权仍归产权人，增值部分中属于另一方应得的份额，由房屋所有人折价补偿另一方；进行过扩建的，扩建部分的房屋应当按夫妻共同财产处理（《民法典》第322条）。（3）婚前或者婚姻关系存续期间，当事人约定将一方所有的房产赠与另一方或者共有，赠与方在赠与房产变更登记之前撤销赠与，另一方请求判令继续履行的，法院可以按照《民法典》第658条的规定处理（《婚姻家庭解释（一）》第32条）。（4）双方对夫妻共同财产中的房屋价值及归属无法达成协议时，法院按以下情形分别处理：1）双方均主张房屋所有权并且同意竞价取得的，应当准许；2）一方主张房屋所有权的，由评估机构按市场价格对房屋作出评估，取得房屋所有权的一方应当给予另一方相应的补偿；3）双方均不主张房屋所有权的，根据当事人的申请拍卖、变卖房屋，就所得价款进行分割（《婚姻家庭解释（一）》第76条）。（5）离婚时双方对尚未取得所有权或者尚未取得完全所有权的房屋有争议且协商不成的，法院不宜判决房屋所有权的归属，应当根据实际情况判决由当事人使用。当事人就前款规定的房屋取得完全所有权后，有争议的，可以另行向法院提起诉讼（《婚姻家庭解释（一）》第77条）。（6）夫妻一方婚前签订不动产买卖合同，以个人财产支付首付款并在银行贷款，婚后用夫妻共同财产还贷，不动产登记于首付款支付方名下的，离婚时该不动产由双方协议处理。依前款规定不能达成协议的，法院可以判决该不动产归登记一方，尚未归还的贷款为不动产登记一方的个人债务。双方婚后共同还贷支付的款项及其相对应财产增值部分，离婚时应依据《民法典》第1087条第1款规定的原则，由不动产登记一方对另一方进行补偿（《婚姻家庭解释（一）》第78条）。（7）婚姻关系存续期间，双方用夫妻共同财产出资购买以一方父母名义参加房改的房屋，登记在一方父母名下，离婚时另一方主张按照夫妻共同财产对该房屋进行分割的，法院不予支持。购买该房屋时的出资，可以作为债权处理（《婚姻家庭解释（一）》第79条）。

第六章　亲子关系

知识逻辑图

- 亲子关系
  - 概念：父母子女关系，“亲”指父母，“子”指子女
  - 种类
    - 自然血亲的亲子关系：基于出生而发生的父母子女关系
    - 法律拟制血亲的亲子关系
      - 养父母与养子女
      - 继父母与受其抚养教育的继子女
  - 父母与婚生子女
    - 婚生子女的推定
      - 概念：对子女的婚生身份或丈夫为子女生父的法律推定
      - 推定的标准
        - 受胎论
        - 出生论
    - 婚生子女的否认
      - 概念：有关当事人依照法律规定否认推定的婚生子女为自己亲生子女的一项制度
      - 否认的原因
        - 妻受胎期间夫妻无同居的事实
        - 夫有生理缺陷或无生育能力
      - 否认权的主体
        - 单一主体
        - 二元主体
      - 否认权的时效和限制
        - 国外有时效限制
        - 我国无时效限制
      - 否认后抚养费返还请求权基础
        - 不当得利说
        - 无因管理说
        - 行为无效说
        - 侵权行为说
  - 父母与非婚生子女
    - 概念：无婚姻关系的男女所生子女
    - 类型
      - 未婚男女所生子女
      - 已婚男女与第三人所生子女
      - 无效婚姻或被撤销婚姻所生子女
      - 妇女被强奸后所生子女
    - 非婚生子女的地位：非婚生子女与婚生子女地位相同
    - 非婚生子女的准正：因生父母结婚而取得婚生子女资格的制度
    - 非婚生子女的认领
      - 概念：生父承认非婚生子女是其子女
      - 类型
        - 自愿认领
          - 概念：生父自愿承认非婚生子女并承担抚养责任
          - 类型
            - 单独行为的自愿认领
            - 以同意为条件的自愿认领
          - 自愿认领
            - 方式
              - 公证认领
              - 登记认领
              - 事实认领

- 亲子关系
  - 父母与非婚生子女
    - 非婚生子女的认领
      - 类型
        - 强制认领：生父不为认领，非婚生子女向法院请求确定生父子关系的存在
  - 继父母与继子女
    - 继子女概念：夫与前妻或者妻与前夫所生的子女
    - 继父母概念：父之后妻或者母之后夫
    - 产生原因
      - 父母一方死亡，他方再行结婚
      - 父母离婚，父或者母再行结婚
    - 关系状态
      - 生父母再婚时，继子女成年并已独立生活
      - 生父母再婚后，继子女未与继父母共同生活
      - 生父母再婚后，继子女与继父母共同生活
    - 法律地位
      - 未形成抚养关系
      - 形成抚养关系
        - 认定标准
          - 继子女与继父母共同生活
          - 继父母支付继子女的抚养费
          - 继父母教育或照料继子女
        - 法律效力
          - 继父母子女产生权利义务
          - 继子女与生父母存在权利义务
      - 形成收养关系
        - 产生：继父或继母收养继子女
        - 法律效力
          - 继子女与继父母产生权利义务
          - 继子女与生父或生母权利义务消除
    - 解除
      - 姻亲类关系的解除
        - 生父与继母离婚
        - 生母与继父离婚
      - 拟制血亲类关系的解除
        - 继子女未成年
          - 协议解除
          - 单方解除
        - 继子女成年
          - 协议解除
          - 诉讼解除
  - 父母与人工生育子女
    - 人工生育子女概念：采用人工方法使妇女受孕所生育的子女
    - 人工生育的种类
      - 同质人工授精：夫精子与妻卵子的结合
      - 异质人工授精：第三人精或卵子与夫妻一方的结合
      - 代理母亲：由妻子以外的妇女代理怀孕、分娩
    - 法律地位
      - 人工生育的承认条件
        - 婚姻关系存续期间
        - 夫妻双方一致同意
      - 人工所生子女的地位：视为婚生子女
      - 代孕生育的否认：代孕合同有偿与否均无效
  - 父母子女间的权利义务
    - 父母对子女的义务
      - 抚养的义务
        - 抚养费范围
        - 抚养费给付
        - 抚养期限
      - 教育的权利和义务
      - 保护的权利和义务
    - 子女对父母的义务
      - 赡养的义务
        - 经济上帮助
        - 生活上照料
        - 精神上慰藉
      - 尊重父母婚姻权的义务
    - 父母子女间的继承权
      - 父母子女间有相互继承遗产的权利
      - 父母和子女互为第一顺序法定继承人

名词解释与概念比较

1. 婚生子女
2. 婚生子女否认
3. 非婚生子女
4. 非婚生子女准正
5. 人工生育子女
6. 继子女
7. 抚养
8. 赡养
9. 养子女与形成抚养关系的继子女

选择题

（一）单项选择题

1. 甲满5周岁后父亡，生母与继父乙结婚，甲与外祖母一起生活并受其抚养长大。甲工作后，母亡，继父乙年老多病，要求甲赡养。下列表述中，哪种说法是正确的？（ ）

A. 甲每月付给乙一定的生活费
B. 甲没有付给乙生活费的义务
C. 甲每月付给乙一定的生活费，乙死后遗产由甲继承
D. 以上答案都不对

2. 离婚后，父或母对子女抚养费的给付期限应如何确定？（ ）

A. 一般至子女18周岁为止
B. 一律至子女18周岁为止
C. 一般至子女结婚成家时为止
D. 一律至子女结婚成家时为止

3. 继父母与未受其抚养教育的继子女之间，属于何种亲属关系？（ ）

A. 自然直系血亲关系
B. 拟制直系血亲关系
C. 直系姻亲关系
D. 拟制旁系血亲关系

4. 甲、乙离婚后，已满8周岁的儿子丙随父亲甲生活。甲因外出经商，委托好友丁代为看护。一日丁酒醉，丙偷跑出去玩耍，损坏小卖店电视机1台。对此，应由谁向小卖店承担赔偿责任？（ ）

A. 甲承担
B. 丁承担
C. 甲与丁承担
D. 甲、乙、丁共同承担

5. 甲尚未成年，父母离婚，甲由母直接抚养。甲成年后考取国内某私立大学，每年需支付学费2万元。其母无力独自承担这笔费用，其父拒绝分担，甲向法院提起诉讼，请求父亲承担其学费的一半。对此纠纷，法院应如何处理？（ ）

A. 应当判决甲父每年向甲支付学费1万元
B. 应当追加甲母为共同被告，判决两人分别向甲支付学费1万元
C. 应当驳回甲的诉讼请求
D. 应当不予受理

6. 下列表述中，哪种说法是正确的？（ ）

A.《民法典》已建立非婚生子女准正和认领制度
B. 继父母与未受其抚养教育的继子女，不具有父母子女的权利义务
C.《民法典》已建立婚生子女推定制度
D. 受继父或继母抚养教育的继子女，与生或生母的权利义务消灭

7. 下列表述中，哪种说法是正确的？（ ）

A. 子女的配偶对其父母有赡养义务
B. 子女对遗弃自己的父母有赡养义务
C. 子女对因再婚导致生活困难的父母无赡养义务
D. 子女放弃继承权时对父母无赡养义务

（二）多项选择题

1. 在我国民法上，自然血亲的父母子女包括哪些？（ ）

A. 生父母与非婚生子女
B. 继父母与继子女
C. 生父母与婚生子女
D. 养父母与养子女

2. 甲（女）4周岁时，其生母乙与继父丙再婚，甲随乙与丙共同生活9年，甲受丙的抚养教育。丙与乙离婚后，甲向法院提起诉讼，请求解除与丙的继父女关系。下列表述中，哪些说法是正确的？（ ）

A. 甲与丙的权利义务随乙与丙离婚而自然终止，法院对甲的起诉应不予受理
B. 甲与丙的权利义务随乙与丙离婚而自然终止，法院应驳回甲的诉讼请求

C. 甲与丙的权利义务不因乙与丙离婚而自然终止

D. 法院应作出是否准予解除继父女关系的判决

3. 甲夫妇收养3周岁的乙为养女，共同生活3年后，乙的生父母丙夫妇与甲夫妇达成解除收养关系协议，征得乙同意后办理了解除收养关系登记。1年后，甲夫妇、丙夫妇在一次事故中同时死亡。下列表述中，哪些说法是正确的？（　　）

A. 乙与甲夫妇收养关系解除后，与生父母的权利义务自行恢复

B. 乙与甲夫妇收养关系解除后，与生父母权利义务是否恢复须协商确定

C. 乙有权继承甲夫妇的遗产

D. 乙有权继承丙夫妇的遗产

4. 下列表述中，乙应当对甲承担赡养义务的情形有哪些？（　　）

A. 甲57周岁时收养了乙（6周岁），两人以祖孙相称，现乙已长大成人

B. 乙3周岁时丧父，乙母携子与丙再婚，3年后乙母死亡，丙与甲再婚后合力将乙养大成人

C. 甲系乙生父。乙出生后不久其母离家出走，甲因再婚将乙送养他人。20年后甲生活无着，要求乙承担赡养义务

D. 甲有两子乙和丙。因家贫，甲在办完丙婚事后无力助乙娶妻，乙过而立之年仍单身一人。乙以甲偏心为由拒绝承担赡养义务

5. 甲夫妻均是名牌大学硕士毕业生，育有一子乙。乙聪慧过人，上小学后常抱怨在学校“没意思，学习没有挑战性”。甲夫妻遂让乙退学，乙母全职教乙文化知识。对甲夫妻的行为，下列哪些说法是正确的？（　　）

A. 甲夫妻的做法没有尽到父母对子女的教育义务

B. 甲夫妻的做法非常完美地履行了父母对子女的教育义务

C. 虽不值得提倡，但鉴于乙的特殊情况，其做法合理合法

D. 甲夫妻的做法违反了我国法律的强制规定

6. 甲为乙的生父。由于二人长期关系不和，乙25周岁时，双方签订一份脱离父子关系协议，约定：甲不负责给乙盖房结婚，乙也不承担对甲的赡养义务。乙结婚生子后，甲因再婚妻子多病而生活困难，遂向乙索要赡养费。乙以协议和对继母无赡养义务为由拒绝给付。下列表述中，哪些说法是正确的？（　　）

A. 协议双方意思表示真实，合法有效

B. 协议双方意思表示真实，但因违背公序良俗而无效

C. 协议双方意思表示真实，但甲可行使撤销权撤销

D. 甲再婚导致生活困难，仍享有请求乙给付赡养费的权利

7. 甲与妻乙离婚后，其子丙（11周岁）与甲共同生活。某日甲因事出差2日，留下儿子一人在家。因年幼无知，丙玩弄打火机引发火灾，除烧毁自家部分财物外还导致邻居家财物损失数千元。关于邻居家财物损失，下列哪些说法是正确的？（　　）

A. 由甲与乙共同承担赔偿责任

B. 由甲承担赔偿责任，但如果其独立承担确有困难，可责令乙共同承担民事责任

C. 应在丙的个人财产范围内承担赔偿责任，如丙无个人财产，则无法赔偿

D. 如丙有个人财产，则应从个人财产中支付赔偿费用

简答题

1. 简述父母子女关系的种类。
2. 简述婚生子女的推定规则。
3. 简述婚生子女的否认。
4. 简述父母对子女的抚养义务的内容。
5. 简述子女对父母赡养义务的内容。
6. 简述继子女受继父母抚养教育的认定标准。

案例分析题

1. 甲男35周岁时与离异的乙女登记结婚，乙带6周岁的儿子丙与甲共同生活。甲、乙结婚后未再生育子女，甲视丙为己出，对甲进行了抚养教育。丙大学毕业后，其母因病去世，丙继续与甲共同生活。丙因结婚独立生活后，甲孤独难耐，产生再婚念头，遭到丙的反对。甲执意再婚，与丙产生矛盾，双方冲突不断升级，丙开始对甲殴打谩骂。甲不堪忍受，起诉到法院，请求解除与丙的继父子关系。

请回答下列问题：

（1）继父子关系可以通过诉讼解除吗？

（2）甲有权要求丙支付其支出的抚养费吗？

（3）继父子关系解除后甲生活困难，可否请求丙给付生活费？

2. 甲与前妻离婚后，婚生女乙由甲抚养。乙虽品学兼优，但甲重男轻女，乙小学毕业后便让其辍学。甲居所地的居委会说服动员甲送乙到学校接受义务教育，甲坚持己见。甲与丙再婚后，要丙为其再生一子，丙不同意，甲决定与丙离婚，丙表示同意。离婚后，丙发现怀孕，生下女婴丁后，要求甲支付抚养费，甲以丁不是其婚生子女为由拒绝。

请回答下列问题：

（1）甲中断乙学业的做法是否违法？

（2）居委会对甲迫使乙辍学的行为应如何处理？

（3）丁是非婚生子女吗？

（4）甲有义务支付丁的抚养费吗？

论述题与深度思考题

1. 试述继父母与继子女的亲属地位。

2. 试述非婚生子女与生父关系的确认。

参考答案

名词解释与概念比较

1. 婚生子女，是指在婚姻关系存续期间受孕或者出生的子女。

2. 婚生子女否认，是对婚生子女推定的限制，是指有关当事人依据法律规定否认推定的婚生子女为自己亲生子女的一项制度。

3. 非婚生子女，是指没有婚姻关系的男女所生的子女。

4. 非婚生子女准正，是指非婚生子女因生父母结婚而取得婚生子女的资格。

5. 人工生育子女，是指根据生物遗传工程理论，采用人工方法将取出的精子或受精卵、胚胎注入妇女子宫内受孕所生的子女。

6. 继子女，是指夫与前妻或妻与前夫所生的子女。

7. 抚养，是指父母对子女经济上的供养和生活上的照料。

8. 赡养，是指子女对父母的供养，即物质上和经济上为父母提供必要的生活条件。

9. 养子女与形成抚养关系的继子女

比较点	养子女	形成抚养关系的继子女
含义	将他人的子女收养为自己的子女	继夫与前妻或妻与前夫所生的子女
身份产生原因	民事法律行为	事实行为
与生父母权利义务	收养成立后，养子女与生父母权利义务消灭	继父母子女抚养关系形成后，继子女与生父母权利义务关系继续存在
拟制效力范围	养子女与养父母及养父母的近亲属间形成法定近亲属关系	继子女与继父母权利义务产生，但与继父母的近亲属间并不直接形成法定近亲属关系
终止原因	养子女未成年时，养父母离婚时任何一方不得单方终止与养子女的收养关系	继子女未成年时，继父或继母与生母或生父离婚时，继父或继母可单方终止与继子女的抚养关系

选择题

（一）单项选择题

1. B。《民法典》第1072条第2款规定，继父或者继母和受其抚养教育的继子女间的权利义务关系，适用本法关于父母子女关系的规定。甲生母与继父乙再婚后，甲与乙产生继父子关系，但甲未受乙的抚养教育，双方不产生父母子女的权利义务关系。因此甲对乙没有赡养的义务。综上，本题应选B项。

2. A。《民法典》第1067条第1款规定，父母不履行抚养义务的，未成年子女或者不能独立生活的成年子女，有要求父母给付抚养费的权利。依据该规定，父母对未成年子女的抚养费支付义务至其18周岁为止，对不能独立生活的成年子女的抚养费支付义务至其独立生活时为止。综上，本题应选A项。

3. C。继父母与未受其抚养教育的继子女之间，从继父母的角度，继子女是其配偶的血亲，双方之间是配偶血亲类型的姻亲关系；从继子女的角度，继父母是其直系血亲生父母的配偶，双方之间是血亲配偶类型的姻亲关系。综上，本题应选C项。

4. C。《民法典》第1188条规定，无民事行为能力人、限制民事行为能力人造成他人损害的，由监护人承担侵权责任。第1189条规定，监护人将监护职责委托给他人的，监护人应当承担侵权责任；受托人有过错的，承担相应的责任。《民法典》第27条规定，父母是未成年子女的监护人。依据上述规定，甲作为丙的直接监护人，应当承担赔偿责任。丁受托履行监护职责期间醉酒，疏于对丙照看，应当承担与其过错相应的责任。综上，本题应选C项。

5. C。《民法典》第1067条第1款规定，父母不履行抚养义务的，未成年子女或者不能独立生活的成年子女，有要求父母给付抚养费的权利。不能独立生活的成年子女，依据《婚姻家庭解释（一）》第41条的规定，是指尚在校接受高中及其以下学历教育，或者丧失、部分丧失劳动能力等非因主观原因而无法维持正常生活的成年子女。甲成年后接受高等教育，没有要求父母给付抚养费的权利。因此，法院受理甲的起诉后，应当驳回其诉讼请求。综上，本题应选C项。

6. B。《民法典》未设立非婚生子女准正制度，也未建立完整的非婚生子女认领制度。《民法典》第1073条规定对亲子关系有异议且有正当理由的，父、母或者成年子女可以向法院提起诉讼，请求确认亲子关系。但对亲子关系认领的期间、认领的否认及撤销等，民法典并未作出规定。《民法典》第1073条有婚生子女否认的规定，但无婚生子女推定的规定。《民法典》第1072条第2款规定，继父或者继母和受其抚养教育的继子女间的权利义务关系，适用本法关于父母子女关系的规定。依据该规定的文义解释，受继父或继母抚养教育的继子女与生父或生母的权利义务并不因此消灭；依据该规定的反面解释，父母与未受其抚养教育的继子女，不具有父母子女的权利义务。综上，本题应选B项。

7. B。《民法典》第1067条第2款规定，成年子女不履行赡养义务的，缺乏劳动能力或者生活困难的父母，有要求成年子女给付赡养费的权利。依据该规定，赡养父母是子女的法定义务，子女的配偶不是赡养义务主体。成年子女对父母是否有给付赡养费的义务，以父母是否缺乏劳动能力或者生活困难为条件，不能以父母对其有过遗弃行为或者再婚作为标准。继承权是民事权利，赡养父母是民事义务。子女可以放弃继承权，但不得拒绝履行赡养义务。综上，本题应选B项。

（二）多项选择题

1. AC。自然血亲是指有自然血缘联系的亲属。自然血缘联系的亲属出自同一祖先，在血缘上具有同源关系，是被血缘纽带联结在一起的。这种血缘关系基于出生的事实发生，无论婚生或非婚生，不分父系和母系。综上，本题应选A、C项。

2. CD。《民法典》第1072条第2款规定，继父或者继母和受其抚养教育的继子女间的权利义务关系，适用本法关于父母子女关系的规定。第1084条规定，父母与子女间的关系，不因父母离婚而消除。离婚后，子女无论由父或者母直接抚养，仍是父母双方的子女。依据上述规定，甲受丙抚养教育而形成的继父女权利义务关系并不因乙与丙离婚而终止。但甲有权向法院提起诉讼，请求解除与丙的权利义务关系，法院应当受理，并根据双方感情是否确已破裂的事实，作出是否准予解除继父女关系的判决。综上，本题应选C、D项。

3. AD。依据《民法典》的有关规定，被收养人成年以前，收养人、送养人双方可以协议解除收养关系。解除收养关系的效力，自民政部门办理解除收养关系登记之日起产生。收养关系解除后，未成年养子女与养父母的权利义务关系消灭，与生父母的权利义务关系自行恢复。收养关系解除后，乙无权继承养父母甲夫妇的遗产，但有权继承生父母丙夫妇的遗产。综上，本题应选A、D项。

4. AD。依据《民法典》的有关规定，成年子女不履行赡养义务的，缺乏劳动能力或者生活困难的父母，有要求成年子女给付赡养费的权利。这里的成年子女，包括婚生子女、非婚生子女、养子女和受继父或继母抚养教育的继子女。甲隔代收养乙，两人虽以祖孙相称，但实为养父母子女关系，成年的乙对甲有赡养的义务；乙随生母与继父丙共同生活，受丙的抚养教育，双方产生继父子权利义务关系，该父子关系不因生母乙的去世而自然终止，因此乙对丙有赡养义务，但对丙的再婚配偶、甲没有赡养义务。甲因再婚将乙送养他人，收养关系成立后双方父子间的权利义务关系终止，乙成年后对甲无赡养义务。甲对成年并独立生活的子女，没有经济帮助的义务。乙以父亲未资助其婚事为由拒绝履行对甲的赡养义务，没有法律依据，不能成立。综上，本题应选 A、D 项。

5. AD。依据《民法典》《未成年人保护法》的有关规定，父母有教育、保护未成年子女的权利和义务。这里的教育，一是父母应当尊重未成年人受教育的权利，必须使适龄的未成年人按照规定接受义务教育，不得使在校接受义务教育的未成年人辍学；二是父母应当以健康的思想、品行和适当的方法教育未成年人，引导未成年人进行有益身心健康的活动等。甲夫妻因顾及乙的厌学情绪而让乙辍学，违反父母不得使接受义务教育的未成年人辍学的法定义务，没有尽到父母对子女的教育责任。综上，本题应选 A、D 项。

6. BD。父母与婚生子女关系，是自然血亲关系，除因一方死亡而终止外，不得因其他原因而终止。成年子女对父母的赡养义务，是法定的强行性义务，除法律规定的消灭原因外，不得通过约定免除。甲与乙签订的免除乙赡养义务的协议，违背公序良俗，为无效民事法律行为，不属于可撤销的民事法律行为，由法院依职权审查确认。甲有再婚的自由，甲再婚后因履行对妻子的扶养义务导致生活困难的，属于《民法典》规定生活困难的情形，乙应履行给付赡养费的义务。综上，本题应选 B、D 项。

7. BD。依据《民法典》第 1188 条的规定，无民事行为能力人、限制民事行为能力人造成他人损害的，由监护人承担侵权责任。监护人尽到监护职责的，可以减轻其侵权责任。有财产的无民事行为能力、限制民事行为能力人造他人损害的，从本人财产中支付赔偿费用；不足部分，由监护人赔偿。《民法典》第 27 条规定，父母是未成年子女的监护人。依据上述规定，丙无个人财产，其造成的他人财产损害，应由监护人承担赔偿责任。甲作为丙的直接监护人，对被监护人丙造成的他人财产损害，应当承担赔偿责任。乙离婚后不直接抚养丙，但对丙监护义务并不因此消灭，其不直接监护丙的事实可以作为其尽到监护职责的理由，因此只有甲不能独立承担赔偿责任时，乙才应当承担连带赔偿责任。综上，本题应选 B、D 项。

简答题

1. 根据父母子女关系产生的原因，父母子女关系分为两类：（1）自然血亲的父母子女关系。自然血亲的父母子女关系包括生父母与婚生子女关系、生父母与非婚生子女的关系。（2）拟制血亲的父母子女关系。拟制血亲的父母子女关系包括养父母与养子女关系、继父或继母与受其抚养教育的继子女关系。养父母与养子女之间因合法收养行为成立拟制的父母子女关系。继父母子女之间因未成年继子女受继父或继母的抚养，产生拟制的父母子女关系。

2. 婚生子女的推定是指对子女的婚生身份或者丈夫为子女的生父的一种法律上的推定。《民法典》未设立婚生子女推定制度，司法实践中对婚生子女推定一般采用如下规则：（1）自然生育所生子女。有婚姻关系的夫妻双方，在婚姻关系存续期间，妻受胎所生子女或者婚姻关系存续期间受胎在婚姻关系终止后所生子女，推定夫为父。（2）人工生育所生子女。婚姻关系存续期间，夫妻双方一致同意进行人工授精，所生子女应视为婚生子女，父母子女间的权利义务关系适用民法典的有关规定（《婚姻家庭解释（一）》第 40 条）。

3. 婚生子女的否认，是指有关当事人依据法律规定否认推定的婚生子女为自己亲生子女的一项制度。（1）婚生子女否认的主体。《民法典》第 1073 条规定，对亲子关系有异议且有正当理由的，父或者母可以向法院提起诉讼，请求否认亲子关系。依据该规定，我国婚生子女否认权的主体为二元主体，即父或者母。（2）婚生子女否认的原因。《民法典》对婚生子女否认的原因采概括主义，凡有正当理由推翻子女为婚生即可。婚生子女否认的原因一般可分为两种情况：一是夫妻在妻受胎期间没有同居的事实；二是夫有生理缺陷或者没有生育能力，包括时间不能、空间不能、生理不能等。（3）婚生子女否认权的时效。《民法典》对婚生子女否认的请求权无时效限制。（4）举证责任的承担。依据《婚姻家庭解释（一）》第 39 条的规定，由原告承担婚生子女否认的举证责任，具体包括；被告没有相反证据又拒绝做亲子鉴定的，法院可以认定否认亲子关系一方的主张成立。

4. 父母对子女的抚养义务，主要是指父母对子女抚养费的给付义务。（1）父母应当给付子女抚养费的范围，包括子女生活费、教育费、医疗费等费用。（2）父母离婚时，不直接抚养子女一方的抚养费的数额，可以根据子女的实际需要、父母双方的负担能力和当地的实际生活水平确定。父母双方可以协议由一方直接抚养子女并由直接抚养方负担子女全部抚养费。(3)抚养费应当定期给付，有条件的可以一次性给付。父母一方无经济收入或者下落不明的，可以用其财物折抵抚养费。(4)抚养费的给付期限，一般至子女18周岁为止。16周岁以上不满18周岁，以其劳动收入为主要生活来源，并能维持当地一般生活水平的，父母可以停止给付抚养费。(5)离婚后，子女要求增加抚养费的，应当另行提起诉讼。(6)婚姻关系存续期间或解除之后，父母不履行抚养义务的，未成年或不能独立生活的成年子女请求支付抚养费的，法院应予支持。父母不得因子女变更姓氏而拒付子女抚养费。

5. 子女对父母的赡养义务具体内容为：(1)赡养人应当履行对老年人经济上帮助、生活上照料和精神上慰藉的义务，照顾老年人的特殊需要。(2)赡养人对患病的老年人应当提供医疗费用和护理；本人不能护理的，应当安排护理人员护理并支付护理费用。(3)赡养人应当妥善安排老年人住房，不得强迫老年人迁居条件低劣的房屋。(4)赡养人有义务耕种老年人承包的田地，照管老年人的林木和牲畜等，收益归老年人所有。

6. 继子女受继父或者继母抚养教育的认定标准，《民法典》未予规定。理论和司法实践中一般认为，继父或继母与受其抚养教育的继子女之间关系应从以下方面判断：(1)未成年继子女随生父或者生母与继母或者继父共同生活；(2)继父或者继母承担了继子女抚养费的一部或者全部；(3)继子女的抚养费虽由生父母负担，但继父或者继母对继子女承担了生活上的照料义务或教育义务。

案例分析题

1. (1)甲与丙之间的继父子关系可以依法解除。继父或者继母与受其抚养教育的继子女间是法律拟制的血亲关系，可因一定法律事实的发生而终止。甲起诉到法院要求解除与丙的父子关系，属于继父母子女关系的诉讼解除。

(2)甲有权要求丙偿付支出的抚养费。继父母子女关系解除后，继父或者继母能否要求继子女偿付支出的抚养费和教育费，《民法典》未作出明确规定。但《民法典》第1118条第1款规定："因养子女成年后虐待、遗弃养父母而解除收养关系的，养父母可以要求养子女补偿收养期间支出的抚养费。"拟制血亲的继父子关系与养父子关系法律地位相同，综上，因养子女成年后虐待、遗弃养父母而解除继父母子女关系的，继父母可以要求继子女补偿收养期间支出的抚养费。

(3)甲有权要求丙支付生活费。继父母子女关系解除后，受继父或继母抚养长大的继子女对生活困难的继父或继母是否有支付生活费的义务，《民法典》未作出明确规定。但《民法典》第1118条第1款规定："收养关系解除后，经养父母抚养的成年养子女，对缺乏劳动能力又缺乏生活来源的养父母，应当给付生活费。"拟制血亲的继父子关系与养父子关系，法律地位相同，解释上继父母子女关系解除后，经继父或继母抚养的成年继子女，对缺乏劳动能力又缺乏生活来源的继父母，应当给付生活费。因此，甲有权要求丙支付生活费。

2. (1)甲中断乙学业的做法是违法的。《义务教育法》第11条规定："凡年满六周岁的儿童，其父母或者其他法定监护人应当送其入学接受并完成义务教育；条件不具备的地区的儿童，可以推迟到七周岁。适龄儿童、少年因身体状况需要延缓入学或者休学的，其父母或者其他法定监护人应当提出申请，由当地乡镇人民政府或者县级人民政府教育行政部门批准。"依该规定，父母必须送适龄子女入学接受并完成义务教育，除非因身体原因需要缓入学或休学。甲的女儿是初中一年级学生，属于应当接受义务教育的适龄少年，因此，甲必须依法让其女儿继续接受学校教育并完成义务教育。

(2)《义务教育法》第58条规定："适龄儿童、少年的父母或者其他法定监护人无正当理由未依据本法规定送适龄儿童、少年入学接受义务教育的，由当地乡镇人民政府或者县级人民政府教育行政部门给予批评教育，责令限期改正。"甲父是因重男轻女的错误思想作祟，才不让其女儿继续接受义务教育的，因而属于上述规定中"无正当理由"的情形。学校在动员甲父将其女儿召回并让其读完初中但遭到其拒绝的情况下，应向当地乡镇人民政府或者县级人民政府教育行政部门反映情况，后者在接到反映情况并调查属实后，应对甲父给予批评教育并责令其限期改正。

(3)丁是婚生子女而不是非婚生子女。根据婚生子女推定制度，对于合法婚姻关系存续期间受胎的子女，不问是否在婚姻关系存续期间出生，均推定为婚生子女。丙受胎于甲、乙婚姻关系存续期间，虽然其出生在甲、乙婚姻关系解除之后，但根据婚生子女推定制度，丙应为甲与乙二人的婚生子女。

（4）甲应当支付抚养费。丁为乙的婚生子女，甲是丁的亲生父亲。依据《民法典》第 1067 条的规定，父母对子女有抚养的义务；如果父母不履行抚养义务的，未成年的或不能独立生活的子女，有要求父母给付抚养费的权利。如果乙拒绝承担丙的抚养费，丙可在其法定代理人甲的代理之下，起诉要求乙支付抚养费。

论述题与深度思考题

1. 继父或继母，是指生母之后夫或者生父之后妻；继子女，是指夫与前妻或妻与前夫所生的子女。依据《民法典》的规定，继父母与继子女的亲属地位有以下类型：（1）继父或继母与未受其抚养教育的继子女。继父或继母与继子女间为姻亲关系，相互之间仅具有父母子女的亲属称谓，不具有父母子女的权利义务。（2）继父或继母与受其抚养教育的继子女。继父或继母与继子女之间形成拟制血亲关系，相互之间具有父母子女的权利义务。继子女与未共同生活的生父或者生母间的自然血亲关系和权利义务关系不因此改变，继续存在。（3）继父或继母形成收养关系的继子女。继父或者继母经继子女的生父母同意，可以收养继子女。收养关系成立后，继父或者继母与继子女间的关系，由继父母子女关系转化为养父母子女关系，继子女与不共同生活的生父或者生母的权利义务关系消灭。（4）继子女与继父母关系的终止。继子女未受继父母抚养教育的，生父或生母死亡、生父母与继父母离婚的，该姻亲关系因婚姻终止而当然消灭；继子女受继父母抚养教育的，生父或生母死亡、生父母与继父母离婚的，该拟制血亲关系仍然存续，不因婚姻终止而当然消灭；继子女被继父母收养的，生父或生母死亡、生父母与继父母离婚的，该拟制血亲的终止，适用有关收养的法律规定。

2. 非婚生子女与生父关系，在无法准正时可通过认领确认。（1）自愿认领。自愿认领又称任意认领，是指生父承认非婚生子女是自己所生并自愿承担抚养责任，无须他人或法律的强制。自愿认领的方式，各国规定有所不同，主要有公证认领、登记认领、事实认领等。《民法典》无自愿认领的规定，司法实践中采事实认领方式。（2）强制认领。强制认领，是指非婚生子女对于应认领而不为认领之父，向法院请求确定生父子关系存在的行为。依据《婚姻家庭解释（一）》第 39 条第 2 款的规定，父或者母以及成年子女起诉请求确认亲子关系，并提供必要证据予以证明，另一方没有相反证据又拒绝做亲子鉴定的，法院可以认定确认亲子关系一方的主张成立。（3）认领的效力。自愿认领中，生父已经抚养非婚生子女并且有认该子女为自己子女的意思表示的事实行为，即产生认领的效力；强制认领中，法院确认被指认为生父之人的法律文书生效，认领效力发生。生父的身份通过认领确认后，生父即负有对非婚生子女的抚养义务。对于不履行抚养义务的生父母，非婚生子女有要求给付抚育费的权利。

第七章　收养制度

知识逻辑图

- 收养制度
  - 收养的概念：自然人依照法律规定的条件和程序，将他人子女作为自己的子女，从而使没有父母子女关系的当事人之间产生法律拟制的父母子女关系的民事法律行为
  - 收养的特点
    - 收养是创设身份关系的行为
    - 收养是变更亲属关系及权利义务的行为
    - 收养行为创设的拟制血亲关系可以依法解除
  - 收养的原则
    - 收养原则的类型
      - 最有利于被收养人
      - 保障被收养人和收养人合法权益
      - 平等自愿
      - 不得违背社会公德
    - 违反收养原则的后果：收养行为无效
  - 收养成立的实质要件
    - 被收养人条件
      - 丧失父母的孤儿
      - 查找不到生父母的未成年人
      - 生父母有特殊困难、无力抚养的子女
    - 送养人条件
      - 孤儿的监护人
      - 儿童福利机构
      - 有特殊困难、无力抚养子女的父母
        - 生父母共同送养
        - 生父母单方送养
    - 收养人条件
      - 一般规定
        - 无子女或者只有1名子女
        - 有抚养、教育和保护被收养人的能力
        - 未患有在医学上认为不应当收养子女的疾病
        - 无不利于被收养人健康成长的违法犯罪记录
        - 年满30周岁
      - 特别规定
        - 有配偶者收养子女，应当夫妻共同收养
        - 无配偶者收养异性子女年龄相差40周岁
        - 收养孤儿等未成年人不受数量限制
    - 当事人的收养合意
      - 收养人与送养人双方自愿
      - 年满8周岁未成年人的同意
    - 收养条件的特殊规定
      - 收养三代以内旁系同辈血亲的子女
      - 收养孤儿、残疾未成年人
      - 收养查找不到生父母的未成年人
      - 继父母收养继子女

- 收养制度
  - 收养成立的形式要件
    - 收养登记
      - 收养登记的机关：县级以上人民政府的民政部门
      - 收养登记的具体程序
        - 收养当事人申请
        - 收养登记机关审查
        - 收养登记机关公告
        - 收养登记机关登记
      - 收养登记的效力：收养关系自登记之日起成立
      - 收养证：收养登记机关签发的证明收养关系的法律文书
    - 收养协议
      - 概念：收养关系当事人之间依照法律规定的条件订立的关于同意成立收养关系的协议
      - 效力：未办理收养登记的，收养关系不成立
    - 收养公证
      - 概念：由公证机关对收养协议依法作出的公证证明
      - 效力：未办理收养登记的，不影响收养关系的成立
  - 收养成立的效力
    - 概念：收养成立引起的法律后果的总称
    - 拟制效力
      - 养子女与养父母间权利义务关系产生
      - 养子女与养父母近亲属间权利义务关系产生
    - 解消效力
      - 养子女与生父母间权利义务关系消除
      - 养子女与生父母近亲属间权利义务关系消除
  - 无效收养关系
    - 原因
      - 当事人不具有完全民事行为能力
      - 当事人的意思表示不真实
      - 违反法律规定的收养条件
      - 违反社会公共利益
    - 确认程序
      - 行政程序：当事人骗取收养登记，收养登记机关撤销登记
      - 诉讼程序
        - 当事人或利害关系人提起确认收养无效之诉
        - 法院在审理有关案件中依职权确认收养无效
    - 法律后果：自始没有法律约束力
  - 收养关系的解除
    - 原因
      - 协议解除
        - 协议解除条件
        - 协议解除程序
      - 诉讼解除
        - 一方要求解除的条件
        - 一方要求解除的程序
    - 法律后果
      - 养子女与养父母及近亲属权利义务关系消除
      - 未成年养子女与生父母及近亲属权利义务关系自行恢复
      - 成年养子女与生父母及近亲属权利义务关系协商恢复
      - 成年养子女生活费的给付义务
      - 成年养子女对养父母支出抚养费的补偿义务

名词解释与概念比较

1. 收养
2. 收养人
3. 被收养人
4. 送养人
5. 收养协议
6. 收养公证
7. 收养效力
8. 无效收养
9. 收养与寄养
10. 收养与国家收容

选择题

（一）单项选择题

1. 下列关于收养的表述，哪种说法是不正确的？（　　）

A. 收养是一种要式民事法律行为

B. 收养不能发生在直系血亲之间

C. 因收养应当到民政部门登记，故不是民事法律行为而是行政行为

D. 收养形成拟制血亲关系

2. 下列哪种原则不属于收养原则？（　　）

A. 平等自愿原则

B. 等价有偿原则

C. 不得违背社会公德原则

D. 保护当事人合法权益原则

3. 依据《民法典》第 1096 条的规定，监护人送养未成年孤儿的，应当征得有抚养义务的人同意。这里所说的“有抚养义务的人”是指哪种人？（　　）

A. 孤儿的有负担能力的祖父母、外祖父母和兄、姐

B. 孤儿的有负担能力的叔、伯、姑、舅、姨

C. 孤儿住所地的居民委员会或村民委员会

D. 孤儿的父母生前所在单位

4. 依据《民法典》的规定，下列哪种机关是办理收养登记的机关？（　　）

A. 各级人民政府民政部门

B. 县级以上人民政府民政部门

C. 基层法院

D. 基层社会福利机构

5. 47 周岁的甲，妻子逝世后与年方 10 周岁和 5 周岁的两个儿子相依为命，甲想收养一个女儿。下列何人可以被其依法收养？（　　）

A. 福利院抚养的 10 周岁残疾女童

B. 福利院抚养的 10 周岁的丧失父母的女童

C. 福利院抚养的查找不到生父母的 6 周岁女童

D. 生父母有特殊困难无力抚养子女的 6 周岁女童

6. 甲的父亲与乙的母亲为同胞兄妹，乙 4 周岁时被人收养。现甲 25 周岁，乙 21 周岁，依据《民法典》规定，甲、乙能否结婚？（　　）

A. 可以结婚

B. 不可以结婚

C. 能否结婚从习惯

D. 能否结婚由婚姻机关酌情处理

7. 甲有哥姐 5 人，家中经济拮据，父母遂将其送养给乙夫妇。收养关系成立后，下列关于甲与生父母之间关系的表述中，哪种说法是正确的？（　　）

A. 权利义务关系消除，自然血亲关系不消除

B. 权利义务和自然血亲关系都不消除

C. 权利义务和自然血亲关系都消除

D. 权利义务关系不消除，自然血亲关系消除

8. 下列关于收养三代以内旁系同辈血亲子女表述中，哪种说法是不正确的？（　　）

A. 不受生父母有特殊困难无力抚养子女的限制

B. 无配偶的男性收养女性的，不受年龄相差 40 周岁的限制

C. 不受被收养人已成年的限制

D. 不受收养人无子女或者只有 1 名子女的限制

（二）多项选择题

1. 收养法律关系的当事人包括哪些？（　　）

A. 收养人　　B. 被收养人

C. 送养人　　D. 收养登记机关

2. 依据《民法典》的规定，继父或继母经继子女的生父母同意，可以收养继子女。此时，他们可以不受限制的收养条件有哪些？（　　）

A. 收养人无不利于被收养人的违法犯罪记录

B. 收养人无子女或者只有 1 名子女

C. 收养人须年满 30 周岁

D. 收养人有抚养被收养人的能力

3. 按照我国现行的收养制度，可以作为送养人的自然人、组织包括哪些？（　　）

A. 孤儿的监护人

B. 儿童福利机构

C. 妇产医院

D. 有特殊困难无力抚养子女的生父母

4. 下列关于收养的法律效力，哪些说法是正确的？（　　）

A. 养子女与养父母间产生拟制的父母子女关系

B. 养子女与养父母的近亲属间产生拟制近亲属关系

C. 养子女的子女与养父母产生拟制血亲关系

D. 养子女与生父母及生父母近亲属间的自然血亲关系消除

5. 当事人可以解除收养关系的情形包括哪些？（　　）

A. 双方自愿

B. 收养人有虐待、遗弃等侵害未成年养子女的行为

C. 收养关系当事人一方死亡

D. 养父母与成年养子女关系恶化，无法共同生活

6. 下列关于收养解除后身份关系上的效力，哪些说法是正确的？（　　）

A. 养子女与养父母之间的权利义务关系消除

B. 养子女与生父母间的权利义务关系自行恢复，但成年养子女除外

C. 养子女与生父母间的权利义务关系一律自行恢复

D. 养子女与养父母的近亲属间的权利关系消除

7. 下列关于收养解除后财产关系上的效力，哪些说法是不正确的？（　　）

A. 成年养子女对养父母仍有支付赡养费的义务

B. 不是因养子女成年后虐待、遗弃养父母而解除的，养父母有权要求养子女或养子女的生父母补偿收养期间支出的抚养费

C. 成年养子女对缺乏劳动能力的养父母，有给付生活费的义务

D. 养父母要求解除收养关系的，无权要求生父母给予经济补偿

8. 在一般收养中，收养人应当满足哪些条件？（　　）

A. 收养人无子女或只有1名子女

B. 收养人有抚养被收养人的能力

C. 收养人未患有在医学上认为不应当收养子女的疾病

D. 收养人年满30周岁

9. 在下列情形中，甲可以收养乙的情形包括哪些？（　　）

A. 甲为乙的外祖父，乙的父母因事故双双死亡

B. 甲为乙的伯父，乙的父母因事故双双死亡

C. 甲夫妻（均为28周岁）无子女，欲收养某儿童福利机构抚养的孤儿乙

D. 甲（41周岁）丧妻，无子女，欲收养已满5周岁的孤儿男童乙

10. 在下列情形中，甲可以收养乙的情形包括哪些？（　　）

A. 甲（41周岁）丧妻有一女，欲收养3周岁的孤儿女童乙

B. 甲（26周岁，无业）与乙母（丧偶）结婚后，欲收养5周岁的继子乙

C. 甲（42周岁）无配偶，是4周岁且生父母有抚养能力的侄女乙的伯父

D. 甲为乙的伯父，有一女儿，生活富裕。乙家为多子女家庭，生活贫困

11. 下列关于收养孤儿、残疾儿童或者儿童福利机构抚养的查找不到生父母的弃婴和儿童的选项中，哪些说法是不正确的？（　　）

A. 不受被收养人成年的限制

B. 无配偶的男性收养女性的，不受收养人与被收养人年龄应相差40周岁以上的限制

C. 不受无子女的收养人只能收养2名的限制

D. 不受收养人须无子女或只有1名子女的限制

12. 在下列表述中，收养无效的情形有哪些？（　　）

A. 甲与乙生育一子丙。一日，甲夫妻外出时遇车祸，乙死亡，甲五级伤残丧失劳动能力。甲欲把丙（5周岁）送给自己的哥哥收养，乙的父母提出抚养请求。甲以外姓人不得干预家事为由，拒绝了乙父母的要求，将丙送养

B. 甲夫妻将自己12周岁的女儿乙送养他人时，乙强烈反对但仍被送养

C. 甲（36周岁）与妻从某儿童福利机构收养1名女婴（1周岁）。2年后，甲妻因病死亡

D. 甲（37周岁，单身，教师）收养了3周岁的侄女

13. 甲夫妻因婚后数年未生育，从乙夫妻处收养丙（3周岁）为养子，后又生育一女丁。丁大学毕业任职于某事业单位，甲夫妻亦先后从工作单位退休。丙成年后不务正业，因生活琐事经常无端打骂甲夫妻。甲夫妻向法院提起诉讼，请求解除与丙的收养关系。

（1）关于收养解除的身份关系上的后果，下列哪些说法是正确的？（　　）

A. 收养关系解除后，丙与甲夫妻的父母子女关系及与丁的兄妹关系即行消除

B. 收养关系解除后，丙与甲夫妻的父母子女关系即行消除。因丁已成年，丙与丁的兄妹关系是

否消除，由双方协商确定

C. 收养关系解除后，丙与生父母及生父母近亲属的权利义务关系自行恢复

D. 收养关系解除后，丙与生父母及生父母近亲属的权利义务关系是否恢复由双方协商确定

(2) 关于收养解除的财产后果，下列哪些说法是正确的？（　　）

A. 丙系由甲夫妻抚养成人，甲夫妻解除收养关系后丙仍有给付甲夫妻生活费的义务

B. 甲夫妻有生活来源，丙无须给付甲夫妻生活费

C. 甲夫妻要求解除收养关系，故不得要求丙补偿收养期间支出的抚养费

D. 丙成年后虐待养父母导致收养关系解除，甲夫妻可以要求丙补偿收养期间支出的抚养费

简答题

1. 简述收养的特点。
2. 简述收养应遵循的原则。
3. 简述收养人的条件。
4. 简述收养成立的效力。
5. 简述收养无效的情形。
6. 简述收养的协议解除条件。

案例分析题

1. 甲夫妇的第二个女儿乙出生后，因生活困难无力抚养，便将其送养给丙夫妇抚养。甲夫妇和丙夫妇到民政部门办理了收养登记。乙成年参加工作后，逢年过节都会携带礼品看望生父母。天有不测风云，甲夫妇在一次事故中双双遇难，未留下遗嘱。对甲夫妇的遗产，乙提出了继承请求，但遭到甲夫妇儿子的反对。

请回答下列问题：

(1) 乙与甲夫妇的父母子女关系是否解除？

(2) 若甲夫妇家境转好后经丙夫妇同意将乙领回抚养，收养关系是否解除？

(3) 若乙成年后与丙夫妇解除收养关系，与甲夫妇开始日常的亲子交往，能否认定双方父母子女权利义务关系恢复？

2. 甲在病床前临终托孤，请求好友乙夫妇在其死后抚养自己5周岁的儿子丙，乙夫妇表示同意，双方签订协议，约定：丙由乙夫妇抚养成年，丙继承所得遗产由乙夫妇管理，丙的抚养费自该遗产中支付。甲去世后，乙夫妇持协议申请办理收养登记，但被收养登记机关拒绝。

请回答下列问题：

(1) 甲与乙夫妇之间的协议是否为收养协议？

(2) 乙夫妇对丙的抚养是否成立收养关系？

(3) 收养登记机关拒绝办理收养登记是否合法？

论述题与深度思考题

1. 试述特殊收养的条件。
2. 试述收养解除的法律后果。

参考答案

名词解释与概念比较

1. 收养，是指自然人依据法律规定的条件和程序，将他人的子女作为自己的子女，从而使没有父母子女关系的当事人之间产生法律拟制的父母子女关系的民事法律行为。

2. 收养人，是指收养他人子女为自己子女，与被收养人建立拟制血亲父母子女关系的自然人。

3. 被收养人，是指通过收养与收养人建立拟制血亲父母子女关系的自然人。

4. 送养人，是指将自己子女或者抚养的未成年人依法送给他人为子女的自然人或者组织。

5. 收养协议，是指收养关系当事人之间依照法律规定的条件订立的关于同意成立收养关系的协议。

6. 收养公证，是指根据收养行为当事人各方或者一方的要求，由公证机关对其订立的收养协议依法作出的公证证明。

7. 收养效力，是指收养成立引起的法律后果，包括拟制效力和解消效力。

8. 无效收养，是指欠缺收养的法定有效条件，不能产生收养法律效力的收养行为。

9. 收养与寄养

比较点	收养	寄养
含义	自然人依据法律规定的条件和程序，将他人的子女作为自己的子女，使没有父母子女关系的当事人之间产生法律拟制父母子女关系	父母出于某些特殊情形，不能与子女共同生活，无法直接履行抚养义务，委托他人代其抚养子女，受托人代为抚养
法律效力	收养人与被收养人之间形成拟制血亲，变更亲属身份	收寄人与寄养人之间不形成拟制血亲，不变更亲属身份
程序	须履行法定程序	不须履行法定程序
存续期间	不得约定存续期限	一般有约定的存续期限

10. 收养与国家收容

比较点	收养	国家收容
含义	自然人依据法律规定的条件和程序，将他人的子女作为自己的子女，使没有父母子女关系的当事人之间产生法律拟制的父母子女关系	国家对孤儿、查找不到生父母的未成年人的收容、养育
行为性质	民事法律行为	行政行为
法律效力	变更亲属身份，收养人与被收养人间发生父母子女权利义务	不变更亲属身份，收容、养育机构和被收容、养育人间不发生父母子女权利义务

选择题

（一）单项选择题

1. C。依据《民法典》第1105条的规定，收养应当向县级以上人民政府民政部门登记，收养关系自登记之日起成立。但收养登记产生身份关系变动的后果，在收养当事人之间产生民事权利义务，因此收养登记虽然是由行政机关实施的，但不是行政行为而是民事法律行为。收养成立需要办理履行法定手续，办理收养登记，因此收养是要式民事法律行为。收养发生亲属关系变更的后果，在养子女与养父母及养父母的近亲属之间形成拟制血亲关系，相互间产生近亲属的权利义务。收养可以发生在有亲属关系的自然人之间，但是只能发生在非直系血亲的自然人之间，不能发生在直系血亲的自然人之间，因为我国法律已为直系血亲的祖孙之间设定了权利义务关系。综上，本题应选C项。

2. B。《民法典》第1044条规定，收养应当遵循最有利于被收养人的原则，保障被收养人和收养人的合法权益。禁止借收养名义买卖未成年人。《民法典》第1104条规定，收养人收养与送养人送养，应当双方自愿。依据上述规定，收养应当遵循保护当事人合法权益和平等自愿原则，禁止借收养名义买卖未成年人等违背社会公德的行为。综上，本题应选B项。

3. A。依据《民法典》第1074条和第1075条的规定，对于父母已经死亡的孤儿，有负担能力的祖父母、外祖父母和有负担能力的兄、姐是孤儿的抚养义务人。因此，监护人送养未成年孤儿时，有同意权的抚养义务人应当是有负担能力的祖父母、外祖父母和兄、姐。其他亲属和组织不是法定的抚养义务人，对送养孤儿没有同意权。综上，本题应选A项。

4. B。《民法典》第1105条第1款规定，收养应当向县级以上人民政府民政部门登记。收养关系自登记之日起成立。依据该规定，办理收养登记是行政机关的职权，法院和其他机构没有办理收养登记的权力。就行政机关的管辖而言，办理收养登记是县级以上人民政府民政部门的职权，而不是各级人民政府民政部门。综上，本题应选B项。

5. C。依据《民法典》第1102条、第1100条、第1098条的规定，无配偶者收养异性子女的，收养人与被收养人的年龄应当相差40周岁以上。无子女的收养人可以收养2名子女；有1名子女的收养人只能收养1名子女。但收养孤儿、残疾未成年人或者儿童福利机构抚养的查找不到生父母的未成年人，不受收养人子女数量和收养子女数量的限制。同时，收养人现无子女或只有1名子女。甲无配偶，收养异性子女时应当符合年龄相差40周岁的条件限制。甲有2名子女，收养儿童福利机构抚养的查找不到生父母的未成年人，可不受收养人已有子女数量的限制。综上，本题应选C项。

6. B。甲、乙为同源于祖父母、外祖父母的三代以内旁系同辈血亲。乙与养父母收养关系成立后，与生父母及生父母近亲属的权利义务关系消灭，但自然血亲关系依然存在。因此，依据《民法典》第1048条的规定，甲、乙为禁婚亲，不能结婚。综上，本题应选B项。

7. A。《民法典》第1111条第2款规定，养子女与生父母以及其他近亲属间的权利义务关系，因收养关系的成立而消除。依据该规定，收养关系成立后，养子女与生父母及其他近亲属间的权利义务关系消除，但自然血亲不消除。综上，本题应选A项。

8. C。《民法典》第1099条规定，收养三代以内旁系同辈血亲的子女，可以不受本法第1093条第3项、第1094条第3项和第1102条规定的限制。依据该规定，收养三代以内旁系同辈血亲的子女，不受生父母有特殊困难无力抚养子女、收养人无子女或者只有1名子女以及无配偶男性收养异性被收养人年龄相差40周岁的限制。但被收养人只能是未成年人，不能是成年人。综上，本题应选C项。

（二）多项选择题

1. AB。在收养法律关系，当事人是收养人和被收养人。送养人是收养法律行为的当事人，该法律行为作为收养法律关系产生的法律事实，经过民政部门的登记，产生收养人与被收养人之间的收养法律关系，形成收养人与被收养人父母子女的权利义务。综上，本题应选A、B项。

2. ABCD。《民法典》第1103条规定，继父或者继母经继子女的生父母同意，可以收养继子女，并可以不受本法第1093条第3项、第1094条第3项、第1098条和第1100条第1款规定的限制。依据该规定，继父或者继母经继子女的生父母同意收养继子女时，即使具有不利于被收养人的违法犯罪记录、已有2名子女、未满30周岁以及没有抚养被收养人的能力等情形的，仍有权收养继子女，成立收养关系。综上，本题应选A、B、C、D项。

3. ABD。《民法典》第1094条规定的可以作为送养人的个人和组织，分别是：孤儿的监护人、儿童福利机构和有特殊困难无力抚养子女的生父母。依据该规定，孤儿的监护人、儿童福利机构和有特殊困难无力抚养子女的生父母可以作为送养人，但妇产医院对遗弃在医院的未成年人无权送养，应当送交公安机关查找生父母。综上，本题应选A、B、D项。

4. ABC。《民法典》第1111条规定，自收养关系成立之日起，养父母与养子女间的权利义务关系，适用本法关于父母子女关系的规定；养子女与养父母的近亲属间的权利义务关系，适用该法关于子女与父母的近亲属关系的规定。养子女与生父母以及其他近亲属间的权利义务关系，因收养关系的成立而消除。依据该规定，养子女与养父母及养父母的近亲属间产生拟制血亲关系，与生父母及生父母近亲属的权利义务消除但自然血亲关系并不消除。养子女的子女与养父母是否产生拟制血亲关系，《民法典》未作出规定，但有养子女与养父母及近亲属间的权利义务关系，适用该法关于子女与父母的近亲属关系的规定，基于法理，养子女的子女与养父母间也产生拟制血亲关系。综上，本题应选A、B、C项。

5. ABD。收养解除，根据当事人解除的态度，分为协议解除和诉讼解除。（1）养子女成年以前。依据《民法典》第1114条的规定，收养人、送养人自愿并征得8周岁以上养子女同意，可以解除收养关系；收养人不履行抚养义务，有虐待、遗弃等侵害未成年养子女合法权益行为的，送养人、收养人不能达成解除收养关系协议的，送养人可以向法院提起解除收养关系的诉讼。（2）养子女成年后。依据《民法典》第1115条的规定，养父母与成年养子女关系恶化、无法共同生活的，可以协议解除收养关系。不能达成协议的，可以向法院提起诉讼。（3）收养解除与收养关系当事人一方死亡均是收养关系终止的原因，但存在不同。收养解除是通过法律手段终止，收养关系当事人一方死亡是因主体缺位而自然终止。综上，本题应选A、B、D项。

6. ABD。依据《民法典》第1117条的规定，收养关系解除后，养子女与养父母以及其他近亲属间的权利义务关系即行消除，与生父母以及其他近亲属间的权利义务关系自行恢复。但是，成年养子女与生父母以及其他近亲属间的权利义务关系是否恢复，可以协商确定。综上，本题应选A、B、D项。

7. AB。依据《民法典》第1118条的规定，收养关系解除后财产关系上的效力，体现在以下方面：（1）经养父母抚养的成年养子女，对缺乏劳动能力又缺乏生活来源的养父母，赡养费给付义务因收养解除而消灭，但基于权利义务一致原则，应当给付生活费。（2）因养子女成年后虐待、遗弃养父母而解除收养关系的，养父母可以要求养子女补偿收养期间支出的抚养费。依据该规定的反面解释，收养关系不是因为成年养子女虐待、遗弃养父母而解除的，养父母无权要求养子女补偿收养期间支出的抚养费。（3）生父母要求解除收养关系的，养父母可以要求生父母适当补偿收养期间支出的抚养费。但是，因养父母虐待、遗弃养子女而解除收养关系的除外。依据该规定的反面解释，因养父母虐待、遗弃养子女，生父母要求解除收养关系的，或者养父母要求解除收养关系的，养父母无权要求生父母补偿收养期间支出的抚养费。综上，本题应选 A、B 项。

8. ABCD。依据《民法典》第 1098 条的规定，收养人应当同时具备下列条件：(1) 无子女或者只有一名子女；(2) 有抚养、教育和保护被收养人的能力；(3) 未患有在医学上认为不应当收养子女的疾病；(4) 无不利于被收养人健康成长的违法犯罪记录；(5) 年满 30 周岁。综上，本题应选 A、B、C、D 项。

9. BD。收养是收养他人子女为自己子女的民事法律行为，产生拟制血亲关系的效力，立法本意在于使没有权利义务的人之间产生近亲属的权利义务。法律已赋予直系血亲的近亲属之间相应的权利义务，因此，收养不能发生在直系血亲之间。甲作为乙的外祖父，不得收养乙；甲作为乙的伯父，依据《民法典》第 1099 条的规定，有权收养三代以内旁系同辈血亲的子女乙；甲夫妻收养孤儿乙时，依据《民法典》第 1100 条的规定，不受其已有子女数量和收养子女数量的限制，但须符合收养人年满 30 周岁的条件限制，未满 30 周岁不得收养子女；甲为无配偶男性，依据《民法典》第 1102 条的规定，收养异性养子女的，双方年龄应当相差 40 周岁，收养同性养子女的，则不受该年龄差限制。综上，本题应选 B、D 项。

10. BCD。甲为无配偶男性，依据《民法典》第 1102 条的规定，收养异性养子女的，双方年龄应当相差 40 周岁。甲作为乙的继父，依据《民法典》第 1103 条的规定，征得继子生父母同意，有权收养继子乙；甲作为乙的伯父，依据《民法典》第 1099 条的规定，有权收养三代以内旁系同辈血亲的子女乙，不受养子女生父母有特殊困难无力抚养及无配偶者收养异性养子女年龄相差 40 周岁等条件的限制，但须符合无子女或只有 1 名子女的条件；综上，本题应选 B、C、D 项。

11. AB。《民法典》第 1100 条规定，无子女的收养人可以收养两名子女；有子女的收养人只能收养 1 名子女。但收养孤儿、残疾未成年人或者儿童福利机构抚养的查找不到生父母的未成年人，可以不受前款和本法第 1098 条第 1 项规定（即收养人无子女或者只有 1 名子女）的限制。依据该规定，收养人收养孤儿、残疾未成年人或者儿童福利机构抚养的查找不到生父母的未成年人，仍受被收养人未成年、收养人与异性被收养人的年龄应当相差 40 周岁的限制。综上，本题应选 A、B 项。

12. AB。《民法典》第 1113 条规定，有本法第一编关于民事法律行为无效规定情形或者违反本编规定的收养行为无效。甲妻乙死亡后，甲将未成年儿子送养他人，依据《民法典》第 1108 条的规定，乙父母有优先抚养的权利。甲拒绝乙父母的优先抚养请求，将子女送养他人，侵害了乙父母的优先抚养权，收养无效。甲夫妻送养子女，依据《民法典》第 1104 条的规定，应当征得 8 周岁以上被收养人的同意。未经被收养人同意而送养，侵害了被收养人的同意权，收养无效；《民法典》第 1102 条规定的收养人与异性被收养人年龄应当相差 40 周岁，但收养人收养三代以内旁系同辈血亲子女的，不受该规定限制；另外，《民法典》第 1102 条规定所指无配偶收养人，是指收养成立时收养人的婚姻状态。收养成立时有配偶成立后配偶死亡的，不适用该规定。综上，本题应选 A、B 项。

13. (1) AD。《民法典》第 1117 条规定，收养关系解除后，养子女与养父母以及其他近亲属间的权利义务关系即行消除，与生父母以及其他近亲属间的权利义务关系自行恢复。但是，成年养子女与生父母以及其他近亲属间的权利义务关系是否恢复，可以协商确定。依据该规定，收养关系解除后，丙与养父母及养父母近亲属基于拟制血亲形成而产生的权利义务关系自行消除；丙与生父母及近亲属的权利义务关系是否恢复，由双方协商确定。没有协商或者协商未达成恢复协议的，因收养而导致的相互间权利义务消除的效力仍继续存在。综上，本题应选 A、D 项。

(2) BD。《民法典》第 1118 条规定，收养关系解除后，经养父母抚养的成年养子女，对缺乏劳动能力又缺乏生活来源的养父母，应当给付生活费。因养子女成年后虐待、遗弃养父母而解除收养关系的，养父母可以要求养子女补偿收养期间支出的抚养费。生父母要求解除收养关系的，养父母可以要求生父母适当补偿收养期间支出的抚养费；但是，因养父母虐待、遗弃养子女而解除收养关系的除外。依据该规定，丙系由甲夫妻抚养成年，在甲夫妻缺乏劳动能力又缺乏生活来源时，有给付生活费的义务。丙成年后虐待养父母导致双方关系恶化，无论是否由养父母提出解除要求，养父母均可以要求养子女补偿收养期间支出的抚养费。综上，本题应选 B、D 项。

简答题

1. 收养具有以下法律特点：（1）收养是身份法上的行为，用以创设特定身份关系；（2）收养是变更亲属关系及其权利、义务的民事法律行为；（3）收养行为创设的是拟制血亲亲子关系，可以依法解除。

2. 收养应当遵循如下原则：（1）最有利于被收养人的原则；（2）保障被收养人和收养人合法权益原则；（3）平等自愿原则；（4）不得违背社会公德的原则。

3. 收养人应同时具备以下条件：（1）无子女或者只有 1 名子女；（2）有抚养、教育和保护被收养人的能力；（3）未患有在医学上认为不应当收养子女的疾病；（4）无不利于被收养人健康成长的违法犯罪记录；（5）年满 30 周岁。

4. 收养成立后产生如下效力：（1）收养的拟制效力。养子女与养父母之间产生拟制父母子女关系；养子女与养父母的近亲属之间产生拟制血亲关系。（2）收养的解消效力。养子女与生父母及其他近亲属间的权利义务关系，因收养关系的成立而消除。（3）养子女与生父母及其他近亲属之间的自然血亲关系仍然存在。

5. 无效收养是指欠缺收养成立的法定有效条件，不能产生收养法律效力的收养行为。收养无效的原因包括：（1）收养人、送养人不具有完全的民事行为能力；（2）当事人的意思表示不真实，即收养人同意收养、送养人同意送养及年满 8 周岁的被收养人同意被收养并非出于本人的真实意愿；（3）违反法律规定的收养条件；（4）违反社会公共利益。

6. 协议解除收养的条件，包括：（1）被收养人成年以前，收养人和送养人双方自愿，并征得年满 8 周岁的被收养人同意，可以协议解除收养关系；（2）被收养人成年以后，养父母与成年养子女关系恶化，无法共同生活的，可以协议解除收养关系。（3）解除收养关系的协议应当就收养关系解除后的财产和生活一并处理。（4）协议解除收养关系的效力，自民政部门办理解除收养登记之日起产生。

案例分析题

1. （1）依据《民法典》第 1111 条的规定，乙与丙夫妇之间养父母子女关系成立后，与甲夫妇的生父母子女关系消除。

（2）依据《民法典》第 1114 条第 1 款的规定，甲夫妇在乙未成年时可与丙夫妇协商一致并征得满 8 周岁的乙同意解除收养关系，将乙领回抚养。收养关系须自收养人丙夫妇与送养人甲夫妇到民政部门办理解除收养关系登记之日起解除。

（3）依据《民法典》第 1117 条的规定，收养关系解除后，未成年养子女与生父母以及其他近亲属间的权利义务关系自行恢复。但是，成年养子女与生父母以及其他近亲属间的权利义务关系是否恢复，可以协商确定。因此，乙与养父母解除收养关系后，虽与甲夫妇开始日常的亲子交往，但不能据此认定双方恢复了父母子女权利义务关系。

2. （1）《民法典》第 1105 条第 3 款规定，收养关系当事人愿意订立收养协议的，可以订立收养协议。收养协议，是收养人与送养人订立的关于成立收养关系的协议。在甲与乙夫妻订立的协议中，双方约定的抚养费不由乙夫妇承担，故不是以成立收养关系为目的，不属于收养协议。

（2）《民法典》第 1107 条规定，孤儿或者生父母无力抚养的子女，可以由生父母的亲属、朋友抚养；抚养人与被抚养人的关系不适用本章规定。依据该规定，甲的朋友乙夫妻对丙的抚养，成立寄养法律关系，不成立收养关系。

（3）《中国公民收养子女登记办法》第 4 条第 1 款规定，收养关系当事人应当亲自到收养登记机关办理成立收养关系的登记手续。该规定中的收养关系当事人为收养人与被收养人，送养人为被收养人的法定代理人。依据该规定要求，办理收养人登记时，收养人、被收养人、送养人均应亲自到收养登记机关办理收养登记。乙夫妇持与甲签订的抚养协议到收养登记机关办理收养登记时，甲已死亡。乙夫妇所持的协议不是收养协议，被抚养人丙的生父母又不能亲自到收养登记机关为送养的意思表示，乙夫妇的行为不符合《中国公民收养子女登记办法》办理收养登记的条件。因此，收养登记机关拒绝办理收养登记符合法律规定。

论述题与深度思考题

1. 特殊收养的条件包括：（1）收养三代以内旁系

同辈血亲的子女，收养人不受生父母有特殊困难无力抚养和收养人与异性被收养人年龄差为40周岁的限制；华侨收养三代以内旁系同辈血亲的子女，还可以不受收养人无子女或者只有1名子女的限制。(2) 收养孤儿、残疾未成年人或者儿童福利机构抚养的查找不到生父母的未成年人，收养人可以不受收养人无子女或者只有1名子女以及收养子女数量的限制；(3) 继父或者继母经继子女的生父母同意，可以收养继子女，并可以不受生父母有特殊困难无力抚养、收养人与异性被收养人年龄相差40周岁、收养人各项条件以及收养数量的限制。

2. 收养关系解除后，产生如下法律后果：(1) 养子女与养父母及其他近亲属之间的后果。收养关系解除后，养子女与养父母以及其他近亲属间的权利和义务关系即行消除。(2) 养子女与生父母及其他近亲属之间的后果。收养关系解除后，养子女与生父母以及其他近亲属间的权利和义务关系自行恢复。但是，成年养子女与生父母以及其他近亲属间的权利和义务关系是否恢复，可以协商确定。(3) 成年养子女的生活费给付义务。收养关系解除后，经养父母抚养的成年养子女，对缺乏劳动能力又缺乏生活来源的养父母，应当给付生活费。(4) 养父母的补偿请求权。因养子女成年后虐待、遗弃养父母而解除收养关系的，养父母可以要求养子女补偿收养期间支出的抚养费；生父母要求解除收养关系的，养父母可以要求生父母适当补偿收养期间支出的抚养费；但是，因养父母虐待、遗弃养子女而解除收养关系的除外。

第八章　祖孙和兄弟姐妹关系

知识逻辑图

- 祖孙和兄弟姐妹关系
  - 祖孙关系
    - 范围
      - （外）祖父母
        - （外）孙子女生父母的生父母和养父母
        - （外）孙子女养父母的生父母和养父母
        - （外）孙子女形成抚养关系的继父母的生父母和养父母
      - （外）孙子女
        - （外）祖父母生子女的生子女和养子女
        - （外）祖父母养子女的生子女和养子女
        - （外）祖父母形成抚养关系的继子女的生子女和养子女
    - 内容
      - （外）祖父母的抚养义务
        - （外）祖父母有负担能力
        - （外）孙子女的父母死亡或无力抚养
        - （外）孙子女为未成年人
      - （外）孙子女的赡养义务
        - （外）孙子女有负担能力
        - （外）祖父母的子女死亡或无力赡养
      - 祖孙间的继承权
        - （外）祖父母对（外）孙子女遗产有继承权
        - （外）孙子女对（外）祖父母遗产有代位继承权
  - 兄弟姐妹关系
    - 范围
      - 同胞兄弟姐妹
      - 同父异母兄弟姐妹
      - 同母异父兄弟姐妹
      - 养兄弟姐妹
      - 形成扶养关系的继兄弟姐妹
    - 内容
      - 兄姐对弟妹的扶养义务
        - 兄姐有负担能力
        - 父母已经死亡或者无力抚养
        - 弟、妹未成年
      - 弟妹对兄姐的扶养义务
        - 弟妹由兄姐扶养长大
        - 弟妹有负担能力
        - 兄姐缺乏劳动能力又缺乏生活来源
      - 兄弟姐妹间的继承权
        - 同胞兄弟姐妹间有继承权
        - 同父异母兄弟姐妹间有继承权
        - 同母异父兄弟姐妹间有继承权
        - 养兄弟姐妹间有继承权
        - 形成扶养关系的继兄弟姐妹间

名词解释与概念比较

1. 祖父母
2. 孙子女
3. 继祖父母与养祖父母
4. 继兄弟姐妹与养兄弟姐妹

选择题

（一）单项选择题

1. 甲与乙系兄妹关系。甲大学毕业后就职于某外资企业，乙成年后考取大学。父母均为农民，甲大学毕业时家中负债累累，无力再承担乙的学费。乙请求甲负担其学费，但甲以要买房结婚为由，拒绝了乙的请求。对此情形，下列哪种说法是正确的？（　　）

A. 乙的父母有劳动能力，应当负担乙的学费

B. 乙的父母承担了甲的学费，甲应当承担乙的学费

C. 甲有负担能力，乙尚未独立生活，甲应当承担乙的学费

D. 甲没有承担乙学费的义务

2. 由兄、姐扶养长大的、有负担能力的弟妹，对具备何种条件的兄姐有扶养的义务？（　　）

A. 缺乏劳动能力

B. 无固定工作

C. 缺乏劳动能力又缺乏生活来源

D. 无儿无女

3. 依据《民法典》的规定，有负担能力的孙子女、外孙子女应赡养祖父母、外祖父母的条件是什么？（　　）

A. 祖父母、外祖父母的子女已经死亡

B. 祖父母、外祖父母已退休

C. 祖父母、外祖父母为残疾人无劳动能力但有租金收入足以维持生活

D. 祖父母、外祖父母无生活来源，子女已经死亡或确无能力赡养

（二）多项选择题

1. 依据《民法典》的规定，弟、妹对兄、姐履行扶养义务的条件有哪些？（　　）

A. 兄、姐已退休

B. 兄、姐缺乏劳动能力又缺乏生活来源

C. 弟、妹是由兄、姐扶养长大的

D. 弟、妹有负担能力

2. 下列选项中，有负担能力的祖父母、外祖父母在哪些情形下应当对甲承担抚养义务？（　　）

A. 甲的父母意外死亡时，甲已满 16 周岁，此前已外出打工补贴家用

B. 甲的父母意外死亡时，甲已满 16 周岁，正就读于某高中

C. 甲的父母因事故导致二级伤残获赔 60 万，甲正就读于某小学

D. 甲的父母因车祸一死一残，甲生活无着面临辍学

3. 甲、乙为兄弟。父母去世时，甲 20 周岁、乙 12 周岁。下列选项中，甲对乙承担扶养义务的情形有哪些？（　　）

A. 甲为某高等院校大二学生，乙系小学五年级学生

B. 甲在家务农兼作木匠，乙系小学五年级学生

C. 甲在家务农兼作木匠，乙系小学五年级学生，过继给大伯后仍与父母共同生活

D. 甲本科毕业，待业在家

4. 甲与妻乙婚后育有一女丙，甲在女儿出生不久后病故。丙满 3 周岁后，乙与丁再婚，婚后生一子戊。经与乙协商，丁将丙收养。丁父母年老体弱无生活来源，依靠丁每月支付的 2 000 元赡养费维持生活。丁遇车祸身亡，其父母无其他子女，顿失经济来源，生活难以为继，于是请求已参加工作的戊、丙履行赡养义务，给付赡养费。下列哪些说法是正确的？（　　）

A. 戊应当承担赡养费支付义务

B. 丙应当承担赡养费支付义务

C. 戊应当承担费支付赡养义务，丙无义务承担

D. 戊、丙均不承担原告的赡养费支付义务

5. 下列情形中，有负担能力的甲应对乙承担抚养义务的情形有哪些？（　　）

A. 甲子丁与乙母（丧偶）丙再婚后，共同抚养乙。甲在异地独立生活。某日，甲子丁与丙外出途中遇害身亡，乙尚未成年

B. 甲子丁与乙母（丧偶）丙再婚后收养了乙，但甲不接受丙和乙。甲子丁与丙先后去世，乙尚未成年

C. 甲子丁与乙母（离异）丙婚后共同抚养乙，甲

对乙也进行了日常照料。甲子丁和丙因事故同时死亡，乙尚未成年

D. 甲女戊与丙结婚后，生育一子乙，丙因病死亡。甲女戊与丁再婚后，乙随母甲共同生活，但乙未受丁抚养教育。某日，甲女戊遇空难身亡

简答题

1. 简述祖孙关系的范围。
2. 简述祖孙间权利义务的内容。
3. 简述兄弟姐妹关系的范围。

案例分析题

1. 丙是甲、乙夫妻的养子。丁是乙与前夫所生女儿，乙与甲再婚后丁随乙与甲共同生活并受甲抚养教育。甲有一妹妹远嫁他乡，生活困难，甲时常予以接济。甲母早逝，甲父独自生活。丙、丁成年后，甲、乙相继去世，甲父丧失劳动能力，也失去生活来源，请求丙、丁给付赡养费。丙、丁则认为其与甲父没有血缘关系，甲父应由其女儿赡养，拒绝支付赡养费。

请回答下列问题：

(1) 丙与甲父形成祖孙关系吗？

(2) 丁与甲父形成祖孙关系吗？

(3) 丙、丁有赡养甲父的义务吗？

2. 甲、乙、丙系同父异母的姐弟关系。甲出嫁时，丙刚出生，乙读小学。丙5岁时，父母相继去世，其时乙升入初中，靠他人资助完成学业。乙初中毕业后即外出务工，维持自己生活。甲将丙领回自己家中扶养，并资助其至大学毕业。丙参加工作后，甲的丈夫和儿子相继去世，甲一人寡居农村，靠种地为生，生活极为艰难。丙感念甲的扶养之恩，每月给付甲1 500元贴补其生活。丙结婚后因妻子不同意对甲进行补贴，丙劝说无效，为避免矛盾，停止对甲的经济帮助。甲丧失劳动能力后，因无其他经济来源，生活陷入困境，无奈向法院提起诉讼，请求乙、丙履行支付扶养费的义务。

请回答下列问题：

(1) 甲有扶养丙的义务吗？

(2) 乙有扶养甲的义务吗？

(3) 丙有扶养甲的义务吗？

论述题与深度思考题

1. 试述孙子女、外孙子女负担能力的判定标准。
2. 试述弟、妹对兄、姐扶养的条件。

参考答案

名词解释与概念比较

1. 祖父母，是指孙子女父母的父母，包括孙子女父母的生父母、养父母、形成抚养关系的继父母。

2. 孙子女，是指祖父母子女的子女，包括生子女、养子女和形成抚养关系的继子女的生子女、养子女。

3. 继祖孙与养祖孙

比较点	继祖孙	养祖孙
定义	继子女与继父或继母的父母间的关系	养子女与养父或养母的父母间的关系
亲属关系产生原因	继孙子女的生父或生母与继祖父母的子女结婚	养孙子女被养祖父母的子女收养
亲属性质	姻亲	拟制血亲
权利义务	不产生祖孙权利义务	产生祖孙间权利义务

4. 继兄弟姐妹与养兄弟姐妹

比较点	继兄弟姐妹	养兄弟姐妹
含义	继子女与继父或继母的子女间的关系	养子女与养父母的子女间的关系
亲属关系产生原因	继孙子女的生父或生母与继祖父母的子女结婚	养孙子女被养祖父母的子女收养
亲属性质	有扶养关系的继兄弟姐妹间产生拟制血亲，无扶养关系的继兄弟姐妹间产生姻亲	拟制血亲
权利义务产生原因	继兄姐扶养了继弟妹	收养的拟制效力

选择题

(一) 单项选择题

1. D。乙成年后考取大学接受高等教育，不属于尚

在校接受高中及其以下学历教育，也未丧失、部分丧失劳动能力等导致其无法维持正常生活，依据《婚姻家庭解释（一）》第41条的规定，不能认定为《民法典》第1067条规定的“不能独立生活的成年子女”，父母没有支付其学费的义务。甲、乙是兄妹关系，甲不具有扶养乙的条件。综上，本题应选D项。

2. C。《民法典》第1075条第2款规定，由兄、姐扶养长大的有负担能力的弟、妹，对于缺乏劳动能力又缺乏生活来源的兄、姐，有扶养的义务。依据该规定，由兄、姐扶养长大的且有负担能力的弟、妹，对兄、姐扶养义务是生活扶助义务，即兄、姐既缺乏劳动能力又缺乏生活来源，二者同时具备，缺一不可。兄、姐虽无固定工作或无儿无女，但如果有劳动能力又有生活来源，能够维持当地一般生活水平的，则弟、妹对其不承担扶养义务。综上，本题应选C项。

3. D。《民法典》第1074条第2款规定，有负担能力的孙子女、外孙子女，对于子女已经死亡或者子女无力赡养的祖父母、外祖父母，有赡养的义务。依据该规定，孙子女、外孙子女是第二顺序赡养义务人，其承担赡养义务的前提条件是祖父母、外祖父母需要子女赡养，但因其子女死亡或者无力赡养，从而由有负担能力的孙子女、外孙子女替代其父或母承担赡养义务。《民法典》第1067条第2款规定，成年子女不履行赡养义务的，缺乏劳动能力或者生活困难的父母，有要求成年子女给付赡养费的权利。依据该规定，子女已经死亡或本人已退休但有生活来源的祖父母、外祖父母，残疾无劳动收入但有租金收入足以维持生活的祖父母、外祖父母，没有要求孙子女、外孙子女给付赡养费的权利。综上，本题应选D项。

（二）多项选择题

1. BCD。《民法典》第1075条第2款规定，由兄、姐扶养长大的有负担能力的弟、妹，对于缺乏劳动能力又缺乏生活来源的兄、姐，有扶养的义务。依据该规定，弟、妹对兄、姐履行扶养义务的条件是：（1）弟、妹由兄、姐扶养长大。（2）弟、妹有负担能力。即弟、妹在承担赡养、抚养和对配偶的扶养义务后仍有经济能力。（3）兄、姐既缺乏劳动能力又缺乏生活来源，二者同时具备，缺一不可。如果兄、姐无劳动能力，生活来源依靠子女但子女不履行赡养义务，或者有劳动能力但收入不足以维持当地一般生活水平等，弟、妹对其没有扶养的义务。综上，本题应选B、C、D项。

2. BD。《民法典》第1074条第1款规定，有负担能力的祖父母、外祖父母，对于父母已经死亡或者父母无力抚养的未成年孙子女、外孙子女，有抚养的义务。依据该规定，祖父母、外祖父母对孙子女、外孙子女是第二顺序的抚养义务人，其抚养义务的产生是基于孙子女、外孙子女的父母的抚养义务。A项，甲已满16周岁，外出务工收入为主要生活来源，父母对其无抚养义务，父母死亡后，其祖父母、外祖父母也不承担抚养义务。B项，甲已满16周岁但未成年，正在接受高中教育，父母对其有抚养义务。父母死亡后，有负担能力的祖父母、外祖父母应对其承担抚养义务。C项，甲父母二级伤残获得的60万元伤残赔偿金，是对其应获得而因劳动能力丧失不能获得收入的补偿，甲父母具有抚养甲的经济能力，因此，甲的祖父母、外祖父母对其无抚养义务。D项，甲的父母因死亡或残疾无力对其抚养，甲生活无着面临辍学，有负担能力的祖父母、外祖父应当承担抚养义务。综上，本题应选B、D项。

3. BC。《民法典》第1075条第1款规定，有负担能力的兄、姐，对于父母已经死亡或者父母无力抚养的未成年弟、妹，有扶养的义务。依据该规定，兄、姐对弟、妹承担扶养义务的条件是本人有负担能力。因此，父母死亡时：（1）A项，正接受高等教育的甲，维持本人生活存在困难，没有对乙承担扶养义务的能力。（2）B项，在家务农兼作木匠的甲，有劳动能力和稳定的生活来源，有负担能力，应当履行对乙的扶养义务。（3）C项，在家务农兼作木匠的甲，有劳动能力和稳定的生活来源，有负担能力，应当履行对乙的扶养义务。乙虽过继给大伯，但仍与父母共同生活，与父母及甲的近亲属关系并没有因过继发生变更。（4）D项，甲本科毕业后，未获得工作机会，待业在家，个人生存尚且没有保障，更无能力承担对乙的扶养义务。综上，本题应选B、C项。

4. AB。丙被丁收养后，丙与养父丁及养父母的父母分别形成《民法典》中拟制血亲的父母子女和祖孙权利义务关系。丁去世后，丁父母缺乏劳动能力，丧失经济来源后生活困难。《民法典》第1074条第2款规定，有负担能力的孙子女、外孙子女，对于子女已经死亡或者子女无力赡养的祖父母、外祖父母，有赡养的义务。依据该规定，戊有赡养祖父母的义务。戊与生父的父母之间的关系，是自然直系血亲关系，双方之间属于《民法典》规定的相互间有权利义务的祖孙关系。生父去世后，戊作为第二顺序的赡养义务人，有赡养祖父母的义务。丙也有赡养养祖父母的义务。戊与养父的父母之间的关系，是拟制直系血亲关系，双方之间属于《民法典》规定的相互间有权利义务的祖孙关系。养父去世后，丙作为第二顺序的赡养义务人，有赡养祖父母的义务。综上，本题应选A、B项。

5. BD。《民法典》第1074条第1款规定，有负担能力的祖父母、外祖父母，对于父母已经死亡或者父母无力抚养的未成年孙子女、外孙子女，有抚养的义务。该规定中，有负担能力的祖父母、外祖父母，应当履行抚养义务的孙子女、外孙子女的范围包括：祖父母、外祖父母的生子女的生子女，养子女的生子女和养子女，形成抚养关系的继子女的生子女和养子女。A选项中，乙是甲生子女的形成抚养关系的继子女，但该拟制血亲的效力只在继父子之间产生，不及于继父的近亲属，因此，甲对乙无赡养义务。B选项中，乙是甲生子女的养子女，该拟制血亲的效力在乙与养父之间产生后，及于养父的近亲属，因此，甲对乙有赡养义务。C选项中，乙是甲生子女的形成抚养关系的继子女，虽甲对乙也进行了生活上的照料，有抚养行为存在，但该拟制血亲的效力只在继父子之间产生，不因甲对乙的抚养事实而产生祖孙间的权利义务，因此，甲对乙无赡养义务，乙应由其生父履行抚养义务。D选项中，甲女戊与丁再婚后，乙随母甲与丁共同生活，但未受丁的抚养教育。乙是甲生子女的生子女，甲女戊去世后，甲对外孙乙有抚养的义务。综上，本题应选B、D项。

简答题

1. 祖孙关系的范围，包括以下内容：（1）自然血亲的祖孙关系。子女与生父母的亲子关系产生后，与生父母的生父母之间产生自然血亲的祖孙关系。（2）拟制血亲的养祖孙之间的关系。收养关系成立后，养子女与养父母间产生拟制血亲关系。该拟制血亲的祖孙关系与自然血亲的祖孙关系效力相同。（3）拟制血亲的继祖孙之间的关系。继子女因受继父或继母的抚养教育形成拟制血亲关系后，该拟制血亲的效力并不直接及于继父或者继母的父母。但如果继父或者继母收养了继子女，继子女与继父或继母的父母间形成拟制血亲的继祖孙关系，适用收养关系的法律规定。该拟制血亲的祖孙关系与自然血亲的祖孙关系效力相同。

2. 祖孙间的权利义务，包括以下内容：（1）《民法典》第1074条第1款规定，有负担能力的祖父母、外祖父母，对于父母已经死亡或者父母无力抚养的未成年孙子女、外孙子女，有抚养的义务。（2）《民法典》第1074条第2款规定，有负担能力的孙子女、外孙子女，对于子女已经死亡或者子女无力赡养的祖父母、外祖父母，有赡养的义务。（3）祖父母、外祖父母对孙子女、外孙子女的遗产有继承权。（4）孙子女、外孙子女对祖父母、外祖父母的遗产有代位继承权。

3. 兄弟姐妹关系的范围，包括以下内容：（1）自然血亲的兄弟姐妹，包括全血缘的兄弟姐妹关系和半血缘的兄弟姐妹关系。（2）拟制血亲的养兄弟姐妹关系。收养关系成立后，养子女与养父母间产生拟制血亲关系。该拟制血亲的兄弟姐妹关系与自然血亲的兄弟姐妹关系效力相同。（3）拟制血亲的继兄弟姐妹关系。继子女因受继父母抚养教育而形成拟制血亲关系之后，继子女与继父母的生子女或养子女间产生姻亲关系的继兄弟姐妹。成年继兄、姐对未成年的继弟、妹进行了扶养的，相互间产生拟制血亲的继兄弟姐妹关系。

案例分析题

1. （1）丙与甲父形成祖孙关系。《民法典》第1111条第1款规定："养子女与养父母的近亲属间的权利义务关系，适用法律关于子女与父母的近亲属关系的规定。"依此规定，收养成立后，养子女与养父母的生父母、养父母以及形成抚养关系的继父母之间产生养祖孙关系，适用民法典有关祖孙间权利义务的规定。丙是甲的养子，因此，丙和甲父之间形成拟制血亲的祖孙关系，相互间具有祖孙的权利义务。

（2）丁和甲父不具有祖孙关系。《民法典》第1111条第1款规定："养子女与养父母的近亲属间的权利义务关系，适用法律关于子女与父母的近亲属关系的规定。"但是，《民法典》并没有关于受继父或者继母抚养的继子女与继父或者继母的近亲属间的权利义务关系适用法律关于子女与父母的近亲属关系的规定。因此，丁和甲父之间不产生祖孙亲属法律关系。

（3）丙应当赡养甲父。丙与甲父之间产生祖孙关系，适用《民法典》有关祖孙关系的规定。《民法典》第 1074 条第 2 款规定，有负担能力的孙子女、外孙子女，对于子女已经死亡或者子女无力赡养的祖父母、外祖父母，有赡养的义务。依据该规定，甲父在甲死亡后，其女儿作为第一顺序赡养人应对其进行赡养。但女儿生活困难，无力赡养父亲，丙作为第二顺序的赡养人，应当承担支付甲父赡养费的义务。丁与甲父为姻亲关系，未形成拟制祖孙关系，相互间无祖孙间的权利义务。因此，丁对甲父没有赡养的义务。

2.（1）甲有扶养丙的义务。依据《民法典》第 1075 条的规定，有负担能力的兄、姐，对于父母已经死亡或父母无力抚养的未成年的弟、妹，有扶养的义务。甲成年后，生父与继母死亡，同父异母的弟弟丙尚且年幼，甲有负担能力，应当承担对丙的扶养义务。

（2）乙无扶养甲的义务。依据《民法典》第 1075 条的规定，由兄、姐扶养长大的有负担能力的弟、妹，对于缺乏劳动能力又缺乏生活来源的兄、姐，有扶养的义务。生父母死亡时甲已出嫁，升入初中的乙依靠他人资助完成初中学业，甲未对其履行扶养义务，初中毕业后即外出务工，以自己的劳动收入为生活来源。因乙不是由甲扶养长大，虽有负担能力，对缺乏劳动能力又缺乏生活来源的甲，也无扶养义务。

（3）丙有扶养甲的义务。丙在结婚之前，每月给付甲生活费 1 500 元。娶妻生子之后，迫于其妻的压力不再给付甲生活费。由此可见，丙不再继续给付甲生活费，并不是没有负担能力。丙有负担能力，甲又具有合法诉权和请求权基础的前提下，法院应支持甲的诉讼请求。

论述题与深度思考题

1. 孙子女、外孙子女负担能力的判定标准包括以下方面：（1）孙子女、外孙子女有稳定的收入来源。孙子女、外孙子女对祖父母、外祖父母赡养义务的承担，核心是给付赡养费。如果没有稳定的收入来源，维持个人生活尚有困难，自然不具有对祖父母、外祖父母的经济帮助能力。如果孙子女、外孙子女已经结婚，其配偶的收入水平也是考量其负担能力的因素。（2）孙子女、外孙子女的收入满足自身需要和第一顺序扶养权人合理需求后仍有剩余。孙子女、外孙子女对祖父母、外祖父母的赡养义务是第二顺序的义务，祖父母、外祖父母享有的要求孙子女、外孙子女赡养的权利是第二顺序的权利。当孙子女、外孙子女有第一顺序扶养权利人需要其履行扶养义务，孙子女、外孙子女应当履行对未成年人子女的抚养义务、对父母的赡养义务和对配偶的扶养义务。自身及第一顺序扶养权利人的合理需求包括生活费、教育费、医疗费等得到满足后仍有剩余，孙子女、外孙子女则应当承担对祖父母、外祖父母的赡养责任。（3）孙子女、外孙子女有数人时，赡养费的负担。孙子女、外孙子女中数人均有负担能力，应根据各自的经济状况共同负担。

2. 依据《民法典》第 1175 条第 2 款的规定，弟、妹对兄、姐扶养的条件可从以下方面理解：（1）弟、妹是由兄、姐扶养长大。这里的弟、妹，包括有自然血缘关系的弟、妹和有拟制血缘的养弟妹、继弟妹。弟、妹未成年时接受兄、姐扶养长大成人，该兄、姐就取得了扶养的请求权主体资格。依据《民法典》第 1175 条第 2 款的文义解释，如果弟、妹不是接受兄、姐扶养长大成人，该兄、姐就不具备扶养请求权的主体资格。（2）弟、妹有负担能力。兄弟姐妹间的扶养义务，在性质上是生活扶助义务，在顺序上是第二顺序扶养义务，这就要求扶养义务人具有负担能力。因此，弟、妹成年后如果其收入在满足自身及第一顺序扶养权人即履行对子女的抚养义务、对父母的赡养义务、对配偶的扶养义务后仍有剩余，始具有履行对兄姐扶养义务的负担能力。（3）兄、姐缺乏劳动能力又缺乏生活来源。兄、姐缺乏劳动能力又缺乏生活来源时，弟、妹的扶养义务产生。缺乏劳动能力又缺乏生活来源二者同时具备，缺一不可。缺乏生活来源，应当理解为兄、姐除劳动收入外没有其他生活来源，一旦失去劳动能力，则限于生活无着状态。兄、姐虽无劳动能力但有收入，或者有子女但不履行赡养义务等，均不属于缺乏生活来源的情形。

第九章　特殊婚姻家庭关系

知识逻辑图

- 特殊婚姻家庭关系
  - 涉外婚姻家庭关系
    - 认定标准
      - 当事人是外国人或无国籍人
      - 当事人经常居住地在中国领域外
      - 标的物在中国领域外
      - 民事关系变动的事实发生在中国领域外
      - 其他情形
    - 适用法律的一般规则
      - 适用《涉外民事关系法律适用法》
      - 适用其他法律的特别规定
      - 适用有最密切联系的法律
      - 适用我国法律的强制性规定
      - 适用我国的法律规定
    - 涉外婚姻关系的法律适用
      - 结婚
        - 条件
          - 共同经常居所地法律
          - 共同国籍国法律
          - 婚姻缔结地法律
        - 手续
          - 一方当事人经常居所地法律
          - 一方当事人国籍国法律
          - 婚姻缔结地法律
      - 离婚
        - 协议离婚
          - 当事人可选择
            - 一方当事人经常居所地法律
            - 国籍国法律
          - 当事人未选择
            - 共同经常居所地法律
            - 共同国籍国法律
            - 办理手续机构所在地法律
        - 诉讼离婚：法院地法律
    - 涉外夫妻关系的法律适用
      - 人身关系
        - 共同经常居所地法律
        - 共同国籍国法律
      - 财产关系
        - 协议可选择
          - 一方当事人经常居所地法律
          - 国籍国法律
          - 主要财产所在地法律
        - 未协议选择
          - 共同经常居所地法律
          - 共同国籍国法律

- 特殊婚姻家庭关系
  - 涉外婚姻家庭关系
    - 涉外亲子关系的法律适用
      - 人身关系
        - 共同经常居所地法律
        - 一方当事人经常居所地法律
        - 国籍国法律中有利于弱者权益的法律
      - 财产关系
        - 共同经常居所地法律
        - 一方当事人经常居所地法律
        - 国籍国法律中有利于弱者权益的法律
    - 涉外扶养的法律适用
      - 范围
        - 扶养
        - 抚养
        - 赡养
      - 准据法
        - 一方当事人经常居所地法律
        - 国籍国法律
        - 主要财产所在地法律中有利于保护被扶养人权益的法律
    - 涉外收养关系的法律适用
      - 条件和手续：收养人和被收养人经常居所地法律
      - 效力：收养时收养人经常居所地法律
      - 解除
        - 收养时被收养人经常居所地法律
        - 法院地法律
  - 涉华侨、港澳台婚姻家庭关系
    - 在内地（大陆）结婚
      - 当事人应当出具的证件和证明材料
      - 登记的机关
        - 省级政府民政部门
        - 省级政府民政部门确定的机关
      - 登记的程序
        - 申请
        - 审查
        - 登记
    - 在内地（大陆）离婚
      - 协议离婚
        - 条件
          - 自愿离婚
          - 子女抚养妥善处理
          - 财产处理达成一致
        - 登记机关
          - 省级政府民政部门
          - 省级政府民政部门确定机关
        - 登记的程序
          - 申请
          - 审查
          - 登记
      - 诉讼离婚：一方当事人常住户口所在地的中级人民法院
    - 在内地（大陆）收养子女
      - 提供证明材料
        - 华侨证明材料
        - 港澳居民证明材料
        - 台湾居民证明材料
      - 办理收养登记
        - 登记机关
        - 登记程序

名词解释与概念比较

1. 涉外结婚
2. 涉外离婚
3. 涉外扶养
4. 涉外收养
5. 涉外协议离婚与涉外诉讼离婚
6. 涉外收养与内地公民收养

选择题

（一）单项选择题

1. 美国人马丁和英国人安娜夫妇是来华工作的外国专家。来华之前，两人长期在印度工作，并在那里有惯常居所。在中国工作期间，马丁向我国法院提起离婚诉讼。对于马丁和安娜的离婚纠纷，我国法院应该适用下列哪一国法律加以解决？（　　）

A. 美国法　　B. 英国法
C. 中国法　　D. 印度法

2. 中国公民甲得知A国法院正在审理其配偶中国公民乙提起的离婚诉讼，便在自己住所地的中国法院对乙也提起离婚之诉。甲住所地法院对于甲的起诉应如何处理？（　　）

A. 受理此案
B. 以"一事不两诉"原则为依据不予受理
C. 与A国法院协调管辖权的冲突
D. 告知甲在A国法院应诉

3. 中国籍公民甲与华侨乙在某国相识后结婚并定居该国。10年后，甲在定居国起诉离婚，但该国法院以当事人双方均具有中国国籍为由拒绝受理该案。甲遂向自己在中国的最后居住地法院起诉。依我国法律及相关司法解释，下列哪种说法是正确的？（　　）

A. 因双方在定居国结婚，不应受理
B. 因双方已定居国外10年，不应受理
C. 该中国法院有权受理
D. 告知双方先订立选择中国法院管辖的书面协议

4. 一对英国夫妇婚后移居意大利，后来华工作。该夫妇欲收养一名中国儿童并一起回意大利生活。依据我国法律，有关该夫妇收养中国儿童所应适用的法律，下列哪种说法是正确的？（　　）

A. 应适用中国法和意大利法
B. 应适用中国法和英国法
C. 只需适用中国的有关法律规定
D. 只需适用意大利的有关法律规定

5. A国公民经常居住地在A国，在中国收养了长期居住于北京的中国儿童，并将其带回A国生活。依据中国关于收养关系法律适用的规定，下列哪种说法是正确的？（　　）

A. 收养的条件和手续应同时符合A国法和中国法
B. 收养的条件和手续符合中国法即可
C. 收养效力纠纷诉至中国法院的，应适用中国法
D. 收养关系解除的纠纷诉至中国法院的，应适用A国法

（二）多项选择题

1. 中国人甲与法国人乙在瑞士结婚并定居法国。婚后因感情不和，甲回到中国提起离婚诉讼。关于该案涉及的离婚以及因离婚而引起的财产分割的法律适用问题，下列哪些表述是正确的？（　　）

A. 该婚姻的有效性应适用法国法律
B. 该案涉及的离婚条件适用中国法律
C. 财产分割动产适用瑞士法，不动产适用不动产所在地法
D. 涉及该案的财产分割应适用中国法律

2. 华侨甲与乙在A国结婚并定居，后甲在A国起诉与乙离婚时被该国法院以当事人均具有中国国籍为由拒绝受理。甲转而在我国法院诉请离婚。有关此案的管辖与适用法律，下列哪些说法是正确的？（　　）

A. 甲原住所地法院有管辖权
B. 因两人定居国外且在国外结婚，我国法院不应受理
C. 乙在国内的最后住所地法院有管辖权
D. 如中国法院管辖，认定其婚姻是否有效应适用A国法律

3. 依据我国关于外国人在华收养子女的法律规定，下列哪些说法是正确的？（　　）

A. 外国人在华收养子女，应经其所在国主管机关依据该国法律审查同意
B. 外国收养人应提供由其所在国有权机构出具的有关收养人年龄、婚姻、职业、财产、健康、有无受过刑事处罚等状况的证明材料
C. 前项证明材料须经该外国人所在国外交机关或

者外交机关授权的机构认证

D. 前项证明材料须经中国驻该外国使馆认证

4. A国公民甲与中国公民乙经常居住地均在中国，二人在B国结婚。关于双方婚姻关系的法律适用，下列哪些说法是正确的？（　　）

A. 结婚手续只能适用中国法

B. 结婚手续符合A国法、中国法和B国法中的任何一个，即为有效

C. 结婚条件应适用B国法

D. 结婚条件应适用中国法

5. 中国人甲（女）与A国人乙（男）在B国依据B国法律登记结婚，婚后二人定居在北京。依《涉外民事关系法律适用法》，关于其夫妻关系的法律适用，下列哪些说法是正确的？（　　）

A. 婚后是否应改从其丈夫姓氏的问题，适用A国法

B. 双方是否应当同居的问题，适用中国法

C. 婚前财产的效力问题，应适用B国法

D. 婚姻存续期间双方取得的财产的处分问题，双方可选择适用A国法

6. 经常居住于英国的法国籍夫妇甲和乙，想来华共同收养某儿童。对此，下列哪些说法是正确的？（　　）

A. 甲、乙必须共同来华办理收养手续

B. 甲、乙应与送养人订立书面收养协议

C. 收养的条件应重叠适用中国法和法国法

D. 若发生收养效力纠纷，应适用中国法

简答题

1. 简述涉外结婚的准据法。
2. 简述涉外离婚的准据法。
3. 简述涉外扶养的准据法。
4. 简述涉外夫妻关系与亲子关系的准据法。
5. 简述涉外收养的准据法。

案例分析题

1. 甲男系加拿大某跨国公司在华机构的工作人员，加拿大人。在华工作期间，甲与某公司职员乙女一见钟情，决定在中国登记结婚。登记结婚后，双方签订夫妻财产制协议，约定甲婚前所有的位于加拿大的一处房产归乙所有。

请回答下列问题：

（1）甲、乙的结婚条件和结婚手续，应当适用哪国法律？

（2）甲、乙双方夫妻财产制协议的效力，应当适用哪国法律确定？

2. 甲女系某大学英语系毕业生，乙男是该大学法籍教师，双方在中国登记结婚。一年后生子丙。由于婚前缺乏充分了解，加上中西方文化的差异，婚后双方矛盾频发，争吵不断。乙辞去教职准备回国，甲也厌倦了跨国婚姻生活，双方达成离婚合意，签署了离婚协议书，但未办理离婚登记手续。乙回到法国后，对离婚协议书反悔，在法国提起离婚诉讼。离婚判决书生效后，甲向中国法院申请承认该离婚判决，乙随后在中国法院提起离婚诉讼，请求解除与甲的婚姻关系。

请回答下列问题：

（1）甲、乙双方的涉外婚姻，能否通过行政程序解除？

（2）乙可否在中国法院起诉与甲离婚？

论述题与深度思考题

试述华侨、港澳台同胞同内地公民婚姻登记应遵循的规则。

参考答案

名词解释与概念比较

1. 涉外结婚，是指当事人一方或双方是外国公民在我国缔结婚姻的行为。

2. 涉外离婚，是指当事人一方或双方是外国公民在我国解除婚姻关系的行为。

3. 涉外扶养，是指扶养关系当事人中有一方为外国人的扶养。

4. 涉外收养，有广义和狭义之分。广义的涉外收养，是指收养当事人有一方为外国人的收养；狭义的涉外收养，是指外国人或者无国籍人在中国境内收养

中国公民的子女为养子女的行为。

5. 涉外协议离婚与涉外诉讼离婚

比较点	涉外协议离婚	涉外诉讼离婚
含义	依据行政程序解除涉外婚姻	依据诉讼程序解除涉外婚姻
准据法	当事人可以协议选择适用一方当事人经常居所地法律或者国籍国法律。当事人没有选择的，依次适用共同经常居所地法律、共同国籍国法律、办理离婚手续机构所在地法律	适用法院地法律

6. 涉外收养与内地公民收养

比较点	涉外收养	内地公民收养
含义	外国人在中国境内收养子女	中国公民在中国境内收养子女
收养协议的订立	收养人应当与送养人订立收养协议	收养关系当事人愿意订立收养协议的，可以订立收养协议
收养条件和程序的法律适用	适用收养人和被收养人经常居所地法律	适用中国法律
收养效力的法律适用	适用收养时收养人经常居所地法律	适用中国法律
收养解除的法律适用	适用收养时被收养人经常居所地法律或者法院地法律	适用中国法律

选择题

1. C。马丁向我国法院提起离婚诉讼，因马丁和安娜均是外国人，具有涉外因素，因此本案为涉外诉讼离婚。《中华人民共和国涉外民事关系法律适用法》（以下简称《涉外民事关系法律适用法》）第 27 条规定，诉讼离婚，适用法院地法律。综上，本题应选C项。

2. A。依据《最高人民法院关于适用〈中华人民共和国民事诉讼法〉的解释》（以下简称《民事诉讼法解释》）第 15 条规定，中国公民一方居住在国外，一方居住在国内，不论哪一方向法院提起离婚诉讼，国内一方住所地的法院都有权管辖。如国外一方在居住国法院起诉，国内一方向法院起诉的，受诉法院有权管辖。依据该规定，法院对于甲的起诉应予受理。综上，本题应选 A 项。

3. C。《最高人民法院关于适用〈中华人民共和国涉外民事关系法律适用法〉若干问题的解释（一）》（以下简称《涉外民事关系法律适用法解释（一）》第 1 条第 2 项规定，当事人一方或双方的经常居所地在中华人民共和国领域外，法院可以认定为涉外民事关系。甲、乙定居国外，因此双方的离婚为涉外离婚。《民事诉讼法解释》第 15 条规定，中国公民一方居住在国外，一方居住在国内，不论哪一方向法院提起离婚诉讼，国内一方住所地的法院都有权管辖。如国外一方在居住国法院起诉，国内一方向法院起诉的，受诉法院有权管辖。依据该规定，甲向自己在中国的最后居住地法院起诉，法院应予受理。综上，本题应选 C 项。

4. A。《涉外民事关系法律适用法》第 28 条规定，收养的条件和手续，适用收养人和被收养人经常居所地法律。收养的效力，适用收养时收养人经常居所地法律。收养关系的解除，适用收养时被收养人经常居所地法律或者法院地法律。依据该规定，收养的条件和手续，适用收养人和被收养人经常居所地法律，即意大利法律和中国法。收养的效力，适用收养时收养人经常居所地法律，即意大利法。收养关系的解除，除适用法院地法以外，还能选择被收养人经常居所地法律。综上，本题应选 A 项。

5. A。《涉外民事关系法律适用法》第 28 条规定，收养的条件和手续，适用收养人和被收养人经常居所地法律。收养的效力，适用收养时收养人经常居所地法律。收养关系的解除，适用收养时被收养人经常居所地法律或者法院地法律。依据该规定，收养的条件和手续，适用收养人和被收养人经常居所地法律，即 A 国法和中国法。收养的效力，适用收养时收养人经常居所地法律，即 A 国法。收养关系的解除，应适用收养时被收养人经常居所地法律或者法院地法律，即中国法而非 A 国法。综上，本题应选 A 项。

（二）多项选择题

1. AB。《涉外民事关系法律适用法》第 21 条规定，结婚条件，适用当事人共同经常居所地法律；没有共同经常居所地的，适用共同国籍国法律；没有共同国籍，在一方当事人经常居所地或者国籍国缔结婚姻的，适用婚姻缔结地法律。第22条规定，结婚手续，符合婚姻缔结地法律、一方当事人经常居所地法律或者国籍国法律的，均为有效。依据上述规定，结婚条件和结婚手续的准据法采用区别制。结婚条件的准据法，包括当事人共同经常居所地法律、共同国籍国法律、婚姻缔结地法律，且有适用的先后顺序；结婚手续的准据法包括婚姻缔结地法律、一方当事人经常居所地法律或者国籍国法律，没有适用的先后顺序。故该婚姻的有效性应适用当事人共同经常居住地即法国法律。《涉外民事关系法律适用法》第27条规定，诉讼离婚，适用法院地法律。甲回到中国向法院提起诉讼，依据该规定，离婚条件和程序应适用中国法律。《涉外民事关系法律适用法》第24条规定，夫妻财产关系，当事人可以协议选择适用一方当事人经常居所地法律、国籍国法律或者主要财产所在地法律。当事人没有选择的，适用共同经常居所地法律；没有共同经常居所地的，适用共同国籍国法律。依据该规定，当事人财产分割适用法律时，不区分动产与不动产。当事人协议选择适用法律的，按照约定；没有选择的，依次适用共同经常居所地法律和共同国籍国法律。综上，本题应选A、B项。

2. ACD。《涉外民事关系法律适用法解释（一）》第1条第2项规定，当事人一方或双方的经常居所地在中华人民共和国领域外，法院可以认定为涉外民事关系。甲、乙定居国外，因此双方的离婚为涉外离婚。《民事诉讼法解释》第15条规定，中国公民一方居住在国外，一方居住在国内，不论哪一方向法院提起离婚诉讼，国内一方住所地的法院都有权管辖。如国外一方在居住国法院起诉，国内一方向法院起诉的，受诉法院有权管辖。依据该规定，对甲提起的离婚诉讼，我国法院应当受理，甲、乙国内的最后住所地法院都有管辖权。中国法院认定其婚姻是否有效，依据《涉外民事关系法律适用法》第21条关于结婚条件依次适用共同经常居所地法律、共同国籍国法律和婚姻缔结地法律的规定，以及第22条关于结婚手续适用婚姻缔结地法律或一方当事人经常居所地法律或者国籍国法律的规定，因甲、乙均定居A国，故其婚姻是否有效应适用A国法律。综上，本题应选A、C、D项。

3. ABCD。依据《民法典》第1109条的规定，外国人依法可以在中华人民共和国收养子女。外国人在中华人民共和国收养子女，应当经其所在国主管机关依据该国法律审查同意。收养人应当提供由其所在国有权机构出具的有关其年龄、婚姻、职业、财产、健康、有无受过刑事处罚等状况的证明材料，并与送养人签订书面协议，亲自向省、自治区、直辖市人民政府民政部门登记。前款规定的证明材料应当经收养人所在国外交机关或者外交机关授权的机构认证，并经中华人民共和国驻该国使领馆认证，但是国家另有规定的除外。综上，本题应选A、B、C、D项。

4. BD。《涉外民事关系法律适用法》第22条规定，结婚手续，符合婚姻缔结地法律、一方当事人经常居所地法律或者国籍国法律的，均为有效。依据该规定，结婚手续适用婚姻缔结地法律、一方当事人经常居所地法律或者国籍国法律，且无适用顺序的限制。《涉外民事关系法律适用法》第21条规定，结婚条件，适用当事人共同经常居所地法律；没有共同经常居所地的，适用共同国籍国法律；没有共同国籍，在一方当事人经常居所地或者国籍国缔结婚姻的，适用婚姻缔结地法律。依据该规定，结婚条件适用当事人共同经常居所地法律，共同国籍国法律，婚姻缔结地法律，且有适用顺序限制。甲、乙的共同经常居所地为中国，因此结婚条件应当适用中国法。综上，本题应选B、D项。

5. BD。《涉外民事关系法律适用法》第23条规定，夫妻人身关系，适用共同经常居所地法律；没有共同经常居所地的，适用共同国籍国法律。甲、乙婚后的姓氏及是否应当同居的问题，属于夫妻人身关系，依据该规定，应当适用共同居住地法律，即中国法律，而不是A国法。《涉外民事关系法律适用法》第24条规定，夫妻财产关系，当事人可以协议选择适用一方当事人经常居所地法律、国籍国法律或者主要财产所在地法律。当事人没有选择的，适用共同经常居所地法律；没有共同经常居所地的，适用共同国籍国法律。甲、乙婚前财产的效力及婚姻存续期间双方取得的财产的处分，属于夫妻财产关系，依据该规定，双方可选择适用乙国籍国法律，即B国法而不是A国法。综上，本题应选B、D项。

6. AB。《外国人在中华人民共和国收养子女登记办法》第8条规定，外国人来华收养子女，应当亲自来华办理登记手续。夫妻共同收养的，应当共同来华办理收养手续。第9条规定，外国人来华收养子女，应当与送养人订立书面收养协议。依据上述规定，甲、乙共同收养我国儿童，必须共同来华办理收养手续，并应当与送养人订立书面协议。《涉外民事关系法律适用法》第28条规定，收养的条件和手续，适用收养人和被收养人经常居所地法律。收养的效力，适用收养时收养人经常居所地法律。收养关系的解除，适用收养时被收养人经常居所地法律或者法院地法律。依据该规定，收养的条件叠加适用中国法和英国法，不是法国法。收养的解除，除适用收养时被收养人经常居所地法律中国法外，还可适用法院地法律。综上，本题应选A、B项。

简答题

1.《涉外民事关系法律适用法》对结婚条件和结婚手续准据法的确定采用区别制。(1) 结婚条件的准据法。依据《涉外民事关系法律适用法》第21条的规定，结婚条件适用当事人共同经常居所地法律；没有共同经常居所地的，适用共同国籍国法律；没有共同国籍，在一方当事人经常居所地或者国籍国缔结婚姻的，适用婚姻缔结地法律。(2) 结婚手续的准据法。依据《涉外民事关系法律适用法》第22条的规定，结婚手续符合婚姻缔结地法律、一方当事人经常居所地法律或者国籍国法律的，均为有效。

2.《涉外民事关系法律适用法》对涉外离婚方式准据法的确定采用区别制。(1) 协议离婚。依据《涉外民事关系法律适用法》第26条的规定，当事人可以协议选择适用一方当事人经常居所地法律或者国籍国法律。当事人没有选择的，适用共同经常居所地法律；没有共同经常居所地的，适用共同国籍国法律；没有共同国籍的，适用办理离婚手续机构所在地法律。(2) 诉讼离婚。依据《涉外民事关系法律适用法》第27条的规定，诉讼离婚的法律适用采用单一制，即适用法院地法律。

3.《涉外民事关系法律适用法》第29条规定，涉外扶养，适用一方当事人经常居所地法律、国籍国法律或者主要财产所在地法律中有利于保护被扶养人权益的法律。该规定的“扶养”一词，包括《民法典》中的扶养、抚养和赡养。

4. (1) 夫妻人身关系。依据《涉外民事关系法律适用法》第23条的规定，夫妻人身关系，适用共同经常居所地法律；没有共同经常居所地的，适用共同国籍国法律。(2) 夫妻财产关系。依据《涉外民事关系法律适用法》第24条的规定，夫妻财产关系，当事人可以协议选择适用一方当事人经常居所地法律、国籍国法律或者主要财产所在地法律。当事人没有选择的，适用共同经常居所地法律；没有共同经常居所地的，适用共同国籍国法律。(3) 父母子女人身、财产关系。依据《涉外民事关系法律适用法》第25条的规定，父母子女人身关系、财产关系，适用共同经常居所地法律；没有共同经常居所地的，适用一方当事人经常居所地法律或者国籍国法律中有利于保护弱者权益的法律。

5. 依据《涉外民事关系法律适用法》第28条的规定，涉外收养的条件和手续，适用收养人和被收养人经常居所地法律；收养的效力，适用收养时收养人经常居所地法律；收养关系的解除，适用收养时被收养人经常居所地法律或者法院地法律。

案例分析题

1. (1)《涉外民事关系法律适用法》第21条规定：“结婚条件，适用当事人共同经常居所地法律；没有共同经常居所地的，适用共同国籍国法律；没有共同国籍，在一方当事人经常居所地或者国籍国缔结婚姻的，适用婚姻缔结地法律。”甲、乙共同居住地在中国，依据该规定，甲、乙的结婚条件应当适用中国法律，即适用《民法典》关于结婚条件的规定。《涉外民事关系法律适用法》第22条规定：“结婚手续，符合婚姻缔结地法律、一方当事人经常居所地法律或者国籍国法律的，均为有效。”甲、乙在中国办理结婚登记，应当适用《民法典》和《婚姻登记条例》关于结婚手续的规定。

(2) 甲、乙双方夫妻财产制协议，属于涉外夫妻财产关系。我国《涉外民事关系法律适用法》第24条规定：“夫妻财产关系，当事人可以协议选择适用一方当事人经常居所地法律、国籍国法律或者主要财产所在地法律。当事人没有选择的，适用共同经常居所地法律；没有共同经常居所地的，适用共同国籍国法律。”甲、乙没有选择适用的法律，应当适用共同经常居所地法律。双方的共同居所地为中国，因此应当适用《民法典》关于夫妻约定财产制的规定。

2.（1）甲、乙双方的涉外婚姻，可通过行政程序解除。《涉外民事关系法律适用法》第26条规定："协议离婚，当事人可以协议选择适用一方当事人经常居所地法律或者国籍国法律。当事人没有选择的，适用共同经常居所地法律；没有共同经常居所地的，适用共同国籍国法律；没有共同国籍的，适用办理离婚手续机构所在地法律。"依据该规定，甲、乙可以通过行政程序协议离婚。协议离婚时，如果双方没有选择适用的准据法，适用共同经常居所地的法律，即《民法典》。

（2）乙不能在中国法院起诉与甲离婚。依据《最高人民法院关于中国公民申请承认外国法院离婚判决程序问题的规定》，离婚判决的承认与执行可以不以双边司法协助协议或互惠关系为基础，我国承认和执行外国判决中解除夫妻身份关系的内容。法院受理承认外国法院离婚判决的申请后，对方当事人向法院起诉离婚的，法院不予受理。

论述题与深度思考题

华侨同国内公民要求在国内登记结婚和离婚，港澳台同胞同内地公民要求在内地结婚和离婚，应当遵守《民法典》和《婚姻登记条例》的规定。

1. 结婚登记。

（1）当事人应当出具的证件和证明材料。

办理结婚登记的内地居民应当出具如下证件和证明材料：1）本人的户口簿、身份证；2）本人无配偶以及与对方当事人没有直系血亲和三代以内旁系血亲关系的签字声明。

办理结婚登记的华侨应当出具如下证件和证明材料：1）本人的有效护照；2）居住国公证机构或者有权机关出具的、经中国驻该国使（领）馆认证的本人无配偶以及与对方当事人没有直系血亲和三代以内旁系血亲关系的证明，或者中国驻该国使（领）馆出具的本人无配偶以及与对方当事人没有直系血亲和三代以内旁系血亲关系的证明。

办理结婚登记的香港居民、澳门居民、台湾居民应当出具如下证件和证明材料：1）本人的有效通行证、身份证；2）经居住地公证机构公证的本人无配偶以及与对方当事人没有直系血亲和三代以内旁系血亲关系的声明。

（2）办理结婚登记的机关和程序。

办理涉侨、涉港澳台结婚登记的机关，是内地居民常住户口所在地的省、自治区、直辖市人民政府民政部门或者省、自治区、直辖市人民政府民政部门确定的机关。男女双方须共同到婚姻登记管理机关申请。婚姻登记机关在对当事人依法审查后，对符合规定条件的予以登记，发给结婚证。当事人对婚姻登记管理机关需要了解的情况，必须如实提供；对不符合条件或故意隐瞒事实、伪造证件的，婚姻登记管理机关不予登记；违法情节严重的，应提请当地司法机关依法处理。

2. 离婚登记。

华侨、港澳台同胞同内地居民在内地登记离婚的，双方自愿离婚，对子女抚养和财产等问题已作出妥善处理的，可共同到内地一方常住户口所在地的省、自治区、直辖市人民政府民政部门或者省、自治区、直辖市人民政府民政部门确定的机关办理离婚登记。

第十章　继承法概述

知识逻辑图

- 继承法概述
  - 继承
    - 概念：因人的死亡而由其生存的一定亲属概括取得其财产的法律制度
    - 特点
      - 因被继承人死亡而开始
      - 发生于一定亲属关系的人之间
      - 概括承继被继承人的财产
    - 种类
      - 依继承范围
        - 有限制继承：继承人及继承财产的范围受限制的继承
        - 无限制继承：继承人及继承财产的范围不受限制的继承
      - 依继承人人数
        - 单独继承：继承人仅为一人的继承
        - 共同继承：继承人为多人的继承
      - 依继承依据
        - 法定继承：继承人按照法律规定进行的继承
        - 遗嘱继承：继承人按照被继承人有效遗嘱进行的继承
      - 依继承人参与继承的地位
        - 本位继承：继承人基于自己继承地位的继承
        - 代位继承：继承人代替他人对被继承人遗产的继承
        - 转继承：继承人对他人在被继承人遗产中应继份的继承
  - 继承法
    - 性质
      - 继承法为私法
      - 继承法为普通法
      - 继承法为实体法
      - 继承法为强行法
    - 基本原则
      - 概念：继承立法、司法和继承活动的根本准则
      - 类型
        - 保护私有财产继承权
        - 继承权平等
        - 照顾无劳动能力又无生活来源者
        - 权利与义务相一致
  - 继承人
    - 概念：在继承中有权继承被继承人遗产的自然人
    - 特点
      - 继承人是自然人
      - 继承人是法律规定的自然人
      - 继承人是没有丧失继承权的自然人
    - 继承能力
      - 概念：继承人能够享有继承权的法律资格
      - 胎儿的继承能力
        - 立法例
          - 一般主义：胎儿具有权利能力
          - 特别主义：视胎儿有权利能力
        - 我国法律：胎儿具有继承能力

- 继承法概述
  - 继承人
    - 继承能力
      - 失踪人的继承能力：失踪人具有继承能力
    - 法定继承人范围
      - 基于婚姻关系：配偶
      - 基于血缘关系的血亲
        - 子女、父母
        - 兄弟姐妹
        - （外）祖父母
        - （外）孙子女
      - 基于扶养关系的姻亲，如丧偶儿媳、丧偶女婿
  - 继承权
    - 概念：自然人承受被继承人遗产的权利
    - 特点
      - 继承权是自然人享有的权利
      - 继承权是依照法律规定或被继承人的有效遗嘱而享有的权利
      - 继承权是继承被继承人遗产的权利
    - 性质
      - 客观意义继承权
        - 概念：继承开始前继承人继承遗产的资格
        - 特点
          - 权利效力极为薄弱
          - 继承人的地位受法律保护
      - 主观意义继承权
        - 概念：继承开始后继承人现实取得遗产的权利
        - 特点
          - 是财产权
          - 与一定身份相联系
          - 具有社员性
          - 是过渡性质的财产权利
          - 是绝对权，具有排他性
      - 继承权由客观转化为主观的条件
        - 被继承人死亡
        - 被继承人留有遗产
        - 继承人未丧失继承权
    - 行使
      - 概念：继承人实现自己的继承权
      - 对象：主观意义继承权
      - 行使方式
        - 独立行使
          - 完全民事行为能力人
          - 法定代理人同意的限制民事行为能力人
        - 代理行使
          - 完全民事行为能力人的委托代理人
          - 无民事行为能力人的法定代理人
          - 限制民事行为能力人的法定代理人
    - 放弃
      - 概念：继承人放弃继承的意思表示
      - 性质
        - 单方民事法律行为
        - 拒绝利益取得的行为
        - 拒绝参加继承法律关系的行为
        - 具有身份属性的财产上的行为

- 继承法概述
  - 继承权
    - 放弃
      - 限制
        - 不得附条件和期限
        - 不得放弃部分继承
        - 不得损害法定义务
      - 时间：继承开始后，遗产分割前
      - 方式
        - 明示意思表示
        - 默示意思表示
      - 效力
        - 继承人负返还占有的遗产的义务
        - 应继份归属其他继承人或集体和国家
        - 继承权放弃前遗产造成他人损害的连带责任
        - 继承权放弃的意思表示不得撤回
    - 丧失
      - 概念：依法剥夺继承人继承资格的法律制度
      - 事由
        - 故意杀害被继承人
        - 为争夺遗产而杀害其他继承人
        - 遗弃被继承人，或虐待被继承人情节严重
        - 伪造、篡改、隐匿或销毁遗嘱，情节严重
        - 妨碍被继承人的遗嘱行为，情节严重
      - 类型
        - 绝对丧失：继承人的继承权丧失不可逆转
        - 相对丧失：继承人的继承权丧失可逆转
      - 效力
        - 时间上的效力：自继承开始发生效力
        - 对人的效力
          - 对丧失继承权的继承人的效力
          - 对代位继承人的效力
          - 对受让遗产的第三人的效力
    - 回复请求权
      - 概念：继承人请求法院确认继承人地位并恢复其继承遗产权利的权利
      - 性质：请求确认继承人资格及返还遗产的请求权
      - 产生的要件
        - 加害人对遗产无正当权原而为行为
        - 加害人否认真正继承人的资格
      - 主体
        - 真正权利人
        - 遗产执行人与遗产保管人
        - 继承人的法定代理人
      - 相对人
        - 僭称继承人及其继承人
        - 表见继承人及其继承人
        - 受让继承财产的第三人
        - 不主张其为继承人但占有遗产的人
      - 行使
        - 主体：继承人中的一人或数人
        - 效力：对全体发生效力
      - 效力
        - 真正继承人与僭称继承人、表见继承人间
        - 真正继承人与第三人间

- 继承法概述
  - 遗产
    - 概念：自然人死亡时所遗留的个人合法财产
    - 特点
      - 时间上的特定性
      - 内容上的概括性
      - 范围上的限定性
      - 性质上的合法性
    - 非遗产的范围
      - 法律规定不得继承的财产
      - 专属性的财产权利和义务
      - 自然资源利用权
      - 宅基地、自留山、自留地的使用权
      - 土地承包经营权
  - 继承开始
    - 概念：继承法律关系的发生
    - 原因
      - 被继承人自然死亡
      - 被继承人宣告死亡
    - 时间
      - 意义
        - 确定继承人的范围
        - 确定遗产的范围
        - 确定遗产所有权的转移
        - 确定丧失继承权效力起算点
        - 确定放弃继承权效力起算点
        - 确定遗产分割效力起算点
      - 确定
        - 自然死亡时间
        - 宣告死亡时间
        - 同时死亡的推定
    - 地点
      - 概念：继承人参与继承、行使继承权、接受遗产的场所
      - 确定标准
        - 被继承人死亡时的住所地
        - 主要遗产所在地
    - 通知人
      - 知道被继承人死亡的继承人和遗嘱执行人
      - 被继承人生前所在单位
      - 被继承人住所地的居委会或村委会

名词解释与概念比较

1. 继承
2. 法定继承
3. 遗嘱继承
4. 共同继承
5. 继承人
6. 继承能力
7. 继承权
8. 继承权绝对丧失
9. 继承权相对丧失
10. 继承回复请求权
11. 遗产
12. 继承开始
13. 客观意义继承权与主观意义继承权
14. 继承权丧失与继承权放弃
15. 法定继承人与遗嘱继承人

选择题

（一）单项选择题

1. 甲、乙为夫妻，无父母、子女。甲有一兄丙，乙有一妹丁。丙、丁各自独自生活，与甲、乙偶有往

来。春节临近，甲、乙驾马车进城购买年货，回家途中因马受惊狂奔，甲、乙被摔下悬崖。被人发现时甲、乙均已死亡，死亡时间难以确定。经查，甲、乙共有房屋4间。丙、丁对此4间房屋的继承发生了争议。关于4间房屋的继承问题，下列哪种说法是正确的？（　　）

A. 4间房屋由丙独自继承
B. 4间房屋由丁独自继承
C. 4间房屋由丙、丁平分
D. 4间房屋归甲、乙所在的村民委员会所有

2. 甲生前租住三居室住房1套，另有存款百万余元，轿车1辆，股票、国库券若干。甲的妻子早故，儿子、女儿与其分家单过。甲因公致残，单位发给抚恤金若干。甲生前投保人身意外险，但未指定受益人。甲因车祸死亡，因保险单中未填写受益人，保险公司将保险金交给了甲的儿子。关于甲的遗产范围，下列哪种说法是正确的？（　　）

A. 住房、存款、轿车、股票、国库券、抚恤金
B. 住房、存款、轿车、股票、国库券、抚恤金、保险金
C. 住房、存款、轿车、股票、国库券、保险金
D. 存款、轿车、股票、国库券、抚恤金、保险金

3. 根据继承人继承财产的方式，继承可作哪种分类？（　　）

A. 法定继承与遗嘱继承
B. 有限继承与无限继承
C. 本位继承与代位继承
D. 单独继承与共同继承

4. 甲在其父亲生前表示将继承父亲遗产的权利转让给乙，双方签订了继承权转让协议。甲父死亡后，乙持转让协议要求分得甲的应继份额，遭到甲和其他人的拒绝。下列哪种说法是错误的？（　　）

A. 甲转让给乙的权利是客观意义上的继承权
B. 客观意义上的继承权具有专属性
C. 甲与乙双方的继承权转让协议具有法律效力
D. 客观意义上的继承权不是身份权

5. 乙与被继承人甲是父子关系，与丙是兄弟关系。乙在以下哪种情况下丧失继承权？（　　）

A. 乙对甲有遗弃行为
B. 乙因赡养甲与丙产生矛盾冲突，杀害了丙
C. 甲立遗嘱明确表示乙不得继承其遗产
D. 乙对甲有虐待行为

6. 继承权丧失的效力何时发生？（　　）

A. 丧失事由发生时
B. 法院确认时
C. 继承开始时
D. 继承人请求时

7. 乙幼时被甲收养并抚养成人。乙结婚后与甲达成解除收养关系的协议，但未办理解除收养登记手续。甲在一次事故中致残，不能再从事重体力劳动，收入微薄，生活清苦。乙夫妇遂每月给付甲生活费，节假日也常去甲处探望照料。甲去世后，乙负责全部安葬事宜。甲遗有房屋4间，甲弟丙与乙为该房产继承发生纠纷。下述表述中，哪种说法是正确的？（　　）

A. 乙是4间房屋的继承人
B. 乙不是4间房屋的继承人
C. 丙不是4间房屋的继承人
D. 丙是4间房屋的继承人，乙是4间房屋的适当分得人

8. 继承人放弃继承权的，应在何时作出放弃的表示？（　　）

A. 继承开始后遗产处理前
B. 继承开始后的2年
C. 继承开始后的20年
D. 继承开始前或遗产分割前

9. 依据《民法典》的规定，继承权受侵害提起诉讼的期间应为几年？（　　）

A. 20　　B. 10
C. 5　　D. 3

10. 继承人放弃继承权的效力何时发生？（　　）

A. 继承人作出放弃继承表示时
B. 继承开始时
C. 遗产分割时
D. 其他继承人同意时

11. 互有继承权而辈分又不同的几个人在同一事故中死亡，死亡人各自都有继承人，如不能确定死亡先后时间的，如何推定死亡时间？（　　）

A. 同时死亡
B. 长辈先死亡
C. 晚辈先死亡
D. 由法院确定死亡时间

12. 甲去世后，继承人乙、丙、丁在对甲的遗产清

理后，乙表示放弃对甲遗产的继承权，丙、丁遂对甲的遗产进行了分割。丙分得的一幅齐白石赝品画委托拍卖时，被告知该画是真迹，拍卖价格为人民币50万元，超出当时乙、丙、丁估价4万元。乙以其误认真品为赝品而放弃继承为由，要求撤回放弃继承的意思表示，遭到丙的拒绝。依据法律规定，下列哪种说法是正确的？（　　）

A. 甲的遗产已由丙、丁分割完毕，乙撤回放弃继承的意思表示有正当理由，应予承认

B. 甲的遗产已由丙、丁分割完毕，乙撤回放弃继承的意思表示即使理由正当，也不予承认

C. 乙对其重大误解的民事法律行为，可以行使撤销权

D. 乙放弃继承后，因不能继承所受到的损失，由丙、丁给予适当的补偿

13. 甲有子乙、丙、丁，丁为残疾人，无劳动能力，依靠甲生活。甲生前立有遗嘱，将自己遗产中的房屋4间、存款10万元留给丁，另有遗产10万元由乙、丙各继承5万元。甲死亡后，丙在清理甲的遗产时发现了该遗嘱，遂将遗嘱放入随身衣服口袋，清洗衣服时无意间将该遗嘱毁损。依据法律规定，下列哪种说法是正确的？（　　）

A. 丙销毁遗嘱的行为侵害了继承人丁的利益，丙丧失继承权

B. 丙因过失而使甲的遗嘱损毁，不能认定为销毁遗嘱

C. 丙虽无意将遗嘱毁损，但客观上造成了遗嘱毁损的后果，应认定为销毁遗嘱

D. 丙的行为是否构成销毁遗嘱应视丁的利益而定

14. 在遗产分割后，继承人表示放弃的不再是继承权，是何种权利？（　　）

A. 遗产分割请求权　　B. 遗产所有权

C. 遗产占有权　　D. 遗产处理权

（二）多项选择题

1. 从法律性质上讲，继承法属于何种性质的法律？（　　）

A. 身份法　　B. 实体法

C. 任意法　　D. 财产法

2. 单身男甲收养了幼童乙为养子。乙成年后，甲因病去世后，乙的生父母亦相继去世。下列哪些说法是正确的？（　　）

A. 甲因病去世，乙与其生父母的权利义务关系自行恢复

B. 甲因病去世，乙与其生父母的权利义务关系不能自行恢复

C. 乙生父母去世，乙有权继承其生父母的遗产

D. 乙生父母去世，乙无权继承其生父母的遗产

3. 甲、妻乙、儿子丙、儿媳丁、孙子戊同车外出，不幸遭遇交通事故身亡，难以确定死亡先后时间。甲夫妇及丙夫妇均留有遗产，乙、丙、戊无其他继承人。现甲的父母、儿媳丁的哥哥要求继承死者的遗产。依据法律规定，下列哪些说法是错误的？（　　）

A. 推定甲先死亡，其他人同时死亡

B. 推定甲、乙先死亡，其他人同时死亡

C. 推定甲、乙先于丙、丁死亡，丙、丁先于戊死亡

D. 推定甲、乙同时死亡，丙、丁同时死亡

4. 主观意义上的继承权属于何种性质的权利？（　　）

A. 期待权　　B. 既得权

C. 财产权　　D. 绝对权

5. 乙不堪忍受母亲甲的谩骂，搬出另过，甲对此极为不满。甲丧失独立生活能力后，乙前去照料，被甲拒绝。甲死亡后，留有遗产若干，因继承问题乙与其他继承人发生纠纷。依据法律规定，下列哪些说法是正确的？（　　）

A. 乙搬出另过，对甲不履行赡养义务，构成对甲的遗弃

B. 乙搬出另过时甲有独立生活能力，乙不构成遗弃

C. 甲没有独立生活能力后，乙不履行对甲的赡养义务，构成遗弃

D. 甲没有独立生活能力后，拒绝乙履行赡养义务，乙不构成遗弃

6. 依据《民法典》的规定，具备下列哪些情形的，受遗赠人丧失受遗赠权？（　　）

A. 故意杀害被继承人

B. 故意杀害其他继承人

C. 虐待被继承人情节严重

D. 伪造、篡改、隐匿或者销毁遗嘱

7. 继承权回复请求权属于何种性质的权利？（　　）

A. 实体诉权

B. 恢复继承人继承遗产权利的权利

C. 财产权兼人身权

D. 继承权受到侵害时享有的权利

8. 甲有子乙、女丙。乙因故意伤害致甲一级伤残，被判处无期徒刑，服刑期间先于甲死亡。甲去世后，留有价值200万元人民币的遗产。乙的儿子丁与甲的女儿丙为甲的遗产继承发生纠纷。依据法律规定，下列哪些说法是正确的？（　　）

A. 乙因对甲有伤害行为，丧失对甲遗产的继承权

B. 乙对甲故意伤害而非故意杀人，不丧失对甲遗产的继承权

C. 丁对甲的遗产有代位继承权

D. 丁对甲的遗产没有代位继承权

9. 乙在其父甲死亡前签署书面声明，明确表示放弃对甲遗产的继承权。甲去世后，乙再次向其他继承人声明放弃对甲遗产的继承权，但以不赡养母亲为条件。依据法律规定，下列哪些说法是正确的？（　　）

A. 甲生前乙放弃继承权的行为无效

B. 甲去世后乙放弃继承权的行为有效，但所附条件无效

C. 甲去世后乙放弃继承权的行为无效，但所附条件有效

D. 甲去世后乙放弃继承权的行为因附条件而无效

10. 甲、乙兄弟自幼失去父母，相依为命。成年后甲娶妻丙，生子丁、女戊，乙未婚。某日，甲、乙、丙同车探亲途中遇车祸死亡，死亡先后时间不能确定。依据法律规定，下列哪些说法是正确的？（　　）

A. 乙先死亡

B. 甲、丙同时死亡

C. 甲、乙同时死亡

D. 甲、乙、丙同时死亡

11. 甲故意杀害其夫乙，但未导致乙死亡。乙临终前对甲的行为表示宽恕，甲也有悔罪表现。甲子丙因乙死亡而悲伤过度，精神恍惚，不幸遭遇车祸死亡，留有遗产100万元。对于乙、丙遗产的继承，甲与丙的妻子戊、儿子丁发生纠纷。依据法律规定，下列哪些说法是正确的？（　　）

A. 甲故意杀害乙，丧失对乙遗产的继承权

B. 甲故意杀害乙，但乙生前表示宽恕，甲也有悔罪表现，可不丧失继承权

C. 甲故意杀害乙，丧失对乙遗产和丙遗产的继承权

D. 甲故意杀害乙，丧失对乙遗产的继承权，不丧失对丙遗产的继承权

12. 甲的户籍所在地是A地，后因业务需要定居B地长期从事经营活动，一直到去世。甲生前在C地购置大量房产，另有少量存款和动产在D地。依据法律规定，下列何地应为继承开始的地点？（　　）

A. B地　　B. C地

C. D地　　D. A地

13. 甲突发心脏病死亡，留有遗产房屋4间，承包的10亩苹果园也临近采摘季节。甲妻早逝，独子乙在外地工作，甲所在地村委会没有将甲去世的消息通知到乙，即安葬了甲。甲生前承包的果园因无人管理，导致成熟的果实掉落腐烂，直接经济损失5万余元。依据法律规定，下列哪些说法是正确的？（　　）

A. 村委会负有继承开始的通知义务

B. 村委会没有继承开始的通知义务

C. 村委会对果园的损失应当承担赔偿责任

D. 村委会对果园的损失不应当承担赔偿责任

14. 下列哪些财产不可以作为遗产？（　　）

A. 宅基地　　B. 扶养费请求权

C. 林地承包权　　D. 居住权

15. 甲长期遭受儿子乙的虐待，身心备受摧残，罹患胃癌。甲住院治疗期间，乙良心发现，对自己的行为后悔不已，深刻反省，并主动到医院对甲精心护理，承担了全部治疗费用。甲对乙的虐待行为表示宽恕。2个月后甲病故，留有遗产房屋6间。对甲遗产的继承，乙与弟丙、妹丁发生纠纷。依据法律规定，下列哪些说法是正确的？（　　）

A. 乙对甲有虐待行为，绝对丧失继承权

B. 乙虐待甲情节严重，相对丧失继承权

C. 乙虐待甲情节严重，但确有悔改表现，可不确认丧失继承权

D. 乙确有悔改表现，甲生前也表示宽恕，可不确认丧失继承权

简答题

1. 简述继承的特点。

2. 简述继承法的性质。

3. 简述继承权放弃的性质。

4. 简述继承权平等原则。

5. 简述继承权丧失的效力。

6. 简述胎儿的继承能力。

7. 简述客观意义继承权转化为主观意义继承权的条件。

8. 简述遗产的特点。

案例分析题

1. 甲、乙夫妻婚后生育儿子丙、女儿丁和戊。甲、乙婚后购买房屋1套，与丙、丁和戊共同居住。丙成年后搬出另过。甲去世，未留遗嘱，遗产也未作分割，乙与丁、戊共同生活。戊结婚后也搬出另过，丁则一直与乙共同生活。乙生前与戊签订协议，约定：戊不履行对乙赡养义务，放弃对乙遗产继承的权利。乙去世后，丙也签署放弃继承声明书。丁根据丙、戊均放弃遗产继承的事实，将房屋全部产权变更到自己名下并通知了丙、戊。3年后，丁继承的房屋拆迁，戊对放弃继承反悔，向丁索要拆迁补偿费未果，向法院提起诉讼。

请回答下列问题：

(1) 甲死亡后，其遗产继承人如何确定?

(2) 乙与戊签署的协议书是否有效?

(3) 丙放弃继承权声明书是否有效?

(4) 本案的诉讼时效如何确定?

2. 甲、乙婚后生子丙、女丁。婚姻关系存续期间，甲因与乙发生争执离家出走，自此杳无音信。乙向法院提起诉讼，请求宣告甲死亡，法院经审理作出了宣告甲死亡的判决。判决生效后，乙、丙、丁依法继承了甲的遗产，遗产分割后乙与他人再婚。丙外出途中遭遇车祸死亡，留下妻与子二人相依为命。某日，乙接到公安机关通知，告知甲因心脏病死亡，此时距离甲被宣告死亡已逾10年。经查，甲离家出走后，一直给人打工，生活极为艰难，2年后开始经商并获得成功，积聚了财产价值300余万元。经商期间，甲与己相识，并办理了结婚登记，生育一女庚。甲死亡前立下自书遗嘱，指明自己的财产在其死亡后由己、庚、乙和丙四人均分。

请回答下列问题：

(1) 甲的死亡时间如何确定?

(2) 甲被宣告死亡后，乙、丙、丁对其遗产的继承是否有效?

(3) 甲被宣告死亡期间所立遗嘱效力如何?

(4) 甲自然死亡后，其继承人如何确定?

3. 甲、乙自幼失去双亲，兄弟两人相依为命。甲前妻早丧，留有双胞胎儿子丙、丁。后妻戊已怀孕数月。乙未婚配，自立门户，独立生活。某日，甲、乙同车探亲途中遇车祸死亡，死亡先后时间不能确定。甲有遗产房屋12间、存款80万元。甲生前投保了人身意外伤害险，保险金为人民币5万元，未指定受益人。乙有遗产房屋6间、存款60万元。甲、乙死亡后，丙、丁与戊因遗产继承发生纠纷。

请回答下列问题：

(1) 甲、乙的死亡时间如何确定?

(2) 甲、乙的遗产范围如何确定?

(3) 甲、乙的遗产如何分割?

论述题与深度思考题

1. 谈谈你对继承回复请求权的理解。

2. 试述继承权放弃的自由与限制。

参考答案

名词解释与概念比较

1. 继承，是指因人的死亡而由与其有一定亲属关系的生存人概括取得其财产的法律制度。

2. 法定继承，是指由法律直接规定继承人的范围、继承顺序、继承人的应继份额、遗产分配原则的一种继承方式。

3. 遗嘱继承，是指按照被继承人生前所立的有效遗嘱来确定继承人及其继承遗产的范围、种类等的一种继承方式。

4. 共同继承，是指继承人为多人的继承。

5. 继承人，是指依据继承法的规定在继承中有权继承被继承人遗产的自然人。

6. 继承能力，是指继承人能够享有继承权的法律资格。

7. 继承权，是指自然人依据法律规定或者被继承人生前立下的合法有效遗嘱承受被继承人遗产的权利。

8. 继承权绝对丧失，是指发生某种丧失继承权的法定事由时，该继承人的继承权终局丧失，任何情形下也不再恢复其对特定被继承人的继承权。

9. 继承权相对丧失，是指虽发生某种法定事由致使继承人的继承权丧失，但在继承人确有悔改、被继承人表示宽恕时，继承人的继承权也可最终不丧失。

10. 继承回复请求权，是指继承权受到侵害时，继承人得请求法院通过诉讼程序予以保护，以确认其继承人的地位并恢复其继承遗产权利的权利。

11. 遗产，是指自然人死亡时所遗留的，依据继承法律规范移转给他人的个人合法财产。

12. 继承开始，是指继承法律关系的发生。

13. 客观意义继承权与主观意义继承权

比较点	客观意义继承权	主观意义继承权
含义	继承开始前继承人继承被继承人遗产权利的资格	继承开始后继承人现实取得被继承人遗产的权利
权利取得时间	继承开始前继承人的法律地位，自然人出生时起即享有	继承人在继承法律关系中实际享有的继承被继承人遗产的具体权利，被继承人死亡时才能享有
权利性质	继承人具有的继承遗产的资格，为一种期待权	继承人实际享有的继承被继承人遗产的具体权利，为一种既得权
权利效力	只能因继承权被剥夺而消灭，继承人不得放弃	不发生继承权丧失的问题，但继承人有权放弃

14. 继承权丧失与继承权放弃

比较点	继承权丧失	继承权放弃
含义	继承人对被继承人或者其他继承人有重大违法或者不道德行为时，依法剥夺其继承资格的法律制度	继承人放弃自己继承被继承人遗产的权利的意思表示
继承权性质	继承权是客观意义继承权	继承权是主观意义继承权
发生的时间	继承权丧失的事由可以发生在继承开始以前，也可以发生在继承开始之后	放弃继承权只能发生在继承开始后，遗产分割前
性质	是法律对实施违法行为的继承人的一种民事制裁	是继承人对自己权利的一种处分

15. 法定继承人与遗嘱继承人

比较点	法定继承人	遗嘱继承人
含义	按照法律直接规定继承被继承人遗产的自然人	依据被继承人合法有效遗嘱继承被继承人遗产的自然人
继承权来源	继承权来源于法律的规定	继承权来源于被继承人依法设定的遗嘱
继承顺序要求	继承遗产时有继承顺序的限制	继承遗产时没有继承顺序的限制
继承份额的分配原则	按照法律规定的遗产分配原则确定继承份额	按照遗嘱的指定确定继承份额
遗产债务的清偿顺序	法定继承人是第一顺位的遗产债务清偿人，遗产已经被分割而没有清偿债务的，首先由法定继承人用其所得遗产清偿债务	遗嘱继承人是第二顺位的遗产债务清偿人，遗产已经被分割而没有清偿债务的，遗嘱继承人对法定继承人用所得遗产清偿债务的不足部分用所得遗产偿还

选择题

（一）单项选择题

1. C。《民法典》第1121条规定，继承从被继承人死亡时开始。相互有继承关系的数人在同一事件中死亡，难以确定死亡时间的，推定没有其他继承人的人先死亡。都有其他继承人，辈分不同的，推定长辈先死亡；辈分相同的，推定同时死亡，相互不发生继承。依据该规定，甲、乙在同一事件中死亡，死亡时间难以确定。因双方都有继承人，应推定同时死亡，相互间不发生继承。甲的遗产由其兄丙继承，乙的遗产由其妹丁继承。4 间房屋为甲、乙共有，各占一半的份额。因此，按照继承权平等原则，丙、丁平分 4 间房屋。综上，本题应选 C 项。

2. D。《民法典》第 1122 条规定，遗产是自然人死亡时遗留的个人合法财产。依据法律规定或者根据其性质不得继承的遗产，不得继承。在我国法律中，依据法律规定或其性质不得继承的财产主要包括：居住权；与被继承人人身有关的具有专属性的财产权利和义务；自然资源利用权；宅基地、自留山、自留地的使用权；土地承包经营权等。本案中，甲生前住房为租住，不属于甲个人合法财产，不为遗产；存款、轿车、股票、国库券，为甲死亡时遗留的个人合法财产，依其性质为遗产；甲因公致残所得抚恤金，是甲身体受到伤害所得的补偿，为甲个人所得合法财产，为遗产；甲意外死亡所得保险金，因未指定受益人，根据保险法的相关规定，为遗产。综上，本题应选 D 项。

3. A。继承可按不同的标准被划分成不同的类型。依据继承范围的不同，继承可以分为有限制继承与无限制继承；依据继承人人数的不同，继承可以分为单独继承与共同继承；依据继承的方式，继承可以分为法定继承与遗嘱继承；根据继承人参与继承时的地位，继承可以分为本位继承、代位继承和转继承。综上，本题应选 A 项。

4. C。继承开始前，继承人对被继承人的遗产享有客观意义上的继承权。客观意义上的继承权仅仅是继承人享有的继承被继承人遗产的资格，虽是财产权，但该财产权具有专属性，既不能转让，也不能放弃。据此，甲与乙双方的继承权转让协议无效。综上，本题应选 C 项。

5. A。《民法典》第 1125 条第 1 款规定，继承人有下列行为之一的，丧失继承权：（1）故意杀害被继承人；（2）为争夺遗产而杀害其他继承人；（3）遗弃被继承人，或者虐待被继承人情节严重；（4）伪造、篡改、隐匿或者销毁遗嘱，情节严重；（5）以欺诈、胁迫手段迫使或者妨碍被继承人设立、变更或者撤回遗嘱，情节严重。依据该规定，乙不是因为争夺遗产而杀害继承人丙，不具备丧失继承权的情形；甲立遗嘱明确表示乙不得继承其遗产，是甲生前处分其财产权利的结果，不是乙因具备法定事由而被剥夺继承权。乙对甲有虐待行为但如果情节不严重，不丧失继承权。综上，本题应选 A 项。

6. C。继承权丧失是指在继承人对被继承人或其他继承人有重大违法或者不道德行为时，依法剥夺其继承资格的法律制度。继承权的丧失只是继承人继承资格的丧失，因而不论继承权丧失的事由发生于继承开始前还是继承开始后，继承权丧失的效力都应自继承开始时发生。《民法典》没有明文规定继承权丧失自何时起发生法律效力，但司法实践认可继承权丧失自继承开始时发生法律效力。综上，本题应选 C 项。

7. A。乙与甲虽签订解除收养关系协议，但未办理解除收养关系登记，依据《民法典》第 1116 条的规定，双方的养父子关系继续存续。《民法典》第 1127 条第 1 款规定，遗产按照下列顺序继承：（1）第一顺序：配偶、子女、父母；（2）第二顺序：兄弟姐妹、祖父母、外祖父母。第 2 款规定，继承开始后，由第一顺序继承人继承，第二顺序继承人不继承；没有第一顺序继承人继承的，由第二顺序继承人继承。第 3 款规定，本编所称子女，包括婚生子女、非婚生子女、养子女和有扶养关系的继子女。依据该规定，乙作为甲的养子女，是甲遗产的第一顺序继承人，第二顺序继承人丙不继承。综上，本题应选 A 项。

8. A。《民法典》第 1124 条第 1 款规定，继承开始后，继承人放弃继承的，应当在遗产处理前，以书面形式作出放弃继承的表示；没有表示的，视为接受继承。依据该规定，继承人应在继承开始后、遗产分割前放弃继承权，逾期则不发生继承权放弃的效力。继承开始前放弃的是客观意义上的继承权，放弃的意思表示无效；遗产分割后放弃的是遗产的所有权。综上，本题应选 A 项。

9. D。《民法典》第 188 条规定，向法院请求保护民事权利的诉讼时效期间为 3 年。法律另有规定的，依据其规定。继承权为财产权，因财产权受侵害请求法院保护的，适用诉讼时效的规定。因此，继承权受侵害请求法院保护的诉讼时效期间为 3 年。综上，本题应选 D 项。

10. B。对继承权放弃发生效力的时间，《民法典》没有作出规定，司法实践中认为应当溯及于继承开始之时。《民法典》第 1121 条第 1 款规定，继承从被继承人死亡时开始。继承开始之后，继承法律关系产生，继承人的继承权由客观意义上的继承权转化为主观意义上继承权，继承人作为继承法律关系的主体，取得对遗产的所有权。继承人放弃继承的意思表示生效后，意味着继承人退出继承法律关系，视为自始不为继承人，从未享有遗产权利、承担遗产义务。因此，继承权的放弃具有溯及既往的效力，溯及继承开始之时。综上，本题应选B项。

11. B。《民法典》第1121条第2款规定，相互有继承关系的数人在同一事件中死亡，难以确定死亡时间的，推定没有其他继承人的人先死亡。都有其他继承人，辈分不同的，推定长辈先死亡；辈分相同的，推定同时死亡，相互不发生继承。依据该规定，同一事件中各自都有继承人的相互有继承关系的人死亡，死亡时间难以确定的，辈分不同的，推定长辈先死亡。综上，本题应选B项。

12. B。继承权的放弃是指继承人放弃继承被继承人遗产的权利的意思表示，是继承人处分其继承权的民事法律行为，继承人放弃继承后即退出继承法律关系，其他继承人对其放弃继承的利益损失，没有补偿的义务。关于继承放弃的意思表示能否撤回，《民法典》没有作出规定，理论上一般认为，因继承的放弃常与其他继承人及第三人的利益相联系，因此，继承权放弃的意思表示不得撤回。但是如果继承人放弃继承权的意思表示有瑕疵，则应允许继承人行使撤销权撤销放弃继承权的意思表示。《最高人民法院关于适用〈中华人民共和国民法典〉继承编的解释（一）》（以下简称《继承解释（一）》）第36条的规定，遗产处理前或者在诉讼进行中，继承人对放弃继承反悔的，由法院根据其提出的具体理由，决定是否承认。遗产处理后，继承人对放弃继承反悔的，不予承认。乙以重大误解撤销其放弃继承权的意思表示时遗产已分割完毕，依据该规定，乙反悔的权利丧失。综上，本题应选B项。

13. B。《民法典》第1125条第1款第4项规定，继承人销毁遗嘱情节严重的，丧失继承权。销毁遗嘱是指继承人违背被继承人的真实意愿，基于争夺或者独吞遗产等非法目的，将被继承人所立的遗嘱完全破坏、毁灭的行为。《继承解释（一）》第9条规定，继承人销毁遗嘱，侵害了缺乏劳动能力又无生活来源的继承人的利益，应当认定为《民法典》第1125条第1款第4项规定的“情节严重”。依据上述规定，销毁遗嘱须具备主观上故意和客观上造成遗嘱毁灭两方面的条件。乙的行为客观上将遗嘱毁灭并使缺乏劳动能力又无生活来源的继承人丁的利益受到损害，但乙主观上没有争夺遗产的故意，不能认定其销毁遗嘱。综上，本题应选B项。

14. B。《民法典》第1124条第1款规定，继承开始后，继承人放弃继承的，应当在遗产处理前，以书面形式作出放弃继承的表示；没有表示的，视为接受继承。《继承解释（一）》第35条规定，继承人放弃继承的意思表示，应当在继承开始后、遗产分割前作出。遗产分割后表示放弃的不再是继承权，而是所有权。综上，本题应选B项。

（二）多项选择题

1. BD。继承法是调整继承关系的法律规范的总称。现代继承法不承认身份继承，只承认财产继承，继承人虽是被继承人一定范围内的亲属，但继承的结果是遗产的权利变动，因此，继承法不是身份法，而是财产法。在继承法中，继承法律关系是继承主体之间的权利义务关系，因此，继承法是实体法而非程序法。继承不仅涉及当事人的利益，而且关系到家庭关系的稳定和社会利益，也关系到被继承人之债权人的利益，与社会的政治、经济、伦理和道德等都有密切的联系，因而继承法多为强行性规范，属于强行法而非任意法。综上，本题应选B、D项。

2. BD。《民法典》第1111条第2款规定，养子女与生父母以及其他近亲属间的权利义务关系，因收养关系的成立而消除。《民法典》第1117条规定，收养关系解除后，养子女与养父母以及其他近亲属间的权利义务关系即行消除，与生父母以及其他近亲属间的权利义务关系自行恢复。但是，成年养子女与生父母以及其他近亲属间的权利义务关系是否恢复，可以协商确定。依据上述规定，收养关系成立后，养子女与生父母的权利义务关系消除。《民法典》对收养关系解除后养子女与生父母关系恢复与否作出了规定，但对养父母死亡后养子女与生父母权利义务关系能否恢复没有作出规定。因为养子女与生父母权利义务关系能否恢复涉及亲属身份变更，法律无明确规定时应理解为不能恢复。综上，本题应选B、D项。

3. ABCD。《民法典》第1121条第2款规定，相互有继承关系的数人在同一事件中死亡，难以确定死亡时间的，推定没有其他继承人的人先死亡。都有其他继承人，辈分不同的，推定长辈先死亡；辈分相同的，推定同时死亡，相互不发生继承。乙、丙、戊均没有其他继承人，推定其先死亡。乙先于甲死亡，乙的遗产由甲、丙继承后，再由甲的继承人父母继承；丙和戊先于丁死亡，丙的遗产由丁继承后再由丁的继承人继承。因此，甲、乙、丙、丁、戊的死亡顺序应当是：乙先于甲死亡，丙、戊先于丁死亡。综上，本题应选A、B、C、D项。

4. BCD。主观意义上的继承权，是继承开始后继承人现实取得继承遗产的权利。继承开始，继承法律关系产生，继承人具有对被继承人遗产继承的可能性转化为现实性，对遗产的期待地位转化为遗产既得权。继承人通过继承法律关系的参与，取得对遗产的所有权，继承人以外的一切人都负有不得妨碍继承人行使继承权的义务。综上，本题应选B、C、D项。

5. BD。《民法典》第1125条第1款第3项规定，继承人遗弃被继承人的，丧失继承权。遗弃是指应当履行扶养义务而不履行，使被扶养人的身心遭受严重损害的行为。甲对乙经常性的谩骂，构成家庭暴力。乙不堪忍受家庭暴力，在甲有生活能力时搬出另过，没有损害甲的赡养利益，乙的行为不构成遗弃。甲丧失生活能力后，乙主动照料甲的生活，被甲拒绝，乙不是不履行赡养义务而是其履行义务被拒绝受领，乙未履行赡养扶助义务的行为不构成遗弃。综上，本题应选B、D项。

6. AC。《民法典》第1125条第1款规定，继承人有下列行为之一的，丧失继承权：（一）故意杀害被继承人；（二）为争夺遗产而杀害其他继承人；（三）遗弃被继承人，或者虐待被继承人情节严重；（四）伪造、篡改、隐匿或者销毁遗嘱，情节严重；（五）以欺诈、胁迫手段迫使或者妨碍被继承人设立、变更或者撤回遗嘱，情节严重。第3款规定，受遗赠人有本条第1款规定行为的，丧失受遗赠权。依据该规定，受遗赠人故意杀害被继承人的，丧失受遗赠权；受遗赠人虐待被继承人情节严重的，丧失受遗赠权。受遗赠人杀害其他继承人，如果不是为了争夺遗产的目的，则不丧失受遗赠权；伪造、篡改、隐匿或者销毁遗嘱，如果未达到情节严重的程度，不丧失受遗赠权。综上，本题应选A、C项。

7. ABD。继承权回复请求权是指在继承人的继承权受到侵害时，继承人得请求法院通过诉讼程序予以保护，以确认其继承人的地位并恢复其继承遗产权利的权利，兼有请求确认继承人资格以及返还继承财产的请求权。但继承资格的确认仅是为达到返还财产目的的前提和手段，因此，继承权回复请求权是实体诉权，是继承人继承权受到侵害时享有的恢复其继承遗产权利的权利，而非人身权。综上，本题应选A、B、D项。

8. BC。《民法典》第1125条第1款第1项规定，继承人故意杀害被继承人的，丧失继承权。依据该规定，继承人乙故意伤害被继承人甲被判处有期徒刑，不丧失对甲遗产的继承权。《继承解释（一）》第17条规定，继承人丧失继承权的，其晚辈直系血亲不得代位继承。继承人乙未丧失继承权，先于甲死亡时，其儿子丁有权依据《民法典》第1128条的规定代位继承被继承人甲的遗产。综上，本题应选B、C项。

9. AD。《民法典》第1124条第1款规定，继承开始后，继承人放弃继承的，应当在遗产处理前，以书面形式作出放弃继承的表示；没有表示的，视为接受继承。依据该规定，甲生前乙放弃继承权的行为无效。继承开始后，继承人有权放弃继承权，但放弃继承权可否附条件或者期限，我国法律没有规定。学理上一般认为，放弃继承权不得附条件或期限，理由在于如果允许继承权的放弃附条件和期限，则会使继承法律关系处于不确定状态，影响其他继承人及与遗产有关的第三人的利益。继承人放弃继承权附加了条件或者期限，放弃继承权的行为无效，因为继承人附条件或者期限地放弃继承权，多为实现一定的目的，而在其附条件或者期限欲实现的目的无法实现时，不应再令其丧失继承的机会。综上，本题应选A、D项。

10. AB。《民法典》第1121条第2款规定，相互有继承关系的数人在同一事件中死亡，难以确定死亡时间的，推定没有其他继承人的人先死亡。都有其他继承人，辈分不同的，推定长辈先死亡；辈分相同的，推定同时死亡，相互不发生继承。依据该规定，乙除甲外无其他继承人，应推定其先死亡。甲、丙均有继承人丁、戊，两人辈分相同，应推定同时死亡。因此，甲、乙、丙的死亡顺序应当是：乙先于甲丙死亡，甲、丙同时死亡。综上，本题应选A、B项。

11. AD。《民法典》第1125条第1款第1项规定，继承人故意杀害被继承人的，丧失继承权。依据该规定，继承人甲故意杀害被继承人乙，丧失对乙遗产的继承权。第2款规定，继承人有前款第3项至第5项行为，确有悔改表现，被继承人表示宽恕或者事后在遗嘱中将其列为继承人的，该继承人不丧失继承权。依据上述规定，继承人因杀害被继承人丧失继承权的，继承权的丧失为绝对丧失，不因继承人有悔改表现、被继承人生前表示宽恕而逆转。综上，本题应选A、D项。

12. AB。继承的开始，即继承法律关系的发生。《民法典》第1121条规定，继承从被继承人死亡时开始，但对继承开始的地点没有作出规定。但是，《民事诉讼法》第33条第3项对继承纠纷所引发诉讼的法院管辖地作了专门规定："因继承遗产纠纷提起的诉讼，由被继承人死亡时住所地或者主要遗产所在地法院管辖。"实质上确认了继承开始的地点为被继承人死亡时住所地或者主要遗产所在地。甲的住所地为B地，主要遗产房产在C地。综上，本题应选A、B项。

13. AC。《民法典》第1150条规定，继承开始后，知道被继承人死亡的继承人应当及时通知其他继承人和遗嘱执行人。继承人中无人知道被继承人死亡或者知道被继承人死亡而不能通知的，由被继承人生前所在单位或者住所地的居民委员会、村民委员会负责通知。依据该规定，被继承人生前住所地的村委会是第二义务人，在继承人中无人知道被继承人死亡或者知道被继承人死亡而不能通知时，负有继承开始的通知义务。不履行该通知义务造成继承人损失的，应当承担损害赔偿的民事责任。继承人乙不知道被继承人甲死亡，村委会具备担任通知人的条件，产生继承通知的义务。因未适当履行通知义务导致被继承人的遗产损失，应当承担损害赔偿责任。综上，本题应选A、C项。

14. ABD。《民法典》第1122条规定，遗产是自然人死亡时遗留的个人合法财产。依据法律规定或者根据其性质不得继承的遗产，不得继承。在我国法律中，依据法律规定或性质不得继承的财产主要包括：(1) 宅基地、自留山、自留地的使用权。上述权利具有一定的专属性，只能由特定的社员享有，不具有流转性，不能被继承。(2) 扶养费请求权。扶养费请求权等与被继承人的人身具有专属性的财产权利和义务，不具有可让与性，不能作为遗产由继承人继承。(3) 居住权。居住权虽是用益物权，但依据《民法典》第369条的规定，不得继承。(4) 林地承包权为土地承包经营权，依据《农村土地承包法》第32条的规定，林地承包权继承人可以继续承包。"继续承包"，既可以解释为合同主体的变更，也可以理解为权利的继承。因为土地承包经营权是用益物权，所以"继续承包"实质上就是承包经营权的继承。除林地承包权、"四荒"地经营权外，其他土地承包经营权依据法律不得被继承。综上，本题应选A、B、D项。

15. BD。《民法典》第1125条第1款第3项规定，继承人虐待被继承人情节严重的，丧失继承权。第2款规定，继承人有前款第3项至第5项行为，确有悔改表现，被继承人表示宽恕或者事后在遗嘱中将其列为继承人的，该继承人不丧失继承权。依据该规定，继承人虐待被继承人情节严重的，丧失继承权。但该情形下继承权的丧失，属于相对丧失，在同时具备下列条件时可不丧失继承权：(1) 继承人确有悔改表现；(2) 被继承人表示宽恕或者事后在遗嘱中将其列为继承人。乙虐待甲情节严重，丧失继承权，但乙确有悔改表现，甲生前也表示宽恕，可不丧失继承权。综上，本题应选B、D项。

简答题

1. 继承具有以下特点：(1) 继承因自然人的死亡而开始。没有自然人死亡的法律事实，就不会发生继承问题。(2) 继承发生于一定亲属关系的人之间。没有亲属关系的人，不能成为继承人。(3) 继承是概括承继死亡人之财产的法律制度，即被继承人的财产被视为一个整体，在被继承人死亡后，当然地由继承人承继，而非单一的权利或者义务的承继。

2. 继承法的性质可从以下几个方面理解：(1) 继承法为私法。继承法是规定因自然人死亡而发生的财产继承关系的，因而属于私法。(2) 继承法为普通法。财产继承关系是自然人之间普遍存在的社会关系，继承法适用于一切自然人，而不是仅适用于某一部分人。因此，继承法属于普通法。(3) 继承法为强行法。继承法中的绝大多数规范是强行性的，而不是任意性的。因此，继承法为强行法。(4) 继承法为财产法。继承法规定的是在自然人死亡后，其财产转移的方式、效力和条件，所调整的是因继承而发生的财产关系。因此，继承法是财产法。

3. 继承权放弃，是继承人放弃自己继承被继承人遗产权利的意思表示，本质上属于民事法律行为，其性质可从以下方面理解：(1) 继承权放弃是单方民事法律行为。继承权放弃仅需一方当事人的意思表示即发生法律效力。(2) 继承权放弃是拒绝利益取得的单方民事法律行为。继承权放弃的目的是回复继承人不为遗产主体的状态，并不是单纯对已经取得财产的处分行为。(3) 继承权放弃是拒绝参加继承法律关系的单方民事法律行为。继承权的放弃本质上是拒绝参加继承法律关系，因而放弃具有溯及效力。(4) 继承权放弃是具有身份属性的财产上的单方民事法律行为。继承权的放弃是对财产的拒绝接受，但不同于一般财产行为之处在于，它以行为人具有继承人的身份为前提条件。

4. 继承权平等原则，是指继承人对被继承人遗产的继承地位平等，主要可从如下方面理解：(1) 继承权男女平等，如女子与男子有平等的继承权、夫妻在继承上有平等的权利等。(2) 非婚生子女与婚生子女继承权平等，不因其为婚生或非婚生而有所不同。(3) 养子女、形成抚养关系的继子女与亲生子女继承权平等。(4) 同一顺序的继承人继承遗产的权利平等。

5. 继承权丧失的效力，包括时间上的效力和对人的效力两个方面。(1) 时间上的效力。继承权丧失的情形，不论发生在继承开始前还是继承开始后，均应自继承开始时发生效力。(2) 继承权丧失对人的效力。主要包括三个方面：1) 对丧失继承权的继承人的效力。继承人因继承权的丧失而无权继承遗产，其占有的遗产应当返还其他继承人。2) 对继承人直系晚辈血亲的效力。继承人丧失继承权的，其直系晚辈血亲不得代位继承。3) 对自丧失继承权的继承人处受让遗产的第三人的效力。自丧失继承权的继承人处受让遗产的第三人是否负有返还财产的责任，应视第三人是否为善意而定。如果第三人是善意有偿取得，则无须返还取得的财产；如果第三人为恶意，或者虽为善意但无偿取得，则应返还取得的财产。

6. 继承能力是指继承人能够享有继承权的法律资格。只有被继承人死亡时尚生存的人才有继承能力，学理上称之为“同时存在原则”或者“继续原则”。《民法典》第 16 条规定，涉及遗产继承、接受赠与等胎儿利益保护的，胎儿视为具有民事权利能力。但是，胎儿娩出时为死体的，其民事权利能力自始不存在。可见，我国在涉及遗产继承时，胎儿被视为出生，但以胎儿娩出时为死体作为解除条件。

7. 客观意义上继承权转化为主观意义上继承权的条件，可从以下方面理解：(1) 被继承人死亡。被继承人死亡，继承开始，具备客观意义上继承权转化为主观上继承权的时间条件。(2) 被继承人留有遗产。遗产是继承权的客体，继承开始前，继承人对遗产有期待权；继承开始后，继承人对遗产有既得权。如果没有遗产，继承权的客体不存在，主观意义上的继承权缺乏载体而无从产生。(3) 继承人未丧失继承权。主观意义的继承权以继承人对被继承人遗产具有继承资格为基础，如果继承人被依法剥夺继承权，在继承开始时即丧失继承法律关系的主体资格，不能取得主观意义上的继承权。

8. 遗产是被继承人死亡时遗留的个人合法财产，具有如下法律特点：(1) 时间上的特定性，即只有在被继承人死亡时，被继承人生前的非专有的财产才转为遗产。(2) 内容上的概括性，即遗产不但包括财产权利，还包括财产义务，是财产权利和义务的概括综合体。(3) 范围上的限定性，即只有属于被继承人所有的财产才属于遗产，但专属于被继承人所有的财产不能作为遗产。(4) 性质上的合法性，即只有依法可以由自然人拥有的，并且有合法取得根据的财产，才能成为遗产。

案例分析题

1. (1) 甲生前未订立遗嘱，死亡时无遗嘱继承人，其遗产由法定继承人继承。甲死亡后，其配偶乙，子女丙、丁、戊均为第一顺序法定继承人。

(2) 乙与戊签署的协议书无效。戊对乙有赡养的义务，该义务为强制性义务，不能通过约定加以排除，也不能以放弃继承权作为不履行赡养义务的条件。协议中免除戊对乙的赡养义务的内容，因违反公序良俗而无效。戊放弃继承权的意思表示无效，一是因为该意思表示以不履行法定义务作为条件，条件具有违法性；二是该意思表示只能在继承开始之后遗产分割之前作出，继承开始前作出的放弃继承的意思表示无效。

(3) 丙放弃继承权的声明书有效。乙死亡后，丙作出放弃对乙遗产继承权的声明，该声明为单方民事法律行为，意思表示真实，不违反法律的禁止性规定，合法有效。

(4) 戊的诉讼请求已过诉讼时效。甲、乙婚后购买的房屋属于夫妻共有财产。被继承人甲去世后，继承人之间没有进行遗产分割，因此，甲在该房屋中的份额，应归继承人乙、丙、丁、戊共有。乙去世后，丁将房屋全部产权变更登记于自己名下，戊知道但未提出异议。因戊放弃继承权的行为无效，不产生继承权放弃的效力。因此，戊对乙遗产有继承的权利。丁将房屋全部产权过户登记到自己名下时，戊已经知道其权利受到侵害。3 年后，戊以继承权受侵害为由，向法院提起诉讼，超过《民法典》规定的 3 年诉讼时效，其诉讼请求不能得到支持。

2.（1）甲被宣告死亡，其死亡时间，依据《民法典》第 48 条的规定，应为甲被法院宣告死亡的判决作出之日。

（2）甲被宣告死亡后，乙、丙、丁对其遗产的继承有效。因为被宣告死亡和自然死亡的后果相同，甲被宣告死亡，继承开始。虽甲被宣告死亡但并未死亡，宣告死亡与自然死亡不一致的，被宣告死亡所引起的法律后果仍然有效。

（3）甲被宣告死亡但并未死亡，依据《民法典》第 49 条的规定，不影响其在被宣告死亡期间实施的民事法律行为的效力。依据该规定，如果被宣告死亡人实施的民事法律行为与宣告死亡的后果抵触的，以民事法律行为的效力为准。甲被宣告死亡后自然生存期间，仍具有民事权利能力，其所立遗嘱为民事法律行为，遗嘱合法有效的，产生优先于法定继承的效力。

（4）甲被宣告死亡后所立遗嘱合法有效，按照甲的遗嘱，其遗产由己、庚、乙和丙四人均分。甲被宣告死亡后，乙再婚，因此，甲自然死亡时乙不具有甲的配偶身份，不是继承人而是受遗赠人；遗嘱生效时，丙已经死亡，遗嘱中确定由丙继承的份额适用法定继承；甲被宣告死亡，乙再婚自由恢复，甲明知自己有配偶而与己登记结婚，婚姻无效，不产生民事法律行为有效的结果，因此，己不具有甲配偶身份，不能作为遗嘱继承人继承甲的遗产，只能作为受遗赠人受赠遗嘱中指定其所有的财产。庚为甲、己的非婚生子女，但享有与婚生子女同等的法律地位，有权作为遗嘱继承人继承甲的遗产。甲的法定继承人为丙的儿子、丁、庚；遗嘱继承人为庚；受遗赠人为乙、己。

3.（1）被继承人为甲、乙，乙先于甲死亡。依据《民法典》第 1121 条的规定，相互有继承关系的数人在同一事件中死亡，难以确定死亡时间的，推定没有其他继承人的人先死亡。乙除其兄甲外，无其他继承人，因此，应推定乙先死亡。

（2）乙的遗产范围包括房屋 6 间、存款人民币 60 万元；甲的遗产包括房屋 12 间、存款人民币 80 万元、保险金人民币 5 万元、从乙处所继承的遗产。

（3）乙先于甲死亡，甲作为其第二顺序继承人，对甲的遗产有继承的权利。因甲在分割乙的遗产前死亡，因此，甲对乙遗产的继承份额由甲的法定继承人转继承。甲转继承所得份额，为甲与戊婚姻关系存续期间所得财产，为夫妻共同共有。甲转继承所得的遗产扣除戊的共有份额后，剩余部分为甲的遗产，加上甲的其他遗产，由甲的继承人继承。甲死亡时胎儿尚未出生，但依据《民法典》第 16 条的规定，涉及继承时应视为出生，具有继承能力。因此，甲的遗产由丙、丁、戊及胎儿继承。因胎儿尚未出生，依据《民法典》第 1155 条的规定，在遗产分割时，应保留胎儿的继承份额。因此，丙、丁、戊在分割遗产时，应当为胎儿保留继承份额。胎儿娩出时是死体的，则保留的继承份额按照法定继承办理。

论述题与深度思考题

1. 继承回复请求权又称继承权回复请求权，是指在继承人的继承权受到侵害时，继承人得请求法院通过诉讼程序予以保护，以确认其继承人的地位并恢复其继承遗产权利的权利。关于继承回复请求权，应当从以下方面理解：(1) 继承回复请求权的性质。继承回复请求权兼有请求确认继承人资格以及返还继承财产的请求权，返还继承财产是目的，确认继承人资格是手段。(2) 继承回复请求权的主体。继承回复请求权的主体，包括真正权利人、遗嘱执行人与遗产保管人、继承人的法定代理人。继承人为多数人时，继承人行使继承回复请求权，不以全体同意为必要，但侵占人应当向全体继承人为给付。(3) 继承回复请求权产生的要件。继承权受到加害人（包括僭称继承人、表见继承人、僭称继承人与表见继承人的继承人、自不真正继承人处受让继承财产全部或部分的第三人、否认请求人从继承权但不主张自己为继承人而占有遗产全部或者部分的人）侵害，是继承权回复请求权产生的前提。加害人无正当权原而对继承财产进行占有、管理或者处分，并否认真正继承人的资格，即构成对继承人继承权的侵害，继承人可向法院提起继承回复请求权诉讼，以实现返还财产的目的。(4) 继承回复请求权的行使。请求遗产回复的继承人，需要就自己享有继承权和请求返还的遗产在继承开始时属于被继承人占有而被加害人所取得的事实负举证责任，且以证明被继承人占有的事实为已足，无须证明被继承人原有所有权及其他权原。(5) 继承回复请求权的效力。继承回复请求权在真正继承人与僭越继承人、表见继承人以及第三人之间均产生法律效力。僭越继承人、表见继承人应当向真正继承人承担财产返还、费用偿还和遗产债务清偿等责任；第三人自侵占人处取得财产或对侵占人为债务清偿，如为善意且无过失，应有善意取得的适用，真正继承人可以向僭称继承人或表见继承人主张不当得利或损害赔偿。

2. 继承权放弃以自由为原则，但自由是有限度的，除不得违反法律和公序良俗外，还应受到如下限制：(1) 继承权放弃不得附条件和期限。继承权放弃是单方民事法律行为且放弃的效力溯及继承开始，如果允许继承人附条件和期限放弃继承权，则会使继承关系处于不确定状态，影响其他继承人以及与遗产有关的其他第三人的利益。因此，继承权放弃附条件或期限的，放弃继承权的行为无效。(2) 继承人不得放弃部分继承。继承权是接受遗产的权利和承担被继承人债务的统一体，其客体不是某项具体的、单一的财产，而是整个遗产中所占的一定比例的份额。如允许部分接受和放弃，继承关系将会变得更加复杂，并可能损害遗产债权人和其他继承人的利益。因此，继承人不得放弃部分继承。(3) 继承权放弃不得损害法定义务。继承人因放弃继承权，致其不能履行法定义务的，放弃继承权的行为无效。这里的法定义务，通常是指法定的赡养、抚养和扶养的义务。

第十一章　法定继承

知识逻辑图

- 法定继承
  - 概念：依据法律直接规定继承被继承人遗产的继承方式
  - 特点
    - 法定继承的规范具有强制性
    - 法定继承以一定身份关系为前提
    - 法定继承是遗嘱继承的补充和限制
  - 适用范围
    - 遗嘱在先原则
    - 法定继承的适用情形
      - 遗嘱继承人放弃继承
      - 受遗赠人放弃受遗赠
      - 遗嘱继承人丧失继承权
      - 受遗赠人丧失受遗赠权
      - 遗嘱继承人先于遗嘱人死亡
      - 受遗赠人先于遗嘱人死亡或终止
      - 遗嘱无效部分所涉及的遗产
      - 遗嘱未处分的遗产
  - 法定继承人
    - 范围
      - 配偶
        - 登记结婚的男女双方
        - 离婚判决书未生效时的男女双方
        - 事实婚姻的男女双方
      - 子女
        - 生子女
          - 婚生子女
          - 非婚生子女
        - 养子女
        - 有抚养关系的继子女
      - 父母
        - 生父母
        - 养父母
        - 有抚养关系的继父母
      - 兄弟姐妹
        - 同父母兄弟姐妹
        - 同父异母兄弟姐妹
        - 同母异父兄弟姐妹
        - 养兄弟姐妹
        - 有扶养关系的继兄弟姐妹
      - （外）祖父母
        - 生（外）祖父母
        - 养（外）祖父母

- 法定继承
  - 法定继承人
    - 范围
      - 对公婆履行主要赡养义务的丧偶儿媳
      - 对岳父母履行主要赡养义务的丧偶女婿
    - 顺序
      - 确定依据
        - 血亲关系的亲疏
        - 生活关系的依赖程度
      - 顺序排列
        - 第一顺序
          - 配偶
          - 父母
          - 子女
          - 对公婆履行主要赡养义务的丧偶儿媳
          - 对岳父母履行主要赡养义务的丧偶女婿
        - 第二顺序
          - 兄弟姐妹
          - （外）祖父母
    - 继承顺序的效力
      - 同一顺序继承人
      - 不同顺序继承人
  - 代位继承
    - 概念：被代位继承人先于被继承人死亡，由代位继承人代替其对被继承人遗产的继承
    - 性质
      - 固有权
      - 代表权
    - 发生条件
      - 被代位继承人于继承开始前死亡
      - 被代位继承人须为被继承人的子女或兄弟姐妹
      - 代位继承人为被继承人子女的直系晚辈血亲
      - 代位继承人是被继承人兄弟姐妹的子女
    - 继承份额
      - 一般只能继承被代位继承人的应继份额
      - 特殊情况下可以多分遗产
  - 转继承
    - 概念：继承人的继承人对其在被继承人遗产中应继份的继承
    - 性质：本位继承
    - 客体：遗产份额而非继承权
    - 发生条件
      - 被转继承人于继承开始后遗产分割前死亡
      - 被转继承人未丧失或者放弃继承权
      - 遗嘱没有另外安排
    - 与代位继承的区别
      - 性质不同
      - 发生条件不同
      - 主体不同
      - 适用范围不同
  - 应继份
    - 概念：继承人应当继承的被继承人遗产的份额
    - 确定原则
      - 同一顺序继承人应继份一般均等
      - 同一顺序继承人应继份可不均等
        - 照顾型不均等
        - 鼓励型不均等
        - 惩罚型不均等
        - 协商型不均等
  - 酌情分得遗产
    - 酌情分得遗产的条件
      - 依靠被继承人扶养
      - 对被继承人扶养较多
    - 酌情分得遗产权的份额
      - 少于继承人的应继份额
      - 多于继承人的应继份额
    - 酌情分得遗产权的保护
      - 独立的诉讼主体
      - 诉讼时效期间 3 年

名词解释与概念比较

1. 法定继承
2. 应继份
3. 继承顺序
4. 代位继承与转继承

选择题

（一）单项选择题

1. 因与妻乙感情破裂，甲向法院提起离婚诉讼。一审法院判决准予双方离婚，并就夫妻财产进行了分割。乙对一审判决不服，提起上诉。在二审法院审理期间，乙因病死亡。乙死亡30日后其母以甲、乙系表兄妹结婚为由向法院申请宣告双方的婚姻无效，法院判决宣告甲、乙婚姻无效。依据法律规定，下列哪种说法是正确的？（　　）

A. 法院作出准予甲、乙离婚的判决，甲对乙的遗产无继承权

B. 法院作出准予甲、乙离婚的判决尚未生效，甲对乙的遗产有继承权

C. 法院作出甲、乙婚姻无效的判决，甲对乙的遗产无继承权

D. 乙死亡后，乙母无权申请宣告甲、乙婚姻无效，甲对乙的遗产有继承权

2. 甲男与乙女同为1990年出生，未办理结婚登记手续即以夫妻名义共同生活，当时乙刚满18周岁。同居期间，双方未补办结婚登记。3年后，甲因病去世，乙要求继承甲的遗产，甲的父母拒绝。依据法律规定，下列哪种说法是正确的？（　　）

A. 乙与甲同居时未达法定婚龄，双方不构成事实婚姻，乙无权继承甲的遗产

B. 甲死亡时乙已达到法定婚龄，双方构成事实婚姻，乙有权继承甲的遗产

C. 甲、乙补办结婚登记后，双方的关系形成事实婚姻，乙有权继承甲的遗产

D. 甲、乙未补办结婚登记，双方的关系为同居关系，乙无权继承甲的遗产

3. 甲自幼被人收养，成年后与养父母解除收养关系，恢复与生父母的往来，并经常对生父母提供经济帮助。收养关系解除后，养父母丧失劳动能力，没有生活来源，甲每月向养父母支付生活费2 000元。生父母和养父母相继去世。依据法律规定，下列哪种说法是正确的？（　　）

A. 甲与生父母的权利义务因收养解除而自然恢复，有权继承生父母的遗产

B. 甲对生父母提供经济帮助，视为与生父母权利义务恢复，有权继承生父母的遗产

C. 甲在收养解除后仍向养父母支付生活费，有权继承养父母的遗产

D. 甲在收养解除后向养父母支付生活费，是收养解除的后果，无权继承养父母的遗产

4. 甲与乙婚姻关系存续期间，因甲没有生育能力，乙未经甲同意单方进行人工授精生育一子丙。丙出生后，甲拒绝对丙履行抚养义务。甲因病去世，留有遗产150万元。依据法律规定，下列哪种说法是正确的？（　　）

A. 丙在甲、乙婚姻关系存续期间出生，推定为甲的婚生子女，有权继承甲的遗产

B. 丙与甲无血缘关系，与甲形成继父子关系，无权继承甲的遗产

C. 乙未经甲同意单方进行人工授精生育的子女，与甲不产生父子关系，无权继承甲的遗产

D. 丙无权继承甲的遗产，但有权适当分得甲的遗产

5. 甲生父去世后随母与继父及继兄乙、丙共同生活，继父承担了甲的部分抚养费，甲的胞弟丁被送养他人。某日，甲母与继父外出途中遇车祸死亡，此时乙、丙已成年并参加工作，乙承担了对尚未成年的甲的扶养义务，丙因对父再婚不满而拒绝扶养甲。甲溺水死亡，生前受赠房屋1套。甲无第一顺序法定继承人。依据法律规定，下列哪种表述是正确的？（　　）

A. 乙、丙、丁有权继承甲的遗产

B. 乙、丙有权继承甲的遗产

C. 乙有权继承甲的遗产

D. 丁有权继承甲的遗产

6. 被继承人甲的配偶、父母及子、女，均于继承开始前死亡。其子留有子女乙、丙，其女留有子丁。甲的儿媳戊在丈夫死亡后承担了照料甲的生活、提供生活费的义务。对甲的遗产，依据法律规定，应如何处理？（　　）

A. 戊和乙、丙、丁均分

B. 戊继承遗产的二分之一，乙、丙、丁共同继承遗产的二分之一

C. 戊和乙、丙共同继承遗产的二分之一，丁继承遗产的二分之一

D. 戊继承遗产的三分之一，乙、丙共同继承遗产的三分之一，丁继承遗产的三分之一

7. 甲妻早丧，有一子在外地工作。甲丧失劳动能力后，晚年生活主要由其弟乙负责照料。甲去世后留有房屋 5 间，未立遗嘱。下列哪种说法是正确的？（　　）

A. 乙对甲尽了主要扶养义务，应为第一顺序继承人

B. 甲子对甲有遗弃行为，丧失继承权

C. 乙对甲扶养较多，有权酌情分得遗产

D. 乙是法定继承人范围之内的人，无权酌情分得遗产

8. 甲、乙为同胞兄弟，父母双亡。甲夫妻婚后没有生育子女，收养丙为养子，但未办理收养登记手续。甲夫妻同车外出遭遇车祸死亡，不能确定死亡时间。甲妻无其他继承人。甲的遗产应如何继承？（　　）

A. 丙继承

B. 乙继承

C. 丙、乙各继承二分之一

D. 乙继承三分之一，丙继承三分之二

9. 甲、乙因感情不和长期分居，其独生子丙随甲的父母生活。甲在一次事故中死亡，其遗产应如何继承？（　　）

A. 乙继承

B. 丙继承

C. 甲的父母和丙继承

D. 甲的父母、乙、丙共同继承

（二）多项选择题

1. 甲与妻乙育有一子、一女，女儿丙已出嫁，儿子娶妻丁，生有一子戊。甲儿子 5 年前不幸死亡后，甲、乙丧失生活来源，陷于困难。女儿丙有负担能力但一直不履行赡养义务。甲儿子死亡后，甲、乙依靠儿媳丁供养。甲死亡后留下房屋 4 间。依据《民法典》的规定，下列哪些人作为第一顺序继承人？（　　）

A. 乙　　B. 丙

C. 丁　　D. 戊

2. 甲离家出走后杳无音讯。其妻乙向法院申请宣告甲死亡，法院作出宣告甲死亡的判决后，其房屋 5 间被其妻乙和子丙继承。乙带产改嫁，同年，乙又与后夫离婚。甲离家出走后，南下深圳，购买福利彩票中奖 20 万。甲用该款购买股票，获利 100 万。甲因饮酒中毒死亡。经查，甲失踪期间与丁在教堂举行婚礼后以夫妻名义共同生活，生子戊。甲自然死亡后，其法定继承人包括哪些人？（　　）

A. 乙　　B. 丙

C. 丁　　D. 戊

3. 甲与所在的 A 国有企业签订了遗赠扶养协议，约定由 A 企业负责甲的生养死葬，甲去世后自己所有的房屋 1 套归 A 企业。甲生前立有遗嘱，在遗嘱中言明：自己所有的存款归女儿丙，儿子丁对遗产无继承权。丙因病先于甲死亡，有子戊、夫己。甲去世后，依据法律规定，下列哪些说法是正确的？（　　）

A. 甲与 A 签订的遗赠扶养协议有效

B. 遗嘱继承人丙先于甲死亡，遗嘱中指定由丙继承的遗产由戊代位继承

C. 遗赠扶养协议中指定由 A 企业接受遗赠的财产，因协议无效，适用法定继承

D. 遗嘱中指定由丙继承的遗产，因丙在继承开始前死亡，适用法定继承

4. 甲、乙因母与继父丙结婚而与继父共同生活，继父对甲、乙履行了抚养义务，双方形成抚养关系。共同生活期间，丙征得甲生父和甲的同意，收养了甲并办理了收养登记手续。甲、乙的生父和继父相继去世。依据法律规定，下列哪些说法是正确的？（　　）

A. 甲、乙有权继承丙和生父的遗产

B. 甲有权继承丙的遗产，无权继承生父的遗产

C. 乙有权继承生父的遗产，也有权继承丙的遗产

D. 甲、乙有权继承丙的遗产，无权继承生父的遗产

5. 甲父早亡，其母改嫁，甲由祖母抚养成人。甲娶妻乙，生子丙。甲因病死亡后，留有遗产房屋 3 间、存款人民币 100 万元。甲母、甲祖母、乙、丙均要求继承甲的遗产。依据法律规定，下列哪些说法是正确的？（　　）

A. 甲祖母、乙、丙有权继承甲的遗产，甲母无权继承

B. 甲母、乙、丙有权继承甲的遗产，甲祖母无权继承甲的遗产

C. 乙、丙有权继承甲的遗产，甲母、甲祖母无权继承甲的遗产

D. 甲祖母对甲的遗产无继承权，但享有适当分得权

6. 甲夫妻婚后生子乙，与岳母丙共同生活。甲妻去世后，甲再婚，但仍然承担丙的生活费用直到丙去世。丙留有遗产房屋8间，有子丁、女戊。依据法律规定，下列哪些说法是正确的？（　　）

A. 丁、戊有权继承，乙有权代位继承

B. 甲因对丙履行了主要赡养义务，对甲的遗产有权继承

C. 乙代位继承丙的遗产后，排斥了甲对丙遗产的继承权

D. 甲因再婚，与丙的姻亲关系消灭，无权继承丙的遗产，只能适当分得丙的遗产

7. 甲有子乙、女丙。乙因不满甲对自己工作安排而与甲发生冲突，试图杀害甲，因甲反抗未遂。乙有妻丁和女戊，丙有子己。丙因病先于甲去世。甲去世时，留有遗产房屋4间，存款人民币130万元。甲生前对过分干预乙的工作选择表示歉意，对乙的杀害行为表示谅解。乙也真诚悔过，在甲住院期间悉心照料。对甲遗产的继承权，下列哪些说法是正确的？（　　）

A. 乙对存款人民币130万元有继承权，己对甲的房屋4间有代位继承权

B. 乙对甲的遗产丧失继承权，其应继承的遗产份额由戊代位继承

C. 乙对甲的遗产丧失继承权，对其应继承的遗产份额，戊无代位继承权

D. 己对甲的遗产房屋4间、存款人民币130万元，有代位继承权

8. 甲有子乙、女丙，乙与丁结婚并生女戊。甲死亡后，遗产分割前乙死亡，戊提出继承乙的遗产，与丁发生纠纷。甲生前立有遗嘱，言明遗产全部由乙继承，乙继承所得的该遗产为乙的个人财产。乙生前也立有遗嘱，言明遗产全部由戊继承。对甲的遗产，下列哪些说法是正确的？（　　）

A. 乙继承所得甲的遗产，应为乙与丁的夫妻共同财产

B. 乙继承所得甲的遗产，应为乙的个人财产，应全部列入乙的遗产

C. 乙在甲遗产中的应继份，由乙的法定继承人丁和戊转继承

D. 乙在甲遗产中的应继份，由乙的遗嘱继承人戊转继承

9. 甲有子5人，第二子乙的独子和儿媳早逝，留下一对双胞胎孙子丙、丁由乙抚养。后乙又不幸先于甲死亡。甲死亡后，留有遗产人民币100万元。对甲遗产的继承，下列哪些说法是正确的？（　　）

A. 乙非为继承人，甲的遗产应由其他四个子女继承

B. 乙非为继承人，其对甲遗产的应继份额由其孙子丙、丁代位继承

C. 乙非为继承人，不能继承甲的遗产，丙、丁是乙的孙子女而不是子女，无权代位继承甲的遗产

D. 甲的遗产由乙以外的其他4子和丙、丁共同继承，其他4子每人的应继份各为遗产总额的1/5，丙、丁两人的应继份额为遗产总额的1/5

10. 甲与妻乙先后去世，遗有共有房屋5间。甲遗有伤残补助金10万元。乙在甲去世前1年以个人名义在单位集资入股获得收益10万元。双方生有一子丙，后于甲、先于乙死亡。丙生前与丁婚生一子戊。乙长期患病，生活不能自理，由其表侄己及改嫁儿媳丁养老送终。乙去世后，生前所有的5间房屋被拆迁，拆迁单位与丁签订“危旧房改造货币补偿协议书”，丁领取作价补偿款、提前搬家奖励款、搬迁补助费、货币安置奖励费、使用权补偿款共计200万元。

(1) 下列关于己可否得到补偿的表述，哪些是正确的？

A. 应当得到补偿，分配数额应当小于法定继承人的继承份额

B. 应当得到补偿，分配数额可以多于或者少于继承人的继承份额

C. 如己明知法定继承人分割遗产而未提出请求，即丧失遗产分配权

D. 如己要求参与分割遗产，应在继承开始后1年内提出请求

(2) 下列关于丁及其子女遗产继承权的表述，哪些是正确的？

A. 丁对乙尽了主要赡养义务，应列为第一顺序继承人

B. 戊对乙的遗产享有代位继承权

C. 丁再婚后所生子女对乙的遗产享有代位继承权
D. 丙对甲的遗产应继份发生转继承

简答题

1. 简述法定继承的特点。
2. 简述法定继承的适用范围。
3. 简述法定继承人的范围。
4. 简述法定继承的顺序。
5. 简述代位继承的发生条件。
6. 简述法定继承的遗产分配原则。

案例分析题

1. 甲早年丧妻，与两个儿子相依为命。两个儿子结婚搬出另住后，甲年事渐高，便雇请一位 18 岁的保姆乙照顾自己的日常生活。乙朴实勤快，聪慧善良，深得甲的喜爱。几年过去了，甲与乙渐渐产生感情，便向儿子们吐露了想娶乙为妻的心愿，遭到两个儿子和儿媳的强烈反对。甲毅然与乙登记结婚后，子孙们便与其断绝了来往，甲生病住院也不管不顾，甲伤心至极。婚后乙对甲一如既往，无微不至。甲担心死后儿子们会争夺房产，便立下遗嘱，将其所有的房屋遗留给乙所有。两年后，甲因病去世，留下遗产房屋 1 套、存款 50 万元、专业书籍 2 000 余册、红木家具若干件。两个儿子要求继承遗产，乙也提出继承要求。

请回答下列问题：

(1) 甲的遗产继承人如何确定？

(2) 甲的两个儿子对甲的遗产权利如何？

2. 被继承人甲有兄弟姐妹 4 人。大姐乙生育子女 4 人，乙先于甲死亡。大哥丙生育子女 5 人，分别是 A1、A2、A3、A4、A5，丙也在甲之前去世。弟弟丁生育子女四人，即 B1、B2、B3、B4。甲在新中国成立前随国民党军队逃至台湾，终生未娶妻生子。大姐和大哥去世后，甲因中风瘫痪在床，丁便将甲接回家中，由其子女及大姐的子女轮流护理。甲去世后，留有遗产美元 46 万元、人民币 70 万元。对遗产的归属，丙的子女与丁发生纠纷。案件审理中，乙的 4 个子女表示放弃对甲遗产的继承权。

请回答下列问题：

(1) 甲的继承人如何确定？

(2) 乙的 4 个子女放弃继承的意思表示是否有效？

(3) 丙的子女对甲的遗产享有何种权利？

3. 甲妻早故，女儿乙出嫁多年，儿子丙与丁再婚，生一子戊。丙与前妻己亦生有一子庚。庚与辛结婚，生有一女壬。某日，甲、丙、庚三人同去参加婚礼，所乘汽车不幸掉入 20 米多深的山谷，甲、庚当场死亡，死亡时间难以确定。丙在送往医院途中死亡。甲、丙、庚死亡后，均留有遗产。因上述遗产继承，继承人之间发生纠纷，诉至法院。

请回答下列问题：

(1) 被继承人的死亡时间如何确定？

(2) 本案中的法定继承人如何确定？

(3) 本案中的遗产如何分配？

论述题与深度思考题

1. 试述配偶的遗产继承权。
2. 试述酌情分得遗产权。

参考答案

名词解释与概念比较

1. 法定继承，是指依据法律直接规定的继承人范围、继承顺序、继承份额等，继承被继承人遗产的一种继承方式。

2. 应继份，是指继承人应当继承的被继承人遗产的份额，包括法定应继份与指定应继份。法定应继份，是指继承人继承的被继承人的遗产份额，需要法律加以明文规定；指定应继份，是指继承人继承的被继承人的遗产份额依据遗嘱指定办理，无须法律加以规定。

3. 继承顺序，是指继承人继承被继承人遗产的先后次序。

4. 代位继承与转继承

比较点	代位继承	转继承
含义	在法定继承中，被继承人的子女或者兄弟姐妹先于被继承人死亡时，由被继承人的子女的直系晚辈血亲或者兄弟姐妹的子女代替继承其应继份额	继承人在继承开始后、遗产分割前死亡，其所应继承的遗产份额转由其继承人承受

续表

比较点	代位继承	转继承
继承性质	与本位继承相对应，是由代位继承人继承被继承人的遗产而非被代位继承人的遗产	具有连续继承的性质，是两个本位继承的连续：首先是被转继承人直接继承被继承人的遗产，其次是由转继承人直接取得被转继承人的遗产
发生条件	继承人先于被继承人死亡	继承开始之后遗产分割前继承人死亡
主体范围	代位继承人只能是被继承人的子女的直系晚辈血亲或者被继承人的兄弟姐妹的子女	转继承权人并不局限于被转继承人的直系晚辈血亲，还包括被转继承人的其他继承人
适用范围	只适用于法定继承	既适用于法定继承，也适用于遗嘱继承

选择题

（一）单项选择题

1. C。我国实行二审终审制，当事人收到一审判决后不服提起上诉的，一审判决不发生法律效力。二审法院审理期间乙死亡，依据《民事诉讼法》第 154 条的规定，终结诉讼，甲、乙婚姻因离婚而解除的后果不能产生。甲、乙有禁止结婚的亲属关系，依据《婚姻家庭解释（一）》第 9 条第 3 项的规定，乙的母亲作为近亲属，有权请求确认婚姻无效。法院依法作出确认甲、乙婚姻无效的判决后，双方的婚姻关系自始无效，双方基于夫妻身份产生的权利义务包括相互继承遗产的权利消灭。因此，甲对乙的遗产没有继承权，不是因为法院判决准予甲、乙离婚的判决没有生效，而是法院作出确认甲、乙婚姻无效的判决已经生效。综上，本题应选 C 项。

2. D。甲、乙于 1994 年 2 月 1 日《婚姻登记管理条例》实施之后，未办理结婚登记即以夫妻名义同居生活，依据《婚姻家庭解释（一）》第 7 条的规定，应当补办结婚登记。补办结婚登记的，婚姻关系的效力溯及双方符合结婚实质要件之日，相互间产生夫妻的权利义务；未补办结婚登记的，双方关系认定为同居关系，相互间不产生夫妻的权利义务。甲、乙 1994 年 2 月 1 日后以夫妻名义共同生活，未补办结婚登记，双方关系为同居关系，不构成事实婚姻；如补办结婚登记，登记后双方确立婚姻关系，且登记产生的婚姻关系效力溯及双方符合结婚实质要件之日。综上，本题应选 D 项。

3. D。《民法典》第 1117 条规定，收养关系解除后，养子女与养父母以及其他近亲属间的权利义务关系即行消除，与生父母以及其他近亲属间的权利义务关系自行恢复。但是，成年养子女与生父母以及其他近亲属间的权利义务关系是否恢复，可以协商确定。依据该规定，收养关系解除后，养子女与养父母的权利义务关系消除，成年养子女与生父母权利义务关系可以恢复，但应当由双方协商确定，这里的“协商确定”应当是明示的意思表示。甲在收养关系解除后对生父母提供经济帮助的行为，不能推定为双方恢复权利义务关系的意思表示。依据《民法典》第 1118 条的规定，收养关系解除后，经养父母抚养的成年养子女，对缺乏劳动能力又缺乏生活来源的养父母，应当给付生活费。由此可见，养子女对养父母的生活费给付义务，不是收养关系效力下养子女对养父母承担的经济帮助义务，而是收养关系解除后养子女对养父母的经济帮助义务，是收养解除的法律后果。综上，本题应选 D 项。

4. C。《婚姻家庭解释（一）》第 40 条规定，婚姻关系存续期间，夫妻双方一致同意进行人工授精，所生子女应视为婚生子女，父母子女间的权利义务关系适用民法典的有关规定。依据该规定的反面解释，乙与甲婚姻关系存续期间，未经甲同意进行人工授精生育的子女丙，不能推定为甲的婚生子女。继父子关系的产生，是基于生母与继父再婚、继子女随生父与继父共同生活的事实，甲、丙不符合继父子关系的形成条件，双方之间不产生继父子关系。丙出生后甲拒绝对其履行抚养义务，丙不属于继承人以外的依靠被继承人扶养的人，无权请求分得遗产。综上，本题应选 C 项。

5. C。《民法典》第 1072 条第 2 款规定，继父或者继母和受其抚养教育的继子女间的权利义务关系，适用本法关于父母子女关系的规定。甲的继父与生母结婚后，承担了甲的部分抚养费，依据该规定，双方之间形成抚养关系，产生拟制血亲的父母子女间的权利和义务。但该拟制血亲关系的效力仅限于继父母子女之间，并不直接对继父母的近亲属发生。因此，甲与乙、丙的继兄弟关系，不是《民法典》第1127条第5项中的有扶养关系的继兄弟。继兄弟姐妹之间的继承权，依据《继承解释（一）》第13条的规定，因继兄弟姐妹之间的扶养关系而发生。没有扶养关系的，不能互为第二顺序继承人。甲父母死亡后，乙承担了对未成年的甲的扶养义务，因该扶养义务的履行取得对甲遗产的继承权。甲的胞弟丁被送养他人，依据《民法典》第1111条的规定，甲、丁兄弟间权利义务关系已因收养关系的成立而消除，丁无权继承甲的遗产。综上，本题应选C项。

6. D。戊丧偶后照料公公甲的生活，承担甲的生活费用，符合《民法典》第1129条“尽了主要赡养义务”的规定，是甲遗产的第一顺序继承人。《继承解释（一）》第18条规定，丧偶儿媳对公婆、丧偶女婿对岳父母，无论其是否再婚，依据《民法典》第1129条规定作为第一顺序继承人时，不影响其子女代位继承。因此，戊对甲遗产的继承地位，独立于代位继承人，不受其子女代位继承的影响。甲的子女均先于甲死亡，甲的子女的晚辈直系血亲乙、丙和丁，有权依据《民法典》第1128条的规定，代位继承甲的遗产，但其代位继承的遗产份额一般只能继承被代位继承人有权继承的份额。因此，甲的遗产由戊，甲子的子女乙、丙，甲女的儿子丁共同继承，其中乙、丙共同继承甲子有权继承的份额。综上，本题应选D项。

7. C。遗弃是指继承人对没有劳动能力或者没有独立生活能力又没有其他生活来源的被继承人负有法定扶养义务，但该继承人拒绝履行其法定义务的行为。因此，不能仅凭甲子在外地工作不能亲自照料父亲生活的事实，即认定其有遗弃行为。《民法典》第1131条规定，对继承人以外的依靠被继承人扶养的人，或者继承人以外的对被继承人扶养较多的人，可以分给适当的遗产。这里的“继承人以外的人”，包括因有第一顺序继承人而不能继承遗产的第二顺序法定继承人。甲的弟弟乙作为第二顺序的继承人，不能因为其对甲扶养较多即取得第一顺序继承人的地位，但因其对甲扶养较多，可以取得酌情分得甲遗产的权利。综上，本题应选C项。

8. B。依据《民法典》第1127条第3款规定，养子女有继承养父母遗产的权利。丙被甲夫妻收养，但未办理收养登记手续，双方不成立收养关系，不产生父母子女间的权利和义务，因此，丙对甲夫妻的遗产没有继承权。甲夫妻在同一事件中死亡，死亡时间难以确定，甲有继承人，甲妻无其他继承人，依据《民法典》第1121条的规定，推定甲妻先死亡，甲对其遗产有继承的权利。甲继承所得遗产和自夫妻共有财产中分得的财产，作为甲的遗产，由第二顺序继承人乙继承。丙如系未成年人，可作为依靠被继承人扶养的人酌情分得遗产。综上，本题应选B项。

9. D。《民法典》第1080条规定，完成离婚登记，或者离婚判决书、调解书生效，即解除婚姻关系。依据该规定，甲、乙分居期间，仍为婚姻关系存续期间，甲分居期间所得财产，仍为夫妻共同财产。甲死亡，依据《民法典》第1153条的规定，应当先将共同所有的财产的一半分出为配偶所有，其余的为被继承人的遗产。甲生前未留遗嘱，对其遗产适用法定继承，由其第一顺序法定继承人父母、妻子乙和子丙继承。综上，本题应选D项。

（二）多项选择题

1. ABCD。《民法典》第1130条第4款规定，有扶养能力和有扶养条件的继承人，不尽扶养义务的，分配遗产时，应当不分或者少分。依据该规定，丙有赡养能力，不履行赡养义务，未被剥夺继承权，其有权作为第一顺序继承人，只是在分配遗产时应当不分或者少分。甲子先于甲死亡，依据《民法典》第1128条的规定，由其子戊作为第一顺序法定继承人代位继承甲的遗产。甲妻乙为甲的配偶，有权作为第一顺序继承人继承甲的遗产。丁作为甲的丧偶儿媳，承担了对公婆的供养责任，依据《继承解释（一）》第18条和第19条的规定，有权作为第一顺序继承人继承甲的遗产。综上，本题应选A、B、C、D项。

2. BD。《民法典》第1121条规定，继承从被继承人死亡时开始。这里的死亡，包括自然死亡和宣告死亡，因此甲被宣告死亡，继承开始，其妻乙和子丙作为法定继承人，有权继承甲的遗产。甲被宣告死亡后自然生存，宣告死亡的时间和自然死亡的时间不一致，宣告死亡未被撤销的，宣告死亡的后果仍然有效，乙、丙对甲遗产的继承具有法律效力。甲被宣告死亡后配偶乙再婚，该再婚行为阻却了甲重新出现后双方婚姻关系自行恢复的可能性，因此，甲自然死亡时，乙不具有甲配偶的身份。甲自然生存期间，与丁成立事实婚姻，该事实婚姻不产生配偶关系的效力，因此甲死亡时，丁也不具有配偶身份。戊为非婚生子女，但其地位与婚生子女的相同。因此，甲自然死亡时遗留的100万元，其法定继承人为婚生子丙和非婚生子戊。综上，本题应选B、D项。

3. AD。《民法典》第1158条规定，自然人可以与继承人以外的组织或者个人签订遗赠扶养协议。按照协议，该组织或者个人承担该自然人生养死葬的义务，享有受遗赠的权利。依据该规定，甲与A国有企业签订的遗赠扶养协议有效。遗嘱继承人先于甲死亡，遗嘱中指定由丙继承的遗产，依据《民法典》第1154条的规定，适用法定继承。综上，本题应选A、D项。

4. BC。甲被继父收养后，依据《民法典》第1111条的规定，与继父间的养父子权利义务关系产生，与生父间的权利义务关系消除，因此，甲有权继承丙的遗产，但无权继承生父的遗产。丙与受其抚养教育的继子乙之间，依据《民法典》第1072条第2款的规定，产生继父子间的权利义务关系，同时依据《民法典》第1084条第1款的规定，乙与生父间的权利义务关系仍然存在。因此，乙既有权继承继父的遗产，也有权继承生父的遗产。综上，本题应选B、C项。

5. BD。依据《民法典》第1127条的规定，配偶、子女、父母是第一顺序继承人，祖父母是第二顺序继承人。继承开始后，由第一顺序继承人继承，第二顺序继承人不得继承。因此，甲死亡后，甲母、妻乙、子丙作为第一顺序继承人继承其遗产，其祖母作为第二顺序继承人不继承。但甲在父死母嫁之后，由祖母抚养成人，依据《民法典》第1131条的规定，祖母作为继承人以外的对被继承人扶养较多的人，享有分给适当的遗产的权利。综上，本题应选B、D项。

6. AB。依据《民法典》第1127条第1款的规定，配偶、子女、父母是第一顺序继承人。被继承人的子女先于被继承人死亡的，依据《民法典》第1128条的规定，由被继承人的子女的直系晚辈血亲代位继承。因此，丙去世后，其子丁、女戊对其遗产有继承权。甲妻先于丙死亡，由其子乙代位继承丙的遗产。甲妻去世后，甲作为丧偶女婿，虽再婚但仍然承担甲的生活费用，依据《继承解释（一）》第18条、第19条的规定，甲因对丙履行了主要赡养义务，有权继承丙的遗产并不受其再婚及子乙代位继承的影响。综上，本题应选A、B项。

7. CD。《继承解释（一）》第7条规定，继承人故意杀害被继承人的，不论是既遂还是未遂，均应当确认其丧失继承权。对于乙实施杀害甲的行为而导致继承权丧失的情形，尽管甲表示宽恕、乙也真诚悔过，但依据《民法典》第1125条第2款的规定，该继承权丧失的效力并不发生逆转。《民法典》中的代位继承，是基于被继承人子女先于被继承人死亡并未丧失继承权的事实而发生，乙丧失继承权后乙子戊对甲的遗产无代位继承权。丙先于甲死亡，己作为丙的儿子，系其晚辈直系血亲，依据《民法典》第1128条第1款的规定，有权作为代位继承人继承甲的遗产。综上，本题应选C、D项。

8. BD。《民法典》第1152条规定，继承开始后，继承人于遗产分割前死亡，并没有放弃继承的，该继承人应当继承的遗产转给其继承人，但是遗嘱另有安排的除外。依据该规定，乙在被继承人甲死亡后、遗产分割前死亡，其对甲的遗产份额，发生转继承。甲死亡前留有遗嘱，言明遗产全部由乙继承，乙继承所得的该遗产为乙的个人财产。因此，乙继承的遗产份额虽为婚姻关系存续期间所得，但因遗嘱人甲在遗嘱中确定该财产只归乙个人所有，因此，该应继份额为乙的个人财产，在其死亡后全部作为遗产由其继承人转继承。乙生前留有遗嘱，言明遗产全部由戊继承。根据其遗嘱，应由戊作为转继承人对乙在甲遗产中的份额予以继承。综上，本题应选B、D项。

9. BD。《民法典》第1128条规定，被继承人的子女先于被继承人死亡的，由被继承人的子女的直系晚辈血亲代位继承。被继承人甲的二子乙先于甲死亡，乙应当继承的遗产份额，由其晚辈直系血亲代位继承。《继承解释（一）》第14条规定，被继承人的孙子女、外孙子女、曾孙子女、外曾孙子女都可以代位继承，代位继承人不受辈数的限制。因此，乙虽非为继承人，但其孙子女作为晚辈直系血亲可以代位继承甲的遗产。丙、丁代位继承的份额，依据《民法典》第1128条第3款的规定，只能继承被代位继承人乙有权继承的遗产份额。综上，本题应选B、D项。

10. (1) BC。乙生前，表侄己承担了为其养老送终的道德义务，依据《民法典》第1131条的规定，属于继承人以外的对被继承人扶养较多的人，可以分给适当的遗产。己可以分得的遗产份额，依据《继承解释（一）》第20条的规定，按具体情况可以多于或者少于继承人。如己明知法定继承人分割遗产而未提出请求，视为其放弃对遗产的权利，丧失遗产分配权。

如已要求参与分割遗产的权利被侵害，依据《继承解释（一）》第21条的规定，本人有权以独立的诉讼主体资格向法院提起诉讼。但其请求应当在知道或者应当知道权利受到侵害之日起3年内提出，而不是在继承开始1年内提出请求。综上，本题应选B、C项。

(2) ABD。被继承人甲死亡后，对其遗产未进行分割前丙死亡，依据《民法典》第1152条的规定，丙对甲遗产的应继份发生转继承，由其继承人丁、戊转继承。丙先于乙死亡，依据《民法典》第1128条的规定，由被继承人的子女的直系晚辈血亲代位继承，但丁再婚后所生子女不属于丙的晚辈直系血亲。因此，戊对乙的遗产享有代位继承权，丁再婚后所生子女对乙的遗产不享有代位继承权。丙死亡后，丁作为丧偶儿媳，虽再婚但依然为乙养老送终，依据《继承解释（一）》第18条、第19条的规定，丁因对乙履行了主要赡养义务，有权继承乙的遗产并不受再婚及子戊代位继承的影响。综上，本题应选A、B、D项。

简答题

1. 法定继承具有以下特点：(1) 法定继承的规范具有强制性。法定继承的继承人范围、继承顺序、继承份额、遗产分配原则等都是法定的，除被继承人生前可以通过遗嘱方式加以改变外，其他人都无权改变，继承人也不能通过约定排除这些强制性规范的适用。(2) 法定继承以一定的身份关系为前提。法律确定法定继承的继承人范围、继承顺序、继承份额等，都是以一定的身份关系为基础的。(3) 法定继承是遗嘱继承的补充和限制。遗嘱继承优先于法定继承而适用，即有遗嘱时适用遗嘱继承，无遗嘱时才适用法定继承。

2. 法定继承的适用范围如下：(1) 被继承人生前未与他人订立遗赠扶养协议，又没有设立遗嘱时，被继承人的全部遗产适用法定继承。(2) 被继承人生前虽与他人订立遗赠扶养协议，但该协议无效或不能执行，或者被继承人虽设立遗嘱但遗嘱又全部无效，被继承人的全部遗产也适用法定继承。(3) 有下列情形之一的，遗产中的有关部分按照法定继承办理：1) 遗嘱继承人放弃继承或者受遗赠人放弃受遗赠；2) 遗嘱继承人丧失继承权或受遗赠人丧失受遗赠权；3) 遗嘱继承人、受遗赠人先于遗嘱人死亡或终止；4) 遗嘱无效部分所涉及的遗产；5) 遗嘱未处分的遗产。

3. 法定继承人的范围包括：(1) 配偶。配偶是处于合法婚姻关系中的夫妻相互间的称谓。夫妻一方死亡的，另一方有权继承死者的遗产。(2) 子女。子女包括婚生子女、非婚生子女、养子女和有扶养关系的继子女。(3) 父母。父母包括生父母、养父母和有扶养关系的继父母。(4) 兄弟姐妹。兄弟姐妹包括同父母的兄弟姐妹、同父异母或者同母异父的兄弟姐妹、养兄弟姐妹、有扶养关系的继兄弟姐妹。(5) 祖父母、外祖父母。祖父母、外祖父母亲祖父母、亲外祖父母、养祖父母、养外祖父母。(6) 对公、婆或岳父、岳母尽了主要赡养义务的丧偶儿媳或女婿。

4.《民法典》将法定继承规定为两个顺序。第一顺序的法定继承人为：配偶、子女、父母、对公婆或岳父母尽了主要赡养义务的丧偶儿媳或女婿；第二顺序的法定继承人为：兄弟姐妹、祖父母、外祖父母。继承开始后，由第一顺序继承人继承，第二顺序继承人不继承；没有第一顺序继承人继承的，由第二顺序继承人继承。

5. 代位继承的发生须具备如下条件：(1) 被代位继承人于继承开始前死亡；(2) 被代位继承人须为被继承人的子女或兄弟姐妹；(3) 代位继承人为被代位继承人子女的直系晚辈血亲或兄弟姐妹的子女。

6. 法定继承的遗产分配原则如下：在法定继承中，同一顺序继承人的应继份额一般应当均等。在特殊情况下，继承人的继承份额可以不均等：(1) 对生活有特殊困难又缺乏劳动能力的继承人，分配遗产时，应当予以照顾；(2) 对被继承人尽了主要扶养义务或者与被继承人共同生活的继承人，分配遗产时，可以多分；(3) 有扶养能力和有扶养条件的继承人，不尽扶养义务的，分配遗产时，应当不分或者少分；(4) 继承人协商同意的，可以不均分。

案例分析题

1. (1) 甲生前立有遗嘱，对其遗产房屋1套作出处分，但对房屋之外的遗产未作出处分。甲死亡后，依据《民法典》第1123条的规定，按照其遗嘱继承，妻子乙是房屋的遗嘱继承人；对遗嘱中未处分的遗产，依据《民法典》第1154条第5项的规定，由妻子乙和两个儿子作为法定继承人继承。

(2) 甲的两个儿子是法定继承人，与乙共同继承除房屋以外的其他遗产。甲的两个儿子有赡养能力和赡养条件，但因对甲再婚不满而不尽赡养义务，依据《民法典》第1130条第4款的规定，分配遗产时，应当不分或者少分。

2.（1）被继承人甲生前未立遗嘱，故无遗嘱继承人；甲死亡时没有第一顺序法定继承人，故依据《民法典》第1127条第2款的规定，由第二顺序法定继承人兄弟姐妹继承。乙、丙先于甲死亡，不再是甲的第二顺序法定继承人，仅有丁是甲的第二顺序法定继承人。

（2）乙的4个子女放弃对被继承人甲遗产继承权的声明有效。因乙先于甲死亡，依据《民法典》第1128条第2款的规定，乙的四个子女有代位继承权。《继承解释（一）》第34条规定，在诉讼中，继承人向法院以口头方式表示放弃继承的，要制作笔录，由放弃继承的人签名。因此，乙的四个子女在诉讼中放弃继承的行为有效。

（3）丙先于被继承人甲死亡，丙的子女A1、A2、A3、A4、A5享有代位继承权，他们与丁均为甲第二顺序的法定继承人。依据《民法典》第1128条第3款的规定，丙的5个子女代位继承甲的遗产份额一般只能继承被代位继承人有权继承的遗产份额，即只能分得甲遗产的1/2，另1/2由丁继承。

3.（1）在本案中，甲、丙、庚三人同遭遇车祸，甲、庚当场死亡，丙经抢救无效后死亡，可见，丙于甲、庚死亡后死亡，而甲与庚的死亡时间不能确定。依据《民法典》第1121条的规定，相互有继承关系的数人在同一事件中死亡，难以确定死亡时间的，推定没有其他继承人的人先死亡。都有其他继承人，辈分不同的，推定长辈先死亡；辈分相同的，推定同时死亡。甲与庚都有继承人，庚为甲的孙子，因此，应推定甲先死亡，庚后死亡。

（2）在本案中，甲死亡后，法定继承人有乙、丙；庚死亡后，法定继承人有辛、壬、丙、己；丙死亡后，法定继承人有丁、戊。

（3）甲死亡后，其第一顺序法定继承人有乙、丙，其遗产应由乙、丙继承。庚死亡后，其第一顺序法定继承人有辛、壬、丙、己，该4人共同继承庚的遗产。丙死亡后，其第一顺序法定继承人有丁、戊，同时庚之女壬因庚先于丙死亡而代位继承丙的遗产。丙从甲遗产中应继承的遗产和从庚遗产中应继承的遗产，因其未实际接受遗产前死亡而发生转继承，该部分遗产应为丙、丁的夫妻共同财产，在分割遗产时，首先应分出一半归丁所有，剩余一半再加上丙的其他遗产由丁、戊、壬共同继承。

论述题与深度思考题

1. 配偶是合法婚姻关系存续期间夫妻相互的称谓。依据《民法典》第1127条的规定，配偶是第一顺序的法定继承人。关于配偶间的继承权，可从以下方面理解：（1）办理结婚登记并共同生活的男女之间，有相互继承遗产的权利。配偶间享有继承权，以双方享有合法婚姻关系为前提。没有合法的婚姻关系，或者婚姻无效，或者婚姻被撤销，双方不具有合法的配偶身份，自不享有继承权。（2）办理结婚登记未共同生活的男女之间，有相互继承遗产的权利。我国以婚姻登记作为婚姻成立的形式要件，完成结婚登记，双方婚姻关系确立，是否举办结婚典礼或者是否共同生活，并不影响已经成立的婚姻效力，一方死亡时对方有权以配偶身份继承其遗产。（3）离婚判决书尚未生效的男女之间，有相互继承遗产的权利。我国实行二审终审制，一审准予离婚的判决作出后一方当事人提起上诉，一审判决不发生法律效力，双方婚姻关系尚未发生解除效力，不应剥夺生存配偶对死者遗产的继承权。（4）未经登记结婚但构成事实婚姻的男女之间，有相互继承遗产的权利。依据《婚姻家庭解释（一）》第7条第1项的规定，《婚姻登记管理条例》公布实施以前，男女双方已经符合结婚实质要件的，按事实婚姻处理。事实婚姻关系存续期间，生存一方对死亡一方的遗产享有继承权。（5）补办结婚登记的男女之间，有相互继承遗产的权利。依据《婚姻家庭解释（一）》第7条第2项的规定，《婚姻登记管理条例》公布实施以后，男女双方符合结婚实质要件的，法院应当告知其补办结婚登记。补办结婚登记的，婚姻关系的效力从双方均符合《民法典》所规定的结婚的实质要件时起算。由此可见，双方已经补办了结婚登记的，则双方为合法的夫妻关系，一方死亡的，生存一方可以配偶身份继承死亡一方的遗产。

2. 酌情分得遗产权，是指酌情分得遗产人对被继承人遗产享有的权利。（1）酌情分得遗产权的主体。依据《民法典》第1131条的规定酌情分得遗产的权利主体，包括对继承人以外的依靠被继承人扶养的人，或者继承人以外的对被继承人扶养较多的人。(2) 酌情分得遗产权的份额。依据《继承解释（一）》第 20 条的规定，可以分给适当遗产的人，分给他们遗产时，按具体情况可以多于或者少于继承人。(3) 酌情分得遗产权的性质。酌情分得遗产权是独立的权利主体。酌情分得遗产权受到侵犯时，依据《继承解释（一）》第 21 条的规定，本人有权以独立的诉讼主体资格向法院提起诉讼。(4) 酌情分得遗产权的保护。酌情分得遗产人向法院提起诉讼请求保护其权利的期间，适用《民法典》第 188 条关于诉讼时效期间的一般规定，应自知道或者应当知道酌情分得遗产权被侵害以及义务人之日起 3 年内主张权利。

第十二章　遗嘱继承

知识逻辑图

- 遗嘱继承
  - 概念：依被继承人生前所立的合法有效遗嘱而继承遗产的继承方式
  - 特点
    - 基于法律事实的构成而发生
    - 基于被继承人的意思而发生
    - 优先于法定继承
  - 适用条件
    - 继承人存在合法有效的遗嘱
    - 继承人没有遗赠扶养协议
    - 继承人未丧失或放弃继承权
  - 遗嘱
    - 概念：自然人生前对遗产或其他事务进行安排的意思表示
    - 特点
      - 无相对人的单方民事法律行为
      - 要式民事法律行为
      - 遗嘱人死后生效的民事法律行为
      - 不适用代理的民事法律行为
    - 遗嘱能力
      - 遗嘱能力的有无
        - 有遗嘱能力
          - 完全民事行为能力人
          - 视为完全民事行为能力人
        - 无遗嘱能力
          - 无民事行为能力人
          - 限制民事行为能力人
      - 遗嘱能力有无的确认：遗嘱人立遗嘱时
    - 内容
      - 指定继承人或受遗赠人
      - 指定遗产分配办法或应分得遗产份额
      - 指定候补继承人或受遗赠人
      - 指定后位继承人
      - 指定遗嘱执行人
      - 其他事项
    - 形式
      - 自书遗嘱
        - 概念：遗嘱人亲笔书写的遗嘱
        - 形式要件
          - 亲笔书写
          - 自书人签名
          - 注明年月日

- 遗嘱继承
  - 遗嘱
    - 形式
      - 代书遗嘱
        - 概念：见证人代为书写的遗嘱
        - 条件
          - 代书人亲笔书写
          - 遗嘱人、见证人签名
          - 注明年月日
      - 打印遗嘱
        - 概念：遗嘱人用电子计算机打印的遗嘱
        - 条件
          - 遗嘱人打印
          - 见证人见证
          - 遗嘱人和见证人每页签名
          - 注明年月日
      - 录音录像遗嘱
        - 概念：录音录像方式录制的口述遗嘱
        - 条件
          - 遗嘱人口述遗嘱内容
          - 见证人口述身份及见证内容
          - 现场封存录制好的音像带
          - 遗嘱人和见证人在封存处签名
          - 注明年月日
      - 口头遗嘱
        - 概念：遗嘱人以口述方式所立的遗嘱
        - 条件
          - 不具备采取其他遗嘱形式的条件
          - 遗嘱人口述遗嘱内容
          - 指定两个以上见证人
        - 失效
          - 危急情况消除后
          - 能以书面或录音录像形式立遗嘱
      - 公证遗嘱：经过公证机构公证的遗嘱
    - 遗嘱见证人
      - 资格
        - 具有完全民事行为能力
        - 非继承人和受遗赠人
        - 与继承人、受遗赠人无利害关系
      - 资格取得：遗嘱人指定
      - 见证资格欠缺的见证的效力：不具有法律效力
    - 共同遗嘱
      - 概念：遗嘱人共同设立同时处分各自或者共同的财产的遗嘱
      - 特点
        - 主体为两人以上
        - 内容具有相互制约性
        - 遗嘱继承开始时间有特殊性
      - 类型
        - 形式意义共同遗嘱
        - 实质意义共同遗嘱
          - 相互指定对方为继承人
          - 共同指定第三人为继承人
          - 相互指定对方并指定第三人

- 遗嘱继承
  - 遗嘱
    - 有效的条件
      - 遗嘱人立遗嘱时具有遗嘱能力
      - 遗嘱人意思表示真实
      - 遗嘱的内容合法
      - 遗嘱具备法定形式
    - 无效的情形
      - 无遗嘱能力人所立遗嘱
      - 受欺诈、受胁迫所立遗嘱
      - 伪造的遗嘱
      - 被篡改的遗嘱
      - 未保留必留份部分的遗嘱
    - 不生效的情形
      - 遗嘱继承人、受遗赠人先于被继承人死亡
      - 遗嘱继承人、受遗赠人丧失继承权或受遗赠权
      - 附解除条件的遗嘱，遗嘱人死亡前条件已成就
      - 附停止条件的遗嘱，遗嘱继承人、受遗赠人在条件成就前死亡
      - 遗嘱人死亡时，遗嘱中处分的财产不复存在
    - 附条件遗嘱的生效
      - 附停止条件的遗嘱
        - 继承开始前条件成就，遗嘱人死亡时生效
        - 继承开始后条件成就，条件成就时生效
      - 附解除条件的遗嘱
        - 继承开始前条件成就，遗嘱不生效
        - 继承开始后条件成就，遗嘱人死亡时生效
    - 附期限遗嘱的生效
      - 附始期的遗嘱
        - 继承开始前始期届至，遗嘱人死亡时生效
        - 继承开始后始期届至，期限届至时生效
      - 附终期的遗嘱
        - 继承开始前期限届至，遗嘱不生效
        - 继承开始后期限届至，遗嘱人死亡时生效
    - 撤回和变更
      - 概念
        - 遗嘱的撤回：遗嘱人取消先前所立遗嘱
        - 遗嘱的变更：遗嘱人依法改变先前所立遗嘱
      - 特点
        - 遗嘱撤回、变更自由
        - 遗嘱撤回、变更不得代理
        - 遗嘱撤回、变更不受固定时间限制
      - 方法
        - 遗嘱人明确表示撤回、变更原来的遗嘱
        - 遗嘱人立有数份内容相抵触的遗嘱
        - 遗嘱人对自己遗嘱中的财产进行处分
        - 遗嘱人故意损毁、涂销遗嘱
    - 执行
      - 概念：由特定人按照遗嘱中所表示的愿望而为必要行为
      - 遗嘱执行人
        - 确定
          - 遗嘱人指定
          - 法定继承人
          - 遗嘱人生前所在单位
          - 继承开始地点的基层组织
        - 资格
          - 完全民事行为能力人
          - 非破产企业

- 遗嘱继承
  - 遗嘱
    - 执行
      - 遗嘱执行人
        - 职责
          - 清理遗产并制作遗产清单
          - 向遗嘱继承人报告遗产情况
          - 采取防止遗产的毁损、灭失的必要措施
          - 处理被继承人的债权债务
          - 按照遗嘱分割财产
          - 实施与管理遗嘱中遗产有关的其他必要行为
    - 附负担遗嘱
      - 概念：遗嘱人为继承人或受遗赠人接受遗产附加义务的遗嘱
      - 特点
        - 单独的无偿民事法律行为
        - 遗嘱效力发生不以义务履行为条件
        - 遗嘱负担具有附随性和不可免除性
      - 负担义务的条件
        - 义务主体为继承人或受遗赠人
        - 指定的义务必须可能实现
        - 所附负担应为法律上的义务
        - 所附义务不得违反法律或公序良俗
      - 负担义务人
        - 继承人
        - 受遗赠人
      - 履行请求权人
        - 继承人
        - 受益人
        - 遗嘱执行人
        - 有关组织
      - 法律后果
        - 继承人放弃继承无须负担义务
        - 受遗赠人放弃受遗赠无须负担义务
        - 继承人接受继承应负担义务
        - 受遗赠人接受遗赠应负担义务
        - 负担义务以实际所得遗产数额为限

名词解释与概念比较

1. 遗嘱
2. 遗嘱继承
3. 遗嘱能力
4. 共同遗嘱
5. 遗嘱执行
6. 遗嘱变更
7. 遗嘱撤回
8. 遗嘱见证人与证人
9. 遗嘱的无效与不生效

选择题

（一）单项选择题

1. 甲自杀前立下打印遗书，并在遗书签上了自己的名字，注明年、月、日。遗书除了对自杀原因作出说明，对自己的财产和相关事务也一并作了安排，明确其死后财产均归父母所有，妻子无权继承。对甲的遗产继承，甲的父母和妻子发生纠纷。关于甲的打印遗书的效力，下列哪种说法是正确的？（　　）

A. 甲生前所留遗书因不具备遗嘱的形式，任何情形下都不能按照遗嘱对待

B. 甲生前所留遗书涉及对死后个人财产的处理，可以按自书遗嘱对待

C. 甲生前所留遗书系计算机打印，具备打印遗嘱的形式，应按打印遗嘱对待

D. 甲生前所留遗书系计算机打印，但不具备打印遗嘱的形式要件，遗嘱无效

2. 依据《民法典》的规定，当遗产的处理方式发生冲突时，遗产应按下列哪种顺序处理？（　　）

A. 法定继承、遗嘱继承和遗赠、遗赠扶养协议

B. 遗嘱继承和遗赠、法定继承、遗赠扶养协议

C. 遗赠扶养协议、法定继承、遗嘱继承和遗赠

D. 遗赠扶养协议、遗嘱继承和遗赠、法定继承

3. 甲进手术室做肝移植手术前，邀主治医生乙为见证人立下口头遗嘱，护士丙在场听到了甲所述遗嘱的全部内容。甲手术成功，恢复健康。2 年后，甲因肝癌死亡。下列关于甲口头遗嘱效力的表述，哪一项是正确的？（　　）

A. 甲所立口头遗嘱，丙非为甲指定的见证人，遗嘱无效

B. 甲所立口头遗嘱，丙非为甲指定的见证人，但能证明甲所立遗嘱意思表示真实，具有见证人资格，遗嘱有效

C. 甲于危急情况下设立了口头遗嘱，但在危急情况解除后，甲能够以其他形式立遗嘱而未立，口头遗嘱无效

D. 甲于危急情况下设立的口头遗嘱有效。在危急情况解除后，甲能够用书面或者录音录像形式立遗嘱，所立遗嘱与口头遗嘱内容抵触的，口头遗嘱无效

4. 在遗嘱继承中，继承人是否缺乏劳动能力又没有生活来源，应按该继承人何时的具体情况确定？（　　）

A. 设立遗嘱时　　B. 遗嘱生效时

C. 遗嘱开启时　　D. 遗产分割时

（二）多项选择题

1. 甲有子乙、女丙，丙有女丁。甲有遗产房屋 4 间、存款 100 万元。甲生前立有遗嘱，将自己的房屋 4 间处分给丙，存款 20 万元处分给乙。乙为争夺遗产在甲生前将丙杀害。下列关于甲的遗产继承的表述，哪一项是正确的？（　　）

A. 甲遗嘱中处分给丙的 4 间房屋适用遗嘱继承，由丁代位继承

B. 甲遗嘱中未处分的 80 万元适用法定继承，由乙和丁共同继承

C. 甲遗嘱中处分的 4 间房屋和 20 万元适用法定继承，由丁代位继承

D. 甲遗嘱中未处分的 80 万元适用法定继承，由丁代位继承

2. 甲生前立有遗嘱，表示将自己全部遗产由乙承受。甲的遗产发生遗嘱继承，应具备下列哪些条件？（　　）

A. 甲的遗嘱合法有效

B. 甲死亡

C. 乙是法定继承人范围内的人

D. 乙表示接受继承且未丧失继承权

3. 甲临终前留下遗言：（1）名下财产为自己和同居女友的共同财产；（2）自己的财产死后全部捐献给某儿童福利院；（3）自己的职位由某同事接任；（4）某福利院接受自己的遗产后，应拿出捐款中的 20 万元为儿童添置一批电脑。下列关于上述遗言的表述，哪些是正确的？（　　）

A. 遗言中（1）不是遗嘱，因为该部分内容虽与遗产有关但不是甲死亡后才生效

B. 遗言中（2）是遗嘱，因为该部分内容是甲处分自己的财产并于死亡后发生效力

C. 遗言中（3）不是遗嘱，它虽是甲对自己死后事务所作的安排，但该内容与遗产处分无关，也不能依甲的单方意思表示发生效力

D. 遗言中（4）是遗嘱，因为该部分内容是给受遗赠人接受遗赠所附的义务

4. 甲满 16 周岁时弃学务工，但自己的劳动收入不足以维持主要生活，仍需父母经济帮助。1 年后祖父去世，甲根据祖父遗嘱受赠 20 万元遗产。甲接受该遗产后，立下自书遗嘱，明确自己死后将该 20 万捐助给中国红十字会。甲成年后某日，不幸触电身亡。甲的父母主张甲未成年时所立遗嘱无效。下列关于甲的遗嘱能力的表述，哪些是错误的？（　　）

A. 甲立遗嘱时未满 18 周岁，为限制民事行为能力人，无遗嘱能力

B. 甲立遗嘱时未满 18 周岁，但以自己的劳动收入为生活来源的一部分，视为完全民事行为能力人，有遗嘱能力

C. 甲死亡时已满 18 周岁，具有民事完全行为能

力，有遗嘱能力

D. 甲立遗嘱时已满16周岁，但自己的劳动收入不能成为主要生活来源，不能视为完全民事行为能力人，无遗嘱能力

5. 甲为聋哑人。一日，甲邀邻居乙、乙子丙作见证人欲立代书遗嘱，乙为哑语翻译，乙子粗通哑语。乙代书甲的遗嘱后，丙在遗嘱上作为见证人签字，但甲未在遗嘱上签字。关于甲遗嘱的效力，下列哪些说法是错误的？（　　）

A. 甲为聋哑人，无遗嘱能力，所立遗嘱无效

B. 甲有遗嘱能力，乙、丙能明白甲的意思，符合见证人条件，遗嘱有效

C. 甲有遗嘱能力，丙不具备遗嘱见证人资格，遗嘱无效

D. 甲有遗嘱能力，但未在代书遗嘱上签字，遗嘱无效

6. 甲有子乙、丙、丁，有遗产房屋3间、汽车1部、存款200万元。甲立自书遗嘱，将其遗产房屋3间给乙；再立代书遗嘱，将其遗产汽车1部给丙；又立公证遗嘱，将其遗产存款200万元给丁；公证遗嘱之后又立录音录像遗嘱，将其财产全部给乙；临终前立口头遗嘱，将其遗产200万元和房屋3间给丙。甲死后，乙、丙、丁为继承遗产发生纠纷。若遗嘱均为有效，下列关于甲遗产继承的表述，哪些是正确的？（　　）

A. 丙按照口头遗嘱，取得甲的遗产房屋3间和存款200万元

B. 乙按照录音录像遗嘱，取得甲的遗产汽车1部

C. 乙按照录音录像遗嘱，取得甲的全部遗产

D. 丁按照公证遗嘱，取得甲的存款200万元

7. 甲生前，其父母有劳动能力，收入稳定，但其姑姑因无劳动能力又缺乏生活来源依靠甲扶养。甲立自书遗嘱，言明自己的财产均由妻乙和子丙继承。甲去世时，父母已丧失劳动能力和生活来源。关于甲遗嘱效力的表述，下列哪些说法是错误的？（　　）

A. 甲立遗嘱时，因父母并没有丧失劳动能力和生活来源，故遗嘱有效

B. 甲死亡时，父母属于享有“必要遗产份额”的继承人

C. 甲死亡时，其姑姑属于享有“必要遗产份额”的人，遗嘱无效

D. 甲遗嘱中未为缺乏劳动能力又无生活来源的父母保留必要的遗产份额，遗嘱部分无效

8. 依据《民法典》的规定，下列哪些人员不能作为遗嘱见证人？（　　）

A. 继承人

B. 无行为能力人和限制行为能力人

C. 受遗赠人

D. 继承人的合伙人和受遗赠人的债权人

9. 甲立有公证遗嘱，明确自己的房屋4间和红木家具1套由儿子乙继承。立遗嘱后，甲将该房屋赠与女儿丙，双方办理了过户手续。甲又立自书遗嘱将红木家具给弟丁。甲死亡后，继承人因对甲遗产的继承发生纠纷。关于甲对遗嘱变更和撤回效力的表述，下列哪些说法是错误的？（　　）

A. 甲遗嘱生效前对房屋的处分行为，与遗嘱中对房屋的处分内容抵触，推定遗嘱撤回

B. 甲生前所立公证遗嘱未采公证方式撤回，其将房屋赠与丙的行为无效

C. 甲生前通过转移房屋所有权方式撤回遗嘱的行为，损害了乙的利益，撤回无效

D. 甲立自书遗嘱虽与公证遗嘱部分内容抵触，也不能产生变更公证遗嘱的效力

10. 甲生前立遗嘱，并指定未成年的儿子乙为遗嘱执行人。甲去世后留有遗产，乙未满18周岁，不愿做遗产管理人。甲的妻子、父母也不愿担任遗产管理人。关于甲遗产管理人的表述，下列哪些说法是正确的？（　　）

A. 乙在继承开始时不具有完全民事行为能力，不具有担当遗产管理人的资格

B. 乙被指定为遗嘱执行人，虽不具备完全民事行为能力，也不得拒绝担任遗产管理人

C. 乙因不具有遗嘱执行人的资格不能管理遗产，甲的妻子、父母应担任遗产管理人

D. 甲的法定继承人不愿担任遗产管理人，由甲生前住所地的民政部门担任遗产管理人

简答题

1. 简述遗嘱继承的特点。
2. 简述遗嘱继承的适用条件。

3. 简述遗嘱的特点。
4. 简述遗嘱的形式。
5. 简述遗嘱的有效条件。
6. 简述遗嘱的无效情形。
7. 简述遗嘱的撤回和变更方式。
8. 简述遗嘱执行人的确定。
9. 附负担遗嘱的特点。

案例分析题

1. 甲与前妻乙离婚后，婚生子丙由前妻抚养。甲与丁再婚，丁未成年的女儿戊随丁与甲共同生活，戊受甲的抚养教育。甲与丁协议离婚，但继续以夫妻名义共同生活。离婚时，甲明确表示不再继续抚养戊。某日，甲突发疾病，被丁和朋友己搭乘出租车送往医院。丁下车办理就医手续期间，甲对己讲：我可能熬不过去，我要死了，我的财产给丁一半。出租车司机庚全程在场。甲到急诊室10分钟后即陷于昏迷状态，5天后去世。甲生前立下代书遗嘱，声明自己的财产全部由丙继承，代书人和见证人分别在遗嘱上签字，但甲未签字。甲的父母、儿子丙因遗产继承与丁发生纠纷，起诉到法院。

请回答下列问题：

(1) 庚是否具备遗嘱人见证人资格?

(2) 甲的代书遗嘱是否有效?

(3) 甲对己所述是否为遗嘱?

2. 甲与妻婚后共生育三个儿子，分别是长子乙、次子丙、三子丁。妻子早亡。甲的叔叔生前自书遗嘱，表明死后所留5间房屋归甲所有。甲的三个儿子长大后参加了工作，甲到公证机关办理公证遗嘱，明确该5间房屋由乙继承。后甲生病住院，丙精心照顾，甲在病中又立下自书遗嘱，言明该5间房屋中的3间归丙所有。甲病愈后，到丁家休养。甲旧病复发，再次住院期间，甲立下口头遗嘱，指明该5间房屋由乙、丙各继承2间，丁继承1间。该份遗嘱由乙记录，丙、丁见证，甲在遗嘱上签字，注明年、月、日。5日后甲因病去世。乙、丙、丁对5间房屋的处理发生纠纷。

请回答下列问题：

(1) 甲先后所立数份遗嘱的效力如何确定?

(2) 甲遗留的5间房屋应如何继承?

论述题与深度思考题

1. 谈谈对民法典中附负担遗嘱的理解。
2. 谈谈对共同遗嘱的理解。

参考答案

名词解释与概念比较

1. 遗嘱，是指自然人生前在法律允许的范围内，按照法律规定的方式对遗产或其他事务作出安排，并于死后发生法律效力的民事法律行为。

2. 遗嘱继承，是指按照被继承人生前所立的合法有效遗嘱而继承遗产的继承方式。

3. 遗嘱能力，是指自然人依法享有的设立遗嘱，依法对自己死后遗产的有关事项作出安排的资格。

4. 共同遗嘱，是指两个以上的遗嘱人共同设立的，同时处分共同遗嘱人各自或者共同的财产的遗嘱。

5. 遗嘱执行，是指遗嘱人死亡后，由特定的人按照遗嘱人在有效遗嘱中所表示的愿望而为必要行为。

6. 遗嘱变更，是指遗嘱人依法改变自己先前所立遗嘱。

7. 遗嘱撤回，是指遗嘱人取消先前所立遗嘱。

8. 遗嘱见证人与证人

比较点	遗嘱见证人	证人
含义	由遗嘱人指定见证遗嘱真实性的自然人	证明案件真实情况的人
主体范围	只能由自然人充当	无论是自然人还是法人或其他组织，都可以充当
资格条件	具有完全民事行为能力，且与继承人、遗嘱人没有利害关系	知道案件情况和能够正确表达意志，未成年人也可以作为证人；证人与案件当事人有利害关系的，也可以作为证人
证明结果效力要求	见证人的身份要经过遗嘱人确定，见证人接受指定后，负责对遗嘱的真实性进行证明，并且两个以上的见证人在场的证明才能产生见证的证明效力	证人身份的取得只以其是否知道案件情况和能够正确表达意志为条件，一人的证言也可产生证明效力

续表

比较点	遗嘱见证人	证人
适用法律	见证人的范围及不能作为见证人的限制性规定，由民法加以规范	证人的范围及限制性规定，由诉讼法加以规范

9. 遗嘱的无效与不生效

比较点	遗嘱的无效	遗嘱的不生效
含义	遗嘱因欠缺法律所规定的有效条件而不能产生法律效力	有效遗嘱因特定事由而于遗嘱人死亡时不产生法律效力
原因	遗嘱不符合法律规定的条件	遗嘱不生效的原因并非遗嘱违法
表现情形	无完全民事行为能力人所立的遗嘱；受胁迫、受欺诈所设立的遗嘱；伪造的遗嘱；被篡改的遗嘱；遗嘱未保留必留份	遗嘱继承人、受遗赠人先于被继承人死亡；遗嘱继承人、受遗赠人在遗嘱成立之后丧失继承权或者受遗赠权；附解除条件的遗嘱，在遗嘱人死亡之前该条件已经成就；附停止条件的遗嘱，遗嘱继承人、受遗赠人在条件成就前死亡；遗嘱人死亡时，遗嘱中处分的财产标的已不复存在

选择题

（一）单项选择题

1. B。《继承解释（一）》第 27 条规定，自然人在遗书中涉及死后个人财产处分的内容，确为死者的真实意思表示，有本人签名并注明了年、月、日，又无相反证据的，可以按自书遗嘱对待。依据该规定，遗书中涉及死后个人财产处分的内容，按自书遗嘱对待，不区分遗书是亲笔书写还是计算机打印的。打印遗嘱是由立遗嘱人使用电子计算机打印的遗嘱。《民法典》第 1136 条规定，打印遗嘱应当有两个以上见证人在场见证。遗嘱人和见证人应当在遗嘱每一页签名，注明年、月、日。依据该规定，打印遗嘱是以计算机作为书写工具以遗嘱名义对死后财产作出处理，同时还应当有两个以上见证人在场见证。甲自杀前打印的遗书不具备打印遗嘱的特征。综上，本题应选 B 项。

2. D。《民法典》第 1123 条规定，继承开始后，按照法定继承办理；有遗嘱的，按照遗嘱继承或者遗赠办理；有遗赠扶养协议的，按照协议办理。依据该规定，当存在两种以上遗产的处理方式时，遗产取得的先后顺序应当按照以下原则确定：遗赠扶养协议优先于遗嘱；遗嘱优先于法定继承。综上，本题应选 D 项。

3. A。《民法典》第 1138 条规定，遗嘱人在危急情况下，可以立口头遗嘱。口头遗嘱应当有两个以上见证人在场见证。危急情况消除后，遗嘱人能够以书面或者录音录像形式立遗嘱的，所立的口头遗嘱无效。(1) 甲即将入手术室进行肝移植，属于危急情况，依据该规定，可以立口头遗嘱。(2) 口头遗嘱应当有两个以上遗嘱见证人在场见证。关于遗嘱见证人的指定，《民法典》未作出规定，但从《民法典》第 1140 条关于遗嘱见证人资格的规定看，遗嘱见证人不同于证人，见证人的职责是在遗嘱人死后代替其表达真实意思，因此，遗嘱人和见证人之间通常有某种信任关系，而遗嘱人指定见证人正是这种信任关系的体现。甲并没有指定护士丙作为遗嘱见证人，因此，甲所立口头遗嘱不具备法律规定的有效条件。(3) 危急情况解除后，甲恢复以书面或者录音录像形式订立遗嘱的能力时口头遗嘱无效，无论所立的书面或者录音录像遗嘱是否与口头遗嘱抵触。综上，本题应选 A 项。

4. B。《继承解释（一）》第 25 条规定，遗嘱人未保留缺乏劳动能力又没有生活来源的继承人的遗产份额，遗产处理时，应当为该继承人留下必要的遗产，所剩余的部分，才可参照遗嘱确定的分配原则处理。继承人是否缺乏劳动能力又没有生活来源，应当按遗嘱生效时该继承人的具体情况确定。综上，本题应选 B 项。

（二）多项选择题

1. CD。丙先于被继承人甲死亡，遗嘱中确定由丙继承的 4 间房屋适用法定继承，不适用遗嘱继承；遗嘱中未处分的 80 万元，适用法定继承，由甲的法定继承人乙和代位继承人丁共同继承。但乙为争夺遗产杀害丙，依据《民法典》第 1125 条第 1 款第 2 项的规定，既丧失对该 80 万元的法定继承权，也丧失对遗嘱中 20 万元的遗嘱继承权，均应由丁代位继承。综上，本题应选 C、D 项。

2. ABCD。被继承人死亡是法定继承与遗嘱继承发生的共同原因。除此之外，遗嘱继承还需要有被继承人合法有效的遗嘱。《民法典》第1133条第2款规定，自然人可以立遗嘱将个人财产指定由法定继承人中的一人或者数人继承。依据该规定，遗嘱继承人乙应是法定继承人范围之内的人。继承开始后，继承人明示或者默示接受继承，均能成为继承法律关系的主体。但继承人如果具备《民法典》第1125条规定的丧失继承权的情形，则丧失遗嘱继承权。综上，本题应选A、B、C、D项。

3. ABCD。遗言是自然人生前对自己所有事务作出的安排；遗嘱则是自然人生前在法律允许的范围内，按照法律规定的方式对遗产或者其他事务作出安排，并于死亡后发生法律效力的民事法律行为。遗言包含遗嘱但不限于遗嘱。选项A是甲对名下财产归属作出的证明，不是对个人财产作出的处分，不是遗嘱；选项B是将自己的财产捐助儿童福利院的意思表示，该行为符合《民法典》第1133条第3款的规定，是遗嘱；选项C是对工作职务接替人员作出安排，与财产无关，而职位问题不是现代社会继承的对象，因此该安排不是遗嘱；选项D是通过遗嘱方式给受遗赠人附加的义务，符合《民法典》第1144条关于附负担遗嘱的规定，是遗嘱。综上，本题应选A、B、C、D项。

4. BC。《民法典》第1143条第1款规定，无民事行为能力人或者限制民事行为能力人所立的遗嘱无效。依据该规定的反面解释，只有完全民事行为能力人才具有遗嘱能力。关于遗嘱人遗嘱能力有无的确定时间，《继承解释（一）》第28条规定，遗嘱人立遗嘱时必须具有完全民事行为能力。无民事行为能力人或者限制民事行为能力人所立的遗嘱，即使其本人后来具有完全民事行为能力，仍属无效遗嘱。甲立遗嘱时已满16周岁但未满18周岁，自己的劳动收入也不能作为生活主要来源，依据《民法典》第18条第2款的规定，甲立遗嘱时因不具备完全民事行为能力，也就无遗嘱能力，所立遗嘱无效。综上，本题应选B、C项。

5. AB。民事行为能力只与行为人的智力状况有关，与智力无关的其他疾病不影响民事行为能力，因此甲虽为聋哑人，但具有遗嘱能力。《民法典》第1135条规定，代书遗嘱应当有两个以上见证人在场见证，由其中一人代书，并由遗嘱人、代书人和其他见证人签名，注明年、月、日。甲有遗嘱能力，但其自身行为能力的特殊性，决定了其遗嘱能力的特殊性，见证人应当具有通晓其表达语言的见证人能力。但丙粗通哑语，显然不能达到完全听懂甲所表达意思的程度，属于《民法典》第1140条规定的其他不具有见证能力的人。鉴于甲所立代书遗嘱存在的见证人身份、遗嘱人未签字等瑕疵，该遗嘱无效。综上，本题应选A、B项。

6. AB。《民法典》第1142条第3款规定，遗嘱人立有数份遗嘱，内容相抵触的，以最后的遗嘱为准。甲所立最后遗嘱为口头遗嘱，依据该遗嘱，甲遗产中的房屋3间和存款200万元确定归丙所有，该遗嘱内容与之前的录音录像遗嘱中房屋3间和存款200万元确定归乙所有、公证遗嘱中存款200万元确定归丁所有、自书遗嘱中房屋3间确定归乙所有的内容抵触，录音录像遗嘱部分无效，公证遗嘱和自书遗嘱均为无效；依据录音录像遗嘱，遗产中的汽车1部归乙所有，该遗嘱内容与代书遗嘱抵触，代书遗嘱无效。综上，本题应选A、B项。

7. AC。《继承解释（一）》第25条规定，遗嘱人未保留缺乏劳动能力又没有生活来源的继承人的遗产份额，遗产处理时，应当为该继承人留下必要的遗产，所剩余的部分，才可参照遗嘱确定的分配原则处理。继承人是否缺乏劳动能力又没有生活来源，应当按遗嘱生效时该继承人的具体情况确定。甲父母是否缺乏劳动能力又没有生活来源，应当依据遗嘱生效时的情况确定，不是按照遗嘱订立时的情况确定。遗嘱人未保留缺乏劳动能力又没有生活来源的继承人的遗产份额，该遗嘱部分无效，遗嘱其他部分仍然有效。甲的姑姑是继承人以外的依靠被继承人扶养的人，不属于享有“必要遗产份额”的人，遗嘱未保留其遗产份额的，遗嘱效力不受影响，其可以向继承人请求酌情分得遗产。综上，本题应选A、C项。

8. ABCD。《民法典》第1140条规定，下列人员不能作为遗嘱见证人：(1) 无民事行为能力人、限制民事行为能力人以及其他不具有见证能力的人；(2) 继承人、受遗赠人；(3) 与继承人、受遗赠人有利害关系的人。《继承解释（一）》第24条规定，继承人、受遗赠人的债权人、债务人，共同经营的合伙人，也应当视为与继承人、受遗赠人有利害关系，不能作为遗嘱的见证人。依据上述规定，继承人，无行为能力人和限制行为能力人，受遗赠人以及继承人的合伙人和受遗赠人的债权人，均不得作为遗嘱见证人。综上，本题应选A、B、C、D项。

9. BCD。《民法典》第 1142 条第 1 款、第 2 款规定，遗嘱人可以撤回、变更自己所立的遗嘱。立遗嘱后，遗嘱人实施与遗嘱内容相反的民事法律行为的，视为对遗嘱相关内容的撤回。依据该规定，甲立公证遗嘱将自己所有的房屋由乙继承后，有权将该房屋赠与女儿。该赠与行为与遗嘱内容相反，视为对遗嘱中该房产处分内容的撤回，直接产生遗嘱撤回的效力，不需要再采取其他方式。甲的遗嘱生效前，乙作为遗嘱继承人对遗嘱中的遗产只是一种继承资格和可能，并不享有现实的民事权利，甲撤回遗嘱的行为未对乙产生不利益的结果，未侵害其利益，撤回有效。公证遗嘱在《民法典》中并不具有优先于其他遗嘱形式的地位，在确定其效力时同样应当遵循《民法典》第 1142 条第 3 款“立有数份遗嘱，内容相抵触的，以最后的遗嘱为准”的规定。综上，本题应选 B、C、D 项。

10. AC。《民法典》第 1133 条第 1 款中规定了遗嘱人可以在遗嘱中指定遗嘱执行人，但关于遗嘱执行人的资格未作出规定。从遗嘱执行的事项看，遗嘱执行属于重大和复杂的民事法律行为，所以，遗嘱执行人应当具有完全民事行为能力人。乙在遗嘱生效时未满 18 周岁，不具有完全民事行为能力人，不能作为遗嘱执行人。关于遗产管理人，《民法典》第 1145 条中规定，继承开始后，遗嘱执行人为遗产管理人；没有遗嘱执行人的，继承人应当及时推选遗产管理人；继承人未推选的，由继承人共同担任遗产管理人；没有继承人或者继承人均放弃继承的，由被继承人生前住所地的民政部门或者村民委员会担任遗产管理人。依据该规定，乙因不具备遗嘱执行人资格而不能担任遗产管理人。继承开始后，没有遗嘱执行人，继承人也未推选遗产管理人，由甲的妻子、父母担任共同管理人。甲的妻子、父母没有放弃继承权，不能拒绝担任共同管理人。综上，本题应选 A、C 项。

简答题

1. 遗嘱继承具有以下特点：(1) 遗嘱继承的发生法律事实除被继承人死亡外，还须存在合法有效的遗嘱。(2) 遗嘱继承是按照被继承人的意思发生的继承。在遗嘱继承中，继承人、遗产份额等有关遗产的继承事项都是依据被继承人的指定确定。(3) 遗嘱继承是与法定继承并列的一种继承方式，并且优先于法定继承。

2. 遗嘱继承的适用条件包括：(1) 存在合法有效的遗嘱。除被继承人死亡外，遗嘱继承还需有合法有效的遗嘱。如果未立有遗嘱或者遗嘱无效，则不能发生遗嘱继承。(2) 没有遗赠扶养协议。遗赠扶养协议具有优先适用效力，因此，遗嘱继承只有在没有遗赠扶养协议时才能适用。(3) 继承人未丧失或放弃继承权。遗嘱继承人丧失继承权的，不享有继承权，不能适用遗嘱继承。同时，遗嘱继承人明确表示放弃继承权，也不能适用遗嘱继承。

3. 遗嘱具有如下特点：(1) 遗嘱是无相对人的单方民事法律行为。遗嘱只要有遗嘱人单方意思表示就可以发生法律效力。同时，遗嘱的意思表示无须继承人的同意，即无须到达继承人就可以发生法律效力。因此，遗嘱是无相对人的单方民事法律行为。(2) 遗嘱是要式民事法律行为。遗嘱必须具备法律规定的形式才发生法律效力，为要式民事法律行为。(3) 遗嘱于遗嘱人死后发生法律效力。遗嘱在遗嘱人死亡时，才能发生法律效力，继承才能开始。(4) 遗嘱的设立不得代理。遗嘱的设立必须由遗嘱人亲自进行，不得代理，代理的遗嘱不具有遗嘱的效力。

4. 《民法典》中规定的遗嘱形式，有如下六种：(1) 自书遗嘱，即遗嘱人亲笔书写的遗嘱。自书遗嘱由遗嘱人亲笔书写，签名，注明年、月、日。(2) 代书遗嘱，即由遗嘱人口授内容，他人代为书写的遗嘱。代书遗嘱应当有两个以上见证人在场见证，由其中一人代书，注明年、月、日，并由代书人、其他见证人和遗嘱人签名。(3) 打印遗嘱，即遗嘱人以打印方式制作的遗嘱。打印遗嘱应当有两个以上见证人在场见证，遗嘱人和见证人应当在遗嘱的每一页签名，注明年、月、日。(4) 录音录像遗嘱，即以录音录像的方式录制下来的遗嘱人的口述遗嘱。录音录像遗嘱应当有两个以上的见证人在场见证，遗嘱人和见证人应当在录音录像中记录其姓名或者肖像，以及年、月、日。(5) 口头遗嘱，即在特殊情况下，遗嘱人以口述方式所立的遗嘱。遗嘱人在危急情况下，可以立口头遗嘱，并应当有两个以上见证人在场见证。危急情况消除后，遗嘱人能够以书面或者录音录像形式立遗嘱的，所立的口头遗嘱无效。(6) 公证遗嘱，即经公证机关公证的遗嘱。

5. 遗嘱是民事法律行为，应当符合《民法典》第 143 条关于民事法律行为有效条件的规定，包括：(1) 立遗嘱时，遗嘱人应当具有遗嘱能力。只有具有完全民事行为能力的人才有遗嘱能力，无民事行为能力人和限制民事行为能力人不具有遗嘱能力。遗嘱人是否具有遗嘱能力，以遗嘱设立时为准，而不以继承开始时为准。（2）遗嘱人意思表示真实。遗嘱人意思表示真实，是指遗嘱所体现的内容应与遗嘱人的真实意愿相一致。遗嘱不是遗嘱人真实意思表示的，遗嘱无效。（3）遗嘱的内容不违反法律和公序良俗，即遗嘱的内容须合法。（4）遗嘱的形式应当符合法律规定的要求。遗嘱是否符合法定的形式，应以遗嘱设立时法律规定的条件为准。

6. 遗嘱的无效的情形，包括：（1）无遗嘱能力人所立的遗嘱无效；（2）受欺诈、胁迫所立的遗嘱无效；（3）伪造的遗嘱无效；（4）遗嘱被篡改的，被篡改的遗嘱内容无效；（5）遗嘱没有为缺乏劳动能力又没有生活来源的继承人保留必要遗产份额的，对应当保留的必要份额的处分无效。

7. 遗嘱人撤回和变更遗嘱的方式主要有：（1）遗嘱人另立新的遗嘱，并且在新的遗嘱中明确表示撤回、变更原来的遗嘱。（2）遗嘱人立有数份遗嘱，没有在后面的遗嘱中明确表示撤回、变更前面的遗嘱，如前后遗嘱的内容全部抵触的，推定撤回前遗嘱；如前后遗嘱的内容部分抵触的，则视为遗嘱的变更。（3）遗嘱人可以通过自己与遗嘱相抵触的行为，撤回、变更原来所立遗嘱。（4）遗嘱人故意损毁、涂销遗嘱的，视为撤回、变更遗嘱。

8.《民法典》第1133条第1款中规定，遗嘱人在遗嘱中可以“可以指定遗嘱执行人”，该规定确定了遗嘱执行人的一种方式。结合司法实践，遗嘱执行人的确定可依据以下标准：（1）遗嘱人指定遗嘱执行人。遗嘱人指定遗嘱执行人或者委托他人指定遗嘱执行人，可以使其遗愿得到充分实现，因此是各国通例。遗嘱中指定的执行人，可以是法定继承人，也可以是法定继承人以外的人；可以是自然人，也可以是法人或者非法人组织；可以指定一人担任，也可以指定数人担任。（2）法定继承人担任遗嘱执行人。遗嘱人未指定遗嘱执行人，或者未委托他人指定遗嘱执行人，或者被指定遗嘱执行人不能执行时，法定继承人成为当然的遗嘱执行人。（3）遗嘱人生前所在单位或者继承开始地点的基层组织为执行人。遗嘱人生前所在单位或者住所地的基层组织处理一些自然人个人的人身问题，在《民法典》中已有规定，在遗嘱人的遗嘱无遗嘱执行人或者无有能力的人担任遗嘱执行人时，由遗嘱人生前所在单位或者住所地的基层组织担任遗嘱执行人。

9. 附负担遗嘱具有如下特点：（1）附负担遗嘱为单独的无偿民事法律行为。附负担遗嘱所附义务与取得财产权利构不成对价关系，为无偿行为。同时，附负担遗嘱为无相对人的单独民事法律行为，遗嘱的成立不需要相对人的同意。（2）遗嘱效力的发生不以义务的履行为条件。附负担遗嘱中的负担不影响遗嘱的效力，即使负担不履行，遗嘱的效力也依然发生。（3）遗嘱负担具有附随性和不可免除性。遗嘱负担附着于遗嘱，是遗嘱的附着义务。接受遗产的遗嘱继承人或者受遗赠人不履行遗嘱负担的，有关单位和个人可以提请法院取消其接受遗产的权利。

案例分析题

1.（1）庚不具备遗嘱见证人的资格。遗嘱见证人应当由遗嘱人指定或委托指定。未经指定，即使出现在设立遗嘱的现场、能够证明遗嘱内容真实性的人，也不是遗嘱见证人。庚虽然听到了甲的讲话全部内容，但甲并没有指定庚作为遗嘱见证人。因此，庚不具有遗嘱见证人的资格。

（2）甲的代书遗嘱无效。依据《民法典》的规定，代书遗嘱应当有两个以上见证人在场见证，由其中一人代书，注明年、月、日，并由代书人、其他见证人和遗嘱人签名。甲的代书遗嘱中，甲并未在遗嘱上签字，不具备代书遗嘱的形式要件，因此该遗嘱无效。

（3）甲对己所述是遗嘱，但遗嘱无效。甲对己所述，是对自己生前财产所作的处分，符合遗嘱的法律特征。但口头遗嘱应当在危急情况下订立，且须有两个以上的遗嘱见证人在场见证。甲突发急病送到医院不到10分钟即处于昏迷状态，应当属于危急情况，但庚不具有遗嘱见证人资格，从而甲的口头遗嘱只有己一个遗嘱见证人，因此，甲的口头遗嘱无效。

2.（1）甲遗产的继承应以自书遗嘱和公证遗嘱为准。依据《民法典》第1142条的规定，遗嘱人立有数份遗嘱的，以最后的遗嘱为准。甲所立口头遗嘱，因为见证人为甲的几个儿子，均为继承人，不符合遗嘱见证人资格，因此，该遗嘱无效。自书遗嘱对5间房屋中的3间的处分，与公证遗嘱的内容相抵触，应当以在后的自书遗嘱为准。自书遗嘱中未处分的2间房屋，应当以公证遗嘱为准。

(2) 甲遗留的5间房屋，应当按照自书遗嘱，由丙继承其中的3间；剩余2间按照公证遗嘱，由乙继承。

论述题与深度思考题

1.《民法典》第1144条规定：遗嘱继承或者遗赠附有义务的，继承人或者受遗赠人应当履行义务。没有正当理由不履行义务的，经利害关系人或者有关组织请求，法院可以取消其接受附义务部分遗产的权利。该条规定的附负担遗嘱，可从以下方面理解。

(1) 附负担的义务人。《民法典》规定的是遗嘱可以附义务，所以，不论是遗嘱继承还是遗赠都可以附义务。负担的义务人也只能是遗嘱继承人或者受遗赠人。遗嘱对遗嘱继承人或者受遗赠人以外的人设定的义务不具有法律效力，遗嘱继承人或者受遗赠人以外的人不受其约束。

(2) 附负担义务的内容。负担的内容表现为遗嘱继承人或者受遗赠人的义务，该义务必须是可能实现的。遗嘱以不能实现的义务为负担的，其负担无效。

(3) 遗嘱中所附负担的性质。遗嘱中所附负担应为法律上的义务。该法律上的义务不以有经济利益为必要，无经济利益的事项也可以为负担。但单纯的道德义务、无任何意义的义务不能作为遗嘱负担，以其作为遗嘱负担的，该负担无效，但不影响遗嘱的效力。

(4) 遗嘱中所附义务不得违反法律或者公序良俗。遗嘱中不得附违反法律或者公序良俗的义务，附此义务的负担无效。遗嘱中附违反法律或者善良风俗的义务与附不能义务的性质不同，附违反法律或者善良风俗的义务的，遗嘱也应无效。

(5) 遗嘱中所附义务的范围。附负担遗嘱中所规定的继承人或受遗赠人应当履行的义务，不得超过继承人或者受遗赠人所取得的遗产利益。

(6) 履行请求权人。依据《民法典》的规定和继承法基本原理，下列人可以作为履行请求权人：继承人、受益人、遗嘱执行人、有关组织。

(7) 附负担遗嘱的法律后果。《民法典》第1144条中规定：没有正当理由不履行义务的，经利害关系人或者组织请求，法院可以取消其接受附义务部分遗产的权利。依据《继承解释（一）》第29条的规定，附义务的遗嘱继承或者遗赠，如义务能够履行，而继承人、受遗赠人无正当理由不履行，经受益人或者其他继承人请求，法院可以取消其接受附义务部分遗产的权利，由提出请求的继承人或者受益人负责按遗嘱人的意愿履行义务，接受遗产。

2. 共同遗嘱也称合立遗嘱，是指两个以上的遗嘱人共同设立的，同时处分共同遗嘱人各自或者共同的财产的遗嘱。《民法典》没有规定共同遗嘱，对共同遗嘱可从以下方面理解。

(1) 共同遗嘱的类型。共同遗嘱可以分为形式意义的共同遗嘱和实质意义的共同遗嘱。形式意义的共同遗嘱又称单纯的共同遗嘱，是指内容各自独立的两个以上的遗嘱记载于同一遗嘱书中；实质意义的共同遗嘱是指两个以上的遗嘱人将其共同一致的意思通过一个遗嘱表示出来，形成一个内容共同或者相互关联的整体遗嘱。实质意义上的共同遗嘱通常可以分为三种类型：一是相互指定对方为自己的遗产继承人；二是共同指定第三人为遗产的继承人或者受遗赠人，其遗产以共同财产居多；三是相互指定对方为继承人，并约定后死者将遗产留给指定的第三人。

(2) 共同遗嘱的行为性质。共同遗嘱不同于单独遗嘱，是两个以上遗嘱人的共同民事法律行为，至少有两个以上意思表示。共同遗嘱又不同于合同，共同遗嘱两个意思表示的方向是一致的，即追求同一目标，与合伙合同的性质相近。而合同中两个意思表示的方向是相对的，是追求各自利益的意思表示的一致。

(3) 共同遗嘱的变更和撤回。共同遗嘱人生存期间，一方变更、撤回遗嘱的内容或者对财产进行处分，除共同遗嘱人一致同意变更或者撤回遗嘱外，一方欲变更和撤回遗嘱应告知另一方。在共同遗嘱人之一死亡后，生存方原则上不得变更、撤回遗嘱或者进行与遗嘱内容相违背的财产处分。

(4) 共同遗嘱的生效时间。共同遗嘱发生的遗嘱继承在开始时间上有一定的特殊性，依单独遗嘱发生的遗嘱继承，在遗嘱人死亡时就发生效力。而依共同遗嘱发生的遗嘱继承通常并不因一方遗嘱人死亡而开始，只有在全部遗嘱人死亡后，共同遗嘱继承才真正开始。

(5)《遗嘱公证细则》第15条规定：两个以上的遗嘱人申请办理共同遗嘱公证的，公证处应当引导他们分别设立遗嘱。遗嘱人坚持申请办理共同遗嘱公证的，共同遗嘱中应当明确遗嘱变更、撤回及生效的条件。可见，公证遗嘱是允许采取共同遗嘱形式的。

第十三章　遗赠与遗赠扶养协议

知识逻辑图

- 遗赠与遗赠扶养协议
  - 遗赠
    - 概念：自然人通过遗嘱将个人财产赠与法定继承人以外的组织、个人的行为
    - 特点
      - 通过遗嘱方式实施的单方民事法律行为
      - 给予法定继承人范围以外的人遗产的民事法律行为
      - 给予法定继承人范围以外的人财产利益的民事法律行为
      - 遗赠人死后发生法律效力的民事法律行为
    - 受遗赠权的本质：债权效力
    - 遗赠与遗嘱继承
      - 联系：均通过遗嘱处分财产
      - 区别
        - 主体的范围不同
        - 取得遗产方式不同
        - 接受的意思表示方式不同
    - 遗赠与赠与
      - 联系：均为当事人一方将个人财产无偿给予他人
      - 区别
        - 行为的性质不同
        - 对民事行为能力的要求不同
        - 方式不同
        - 处分财产的范围不同
        - 发生法律效力的时间不同
    - 遗赠的接受与放弃
      - 方式
        - 遗赠的接受：明示意思表示
        - 遗赠的放弃：明示或默示
      - 效力：溯及继承开始
    - 受遗赠权的丧失
      - 故意杀害被继承人
      - 为争夺遗产而杀害其他继承人
      - 虐待被继承人情节严重
      - 伪造、篡改、隐匿或者销毁遗嘱，情节严重
      - 实施妨碍被继承人的遗嘱行为，情节严重
    - 转遗赠
      - 条件
        - 继承开始后，受遗赠人表示接受遗赠
        - 受遗赠人在遗产分割前死亡
      - 效力：接受遗赠的权利转移给受遗赠人的继承人

- 遗赠与遗赠扶养协议
  - 遗赠扶养协议
    - 概念：约定扶养人承担受扶养人的生养死葬义务，享有接受扶养人死后遗产权利的协议
    - 特点
      - 双方民事法律行为
      - 诺成性民事法律行为
      - 双务民事法律行为
      - 有偿民事法律行为
      - 生前行为与死后行为的统一
    - 效力
      - 优先适用效力
      - 当事人效力
        - 扶养人
          - 生养死葬的义务
          - 受遗赠的权利
        - 遗赠人
          - 受扶养的权利
          - 遗赠的义务
      - 不履行的后果
        - 扶养人不能享有受遗赠的权利
        - 遗赠人偿还扶养人已支付的供养费用

名词解释与概念比较

1. 遗赠
2. 转遗赠
3. 遗赠的接受
4. 遗赠的放弃
5. 遗赠与遗嘱继承
6. 遗赠与赠与
7. 遗赠与遗赠扶养协议

选择题

（一）单项选择题

1. 甲生前立有遗嘱，明确自己死后房屋2间归好友乙所有。乙与甲因言语不和，将甲打成轻伤。3天后，甲因车祸身亡。乙在知道甲死亡的同时得知受遗赠的事实，但在60日内未表示接受遗赠，也没有表示放弃受遗赠。关于乙对甲遗产的表述，下列哪种说法是正确的？（　　）

A. 乙对甲实施了杀害行为，丧失对甲遗产的受遗赠权

B. 乙对甲实施了伤害行为，丧失对甲遗产的受遗赠权

C. 乙在知道受遗赠后60日内没有表示接受遗赠，视为放弃受遗赠

D. 乙在知道受遗赠后60日内没有表示放弃遗赠，视为接受遗赠

2. 甲生前与乙签订赠与合同，双方约定甲将其所有的汽车1部赠送给乙，该赠与合同在甲死亡时生效。甲死亡后，甲的继承人对甲的遗产进行分割。半年后，乙要求甲的继承人按照赠与合同约定，交付汽车并办理登记手续。继承人以甲的遗产不足清偿债务为由拒绝。关于乙对甲遗产权利的表述，下列哪种说法是正确的？（　　）

A. 乙对甲的遗产权利是基于赠与合同而形成的债权

B. 乙对甲的遗产权利是基于遗嘱而形成的受遗赠权

C. 遗产不足清偿债务时，乙有优先受偿的权利

D. 遗产不足清偿债务时，乙作为受遗赠人的受遗赠权消灭

（二）多项选择题

1. 甲生前订立遗嘱，将其存款中的6万元给弟乙。甲去世，乙知道后未在60日内表示接受该存款，甲的子女分割了甲的遗产。乙妻因病住院急需用钱，乙要求甲的子女按照遗嘱向其交付6万元。甲共有30万元存款，生前负有20万元的债务。关于对乙遗产权利的表述，下列哪些说法是正确的？（　　）

A. 乙是受遗赠人，知道受遗赠后60日内没有表

示接受遗赠，视为放弃受遗赠

B. 乙是遗嘱继承人，继承开始后遗产分割前没有表示放弃继承的，视为接受继承

C. 乙对甲6万元存款有继承权，对甲的20万元债务也有连带清偿的义务

D. 乙是遗嘱继承人，法定继承人所得遗产足以清偿债务，乙不负清偿义务

2. 甲有遗产人民币50万。甲生前立有遗嘱，将其遗产中的5万元给儿媳乙，8万元给对自己尽了主要赡养义务的丧偶女婿丙，2万元给外孙女丁，5万元捐给中华慈善总会。关于受遗赠人的表述中，下列哪些说法是正确的？（　　）

A. 乙、丙、丁和中华慈善总会均为受遗赠人

B. 丙是遗嘱继承人而不是受遗赠人

C. 乙、丁和中华慈善总会是受遗赠人

D. 丁是遗嘱继承人而不是受遗赠人

3. 在遗赠扶养协议中，下列哪些人可以作为扶养人？（　　）

A. 受扶养人的妹妹

B. 受扶养人所在的集体经济组织

C. 受扶养人的侄子

D. 受扶养人所在的国家机关

简答题

1. 简述遗赠的特点。
2. 简述遗赠扶养协议的特点。
3. 简述遗赠扶养协议的效力。

案例分析题

1. 甲与妻子乙结婚30余年，有一养子。婚姻关系存续期间，甲与丙公开同居，依靠甲的工资（退休金）生活。甲因病住院，乙一直在医院照顾。住院期间，甲立下自书遗嘱，声明将其所得的住房补贴金、公积金、抚恤金和住房一套，以及手机一部遗留给丙一人所有；去世后，骨灰盒由丙负责安葬。该遗嘱有甲的亲笔签名、注明年、月、日。甲去世后，丙根据遗嘱向乙索要财产和骨灰盒，遭到乙的拒绝。丙向法院提起诉讼，请求判令乙按遗嘱执行。

请回答下列问题：

（1）甲的遗嘱是否有效？

（2）如果遗嘱有效，丙何时取得甲遗嘱中处分给其遗产的所有权？

2. 甲、乙签订遗赠扶养协议，约定：乙对甲生养死葬，甲死后其所有房产归乙所有。甲生前，乙履行了生养死葬义务，但经常与甲发生言语冲突，在一次肢体冲突中失手导致甲死亡。

请回答下列问题：

（1）乙失手导致甲死亡，是否丧失接受遗产的权利？

（2）甲死后其房屋所有权归属如何确定？

论述题与深度思考题

1. 如何理解受遗赠权的性质？
2. 谈谈对民法典中遗赠的接受和放弃规定的理解。

参考答案

名词解释与概念比较

1. 遗赠，是指自然人以遗嘱的方式将其个人财产赠给国家、集体或者法定继承人以外的组织、个人，而于其死后发生法律效力的一种单方民事法律行为。

2. 转遗赠，是指在开始后，受遗赠人表示接受遗赠，并于遗产分割前死亡的，其接受遗赠的权利转移给他的继承人。

3. 遗赠的接受，是指受遗赠人接受遗赠的意思表示。

4. 遗赠的放弃，是指受遗赠人放弃遗赠的意思表示。

5. 遗赠与遗嘱继承

比较点	遗赠	遗嘱继承
含义	自然人以遗嘱的方式将其个人财产赠给国家、集体或者法定继承人以外的组织、个人，而于其死后发生法律效力的单方民事法律行为	按照被继承人生前所立的合法有效遗嘱而继承遗产的继承方式

续表

比较点	遗赠	遗嘱继承
主体范围	受遗赠人可以是法定继承人范围以外的任何人，除自然人外还包括国家、集体和其他组织	遗嘱继承人只能是法定继承人范围以内的人，只限于自然人，但不受继承顺序的限制
取得遗产方式	受遗赠人不能直接支配遗产，其享有的是请求遗嘱执行人或者继承人给付遗产的请求权性质的权利，所以，受遗赠人通常不能直接参加遗产的分配	遗嘱继承人对遗产享有的是支配性质的权利，所以通常遗嘱继承人可以直接参加遗产的分配
接受意思表示方式	接受遗赠只有通过明示的意思表示才能实现。受遗赠人在知道受遗赠后 60 日内没有作出接受或者放弃的意思表示的，推定放弃受遗赠	接受继承无须明示的意思表示。继承开始后，遗嘱继承人在遗产处理前没有作出接受或者放弃的意思表示的，推定接受继承

6. 遗赠与赠与

比较点	遗赠	赠与
含义	自然人以遗嘱的方式将其个人财产赠给国家、集体或者法定继承人以外的组织、个人，而于其死后发生法律效力	赠与人将自己的财产无偿给予受赠人，受赠人表示接受赠与
民事行为性质	遗赠为单方民事法律行为，遗赠人立遗嘱不必征求受遗赠人的同意，就可以在遗嘱中作出遗赠的意思表示	赠与是双方民事法律行为，须双方意思表示一致才能成立
民事行为能力要求	遗赠人需要具备遗嘱能力，即必须是完全民事行为能力人	赠与人只需要具备一般行为能力，完全民事行为能力人可以为赠与，限制民事行为能力人也可以进行与其年龄、智力或者精神健康状况相适应的赠与行为

续表

比较点	遗赠	赠与
意思表示方式	遗赠是通过遗嘱的方式进行的，遗赠的意思表示必须以法律规定的方式作出	赠与为非要式行为，采取口头、书面或者其他形式均可
处分财产的范围	遗赠人处分自己的财产受必留份的限制，即必须为缺乏劳动能力又没有生活来源的法定继承人保留必要的份额，而且遗赠人的其他债权人的债权优先于遗赠权得到实现	赠与人则可以任意处分自己的财产。当然，如果赠与人处分自己的财产损害债权人的利益的，债权人可以行使撤销权
发生法律效力的时间	遗赠在遗赠人死亡后才发生法律效力	赠与在当事人意思表示一致时发生法律效力

7. 遗赠与遗赠扶养协议

比较点	遗赠	遗赠扶养协议
定义	自然人以遗嘱的方式将其个人财产赠给国家、集体或者法定继承人以外的组织、个人，而于其死后发生法律效力的单方民事法律行为	受扶养人与扶养人之间签订的，扶养人承担受扶养人的生养死葬义务，在受扶养人死后享有接受其遗产的权利的协议
民事行为性质	遗赠是单方、单务、无偿民事法律行为	遗赠扶养协议是双方、双务、有偿民事法律行为
法律行为形式	遗赠采用遗嘱的形式	遗赠扶养协议通常采取书面的合同形式
法律行为主体资格	遗赠中的遗赠人须具有完全民事行为能力，受遗赠人不要求具有完全民事行为能力	遗赠扶养协议中的扶养人和受扶养人，均须具有相应的民事行为能力
法律行为效力	遗赠的效力不能对抗遗赠扶养协议	遗赠扶养协议的效力优先于遗赠

选择题

（一）单项选择题

1. C。《民法典》第 1125 条第 1 款第 1 项规定，继承人故意杀害被继承人的，丧失继承权。第3款规定，受遗赠人有第1款规定行为的，丧失受遗赠权。依据上述规定，乙对甲实施的违法行为，是故意伤害行为，不属于丧失受遗赠权的法定事由，因此，乙不丧失对甲遗产的受遗赠权。乙在知道后遗赠后60日内，未作出是否接受遗赠的意思表示。《民法典》第1124条第2款规定，受遗赠人应当在知道受遗赠后60内，作出接受或者放弃受遗赠的表示；到期没有表示的，视为放弃受遗赠。依据该规定，视为乙放弃受遗赠。综上，本题应选C项。

2. A。甲生前与乙签订汽车赠与合同，约定该合同自甲死亡时生效。依据《民法典》第657条的规定，该合同为以甲死亡作为生效条件的死因赠与合同，自甲死亡时生效。该合同因甲死亡而生效后，甲的继承人概括承受了包括该债权在内的甲遗产上所有的权利义务，作为遗产债务人应当履行交付汽车并办理车辆过户登记的义务。因此，乙对甲的遗产汽车享有的权利，是基于赠与合同而形成的债权，不是基于遗嘱而形成的受遗赠权。乙的债务，为普通债务而非有担保的债务，因此，当甲的遗产不足以清偿其生前债务时，该汽车作为被继承人的责任财产，应当承担清偿被继承人所有债务的责任，乙无优先受偿的权利。综上，本题应选A项。

（二）多项选择题

1. BD。《民法典》第1133条第2款规定，自然人可以立遗嘱将个人财产指定由法定继承人中的一人或者数人继承。乙是甲的弟弟，因此乙对甲遗产的权利，是遗嘱继承权而非受遗赠权。《民法典》第1124条第1款规定，继承开始后，继承人放弃继承的，应当在遗产处理前，以书面形式作出放弃继承的表示；没有表示的，视为接受继承。乙在继承开始后遗产分割前没有表示放弃继承的，依据该规定，视为接受继承。关于遗产债务的清偿，《民法典》第1163条规定，既有法定继承又有遗嘱继承、遗赠的，由法定继承人清偿被继承人依法应当缴纳的税款和债务；超过法定继承遗产实际价值部分，由遗嘱继承人和受遗赠人按比例以所得遗产清偿。依据该规定，甲生前所负债务，首先应当由法定继承人清偿，超过法定继承遗产部分，由遗嘱继承人用所得遗产清偿。甲有遗产30万元，遗产债务20万元，甲的法定继承人所得遗产足以清偿债务，因此遗嘱继承人乙不负清偿责任。综上，本题应选B、D项。

2. BD。乙是甲的儿媳，为法定继承人之外的人；丧偶女婿丙对甲履行了主要赡养义务，依据《民法典》第1129条的规定，甲是第一顺序的法定继承人；外孙女丁的母亲先于甲死亡，依据《民法典》第1128条第1款的规定，是甲的代位继承人，为第一顺序法定继承人。中华慈善总会，属于法人组织。《民法典》第1133条第2款规定，自然人可以立遗嘱将个人财产指定由法定继承人中的一人或者数人继承。依据该规定，丙、丁是法定继承人范围内的人，根据甲的遗嘱对甲的遗产享有遗嘱继承权。《民法典》第1133条第3款规定，自然人可以立遗嘱将个人财产赠与国家、集体或者法定继承人以外的组织、个人。依据该规定，乙、中华慈善总会是法定继承人以外的个人、组织，根据甲的遗嘱对甲的遗产享有受遗赠权。综上，本题应选B、D项。

3. BCD。《民法典》第1158条规定，自然人可以与继承人以外的组织或者个人签订遗赠扶养协议。按照协议，该组织或者个人承担该自然人生养死葬的义务，享有受遗赠的权利。该规定中作为扶养人的组织，既包括集体经济组织，也包括全民所有制组织；既包括营利法人，也包括机关法人。因此，受扶养人所在集体经济组织和所在的国家机关，均可作为扶养人。该规定中作为扶养人的个人，只能是受扶养人继承人以外的自然人，即《民法典》第1127条规定的法定继承人范围之外的人。因此，受扶养人的侄子可以作为扶养人，但其妹妹不可以作为扶养人。综上，本题应选B、C、D项。

简答题

1. 遗赠具有以下的特点：(1) 遗赠是通过遗嘱方式实施的单方民事法律行为。遗赠是通过遗嘱的方式实现的将自己的财产赠给他人的行为，因此，遗赠欲发生法律效力，以遗嘱有效为前提。同时，遗嘱为单方民事法律行为，故遗赠也为单方民事法律行为。(2) 遗赠是给予法定继承人范围以外的人遗产的民事法律行为。遗嘱中将遗产赠与法定继承人范围以外的人，才为遗赠。法定继承人范围以外的人不限于自然人，还可以是国家、集体或者其他组织。(3) 遗赠是给予法定继承人范围以外的人财产利益的民事法律行为。法律不允许遗嘱人通过单方民事法律行为给受遗赠人带来不利益，因此，遗赠必须是给予受遗赠人财产利益的行为。(4) 遗赠是遗赠人死后发生法律效力的民事法律行为。遗赠虽然是在遗嘱人生前作出的意思表示，但要到遗嘱人死亡时才会发生法律效力。

2. 遗赠扶养协议具有如下特点：(1) 遗赠扶养协议是双方民事法律行为。遗赠扶养协议由扶养人与受扶养人双方订立，且只有在双方意思表示一致时才可成立。(2) 遗赠扶养协议是诺成性民事法律行为。遗赠扶养协议自双方意思表示一致时起即成立生效，故是诺成性民事法律行为。(3) 遗赠扶养协议是双务、有偿民事法律行为。遗赠扶养协议是双务民事法律行为，当事人互相享有权利、负有义务。遗赠扶养协议是有偿民事法律行为，其有偿性表现在扶养人接受遗赠财产，以对受扶养人进行扶养为代价。(4) 遗赠扶养协议是生前行为和死后行为的统一。遗赠扶养协议是扶养人与受扶养人生前签订的。在受扶养人生前，扶养人对其负有扶养义务；在受扶养人死后，扶养人享有接受遗产的权利，因此，遗赠扶养协议是生前行为与死后行为的统一。

3. 遗赠扶养协议的效力，主要体现在两个方面：(1) 遗赠扶养协议的优先适用效力。在遗产分配上，遗赠扶养协议具有优先于法定继承、遗嘱继承、遗赠的效力。(2) 对遗赠扶养协议当事人的效力。遗赠扶养协议签订后，扶养人应当按照约定尽扶养义务并处理受扶养人的丧葬事宜。扶养人无正当理由不履行，导致协议解除的，不能享有受遗赠的权利，其支付的供养费用一般不予补偿；遗赠人无正当理由不履行，导致协议解除的，则应当偿还扶养人已支付的供养费用。

案例分析题

1. (1) 甲的遗赠应为有效，因为该遗赠符合遗赠的有效条件。至于甲将其遗产遗赠给与其同居的丙，并不能影响遗赠的效力。当然，如果甲的遗赠中处分了他人财产，则该财产处分部分应为无效。应当指出的是，在司法实践中，曾有法院判决认为，该种遗赠违反了公序良俗，应为无效遗赠。

(2) 丙作为受遗赠人，对甲遗嘱中处分给其所有的财产享有的是请求交付的权利，性质上为债权，遗产所有权自交付时转归丙所有。

2. (1) 乙作为扶养义务人，依据遗赠扶养协议对甲尽了生养死葬义务。在履行协议的过程中，乙失手导致甲死亡，应属于过失杀人。虽然《民法典》未对扶养义务人受遗赠权的丧失作出规定，但依据立法目的，应当参照继承权丧失的规定。依据《民法典》第1125条的规定，只有继承人故意杀害被继承人的，才丧失继承权。乙是过失杀害了甲，不具备丧失受遗赠权的条件，仍有按照协议约定接受甲遗产的权利。

(2) 甲、乙之间的遗赠扶养协议，本质上是债权行为，是乙取得房屋所有权的原因。乙基于债权行为取得协议中遗赠房屋的所有权，依据《民法典》第209条的规定，经依法登记，始发生物权变动的效力。因此，甲死亡后，乙对甲遗赠房屋的所有权自办理过户登记之日起取得。

论述题与深度思考题

1. 受遗赠权在性质上究竟是物权还是债权，即遗赠财产是在继承开始时就当然移转于受遗赠人，还是受遗赠人享有向继承人或者遗嘱执行人请求交付遗赠财产的权利，学说上有不同观点。第一种观点认为，在概括遗赠中，受遗赠权与继承权一样具有物权效力，即遗产自继承开始时就移转于受遗赠人；在特定遗赠中，受遗赠权只有债权效力，即遗产先概括移转于继承人，在继承人接受继承后，受遗赠人只能向继承人请求交付遗赠物。第二种观点认为，不管概括遗赠还是特定遗赠都只具有债权效力。第三种观点认为，在遗嘱人无直系晚辈血亲时，概括遗赠具有物权效力，在其他情形下都只具有债权效力。依据《民法典》第1124条的规定，继承开始后，继承人放弃继承的，应当在遗产处理前，以书面形式作出放弃继承的表示；没有表示的，视为接受继承。受遗赠人应当在知道受遗赠后六十日内，作出接受或者放弃受遗赠的表示。到期没有表示的，视为放弃受遗赠。这一规定是建立在继承权的物权效力和受遗赠权的债权效力基础上的。我国继承法理论一致认为，遗产自继承开始时移转于继承人，所以继承权的接受无须明示，继承人单纯的沉默就意味着接受继承。而受遗赠权正好与之相反：受遗赠权的接受必须明示，默示的则视为放弃受遗赠。这也意味着遗产并非自继承开始时移转于受遗赠人，受遗赠权仅具有债权效力。

2.《民法典》第1124条第2款规定，受遗赠人应当在知道受遗赠后60日内，作出接受或者放弃受遗赠的表示；到期没有表示的，视为放弃受遗赠。该规定明确了遗赠的接受和放弃，在理解时应当注意以下问题：(1) 法定代理人未在知道受遗赠后60日内作出意思表示的效力。当受遗赠人为无民事行为能力人或限制民事行为能力人时，其法定代理人在知道受遗赠后的60日内没有作出明确的接受或者放弃受遗赠的意思表示，究竟视为接受遗赠还是放弃遗赠？依据民法一般理论，法定代理人处分无民事行为能力人或者限制民事行为能力人的财产必须是为了无民事行为能力人或者限制民事行为能力人的利益，损害其利益的处分无效。这是保护无民事行为能力人或者限制民事行为能力人的需要。所以，出于保护无民事行为能力人或者限制民事行为能力人的需要，应当认为，在受遗赠人是无民事行为能力人或者限制民事行为能力人时，其法定代理人在规定期限内没有作出接受遗赠的意思表示的，推定接受遗赠，以此作为《民法典》第1124条的例外。(2) 受遗赠人在知道受遗赠后的60日内死亡的，其继承人表示接受遗赠的效力。这个问题与受遗赠权可否继承有关。遗赠自继承开始时发生法律效力，受遗赠权自遗赠发生法律效力时就已经产生。受遗赠权虽具有一定的专属性，通常不能转让，但应当可以继承。所以，在继承开始后受遗赠人死亡的，在规定期限内受遗赠人的继承人有权表示接受遗赠。(3) 遗赠的接受和放弃的溯及力。遗赠的接受和放弃具有溯及效力，溯及继承开始时发生法律效力。

第十四章 遗产的处理

知识逻辑图

- 遗产的处理
  - 遗产的地位
    - 遗产的性质：继承人共同共有
    - 遗产的确定
      - 夫妻共有财产中属于被继承人的部分
      - 家庭共同财产中属于被继承人的部分
      - 其他共同财产中属于被继承人的部分
    - 遗产的使用、收益和处分
      - 单独继承，自行决定
      - 共同继承，一致同意
  - 遗产管理人
    - 概念：对遗产负有保存和管理职责的人
    - 遗产管理人的确定
      - 遗嘱执行人为遗产管理人
      - 继承人推选的遗产管理人
      - 继承人共同担任遗产管理人
      - 民政部门担任遗产管理人
      - 村民委员会担任遗产管理人
      - 人民法院指定遗产管理人
    - 遗产管理人的职责
      - 清理遗产并制作遗产清单
      - 向继承人报告遗产情况
      - 采取防止遗产的毁损、灭失的必要措施
      - 处理被继承人的债权债务
      - 按照遗嘱或法律规定分割财产
      - 实施与管理遗产有关的其他必要行为
    - 遗产管理人赔偿责任承担
      - 故意或者重大过失
      - 造成继承人或受遗赠人及债权人损失
  - 遗产债务
    - 概念：被继承人生前所负个人债务
    - 特点
      - 被继承人生前所欠的债务
      - 被继承人以个人名义所负的债务
      - 被继承人用于个人需要所负的债务
    - 清偿原则
      - 限定继承
      - 保留必要份额
      - 清偿债务优先执行遗赠
    - 清偿时间和方式
      - 遗产分割前
      - 遗产分割后

- 遗产的处理
  - 遗产债务
    - 清偿顺序
      - 职工工资、生活费
      - 所欠税款
      - 有物上担保的债权
      - 普通债权
      - 未知的普通债权
    - 清偿责任
      - 共同继承人对外承担连带责任
      - 共同继承人之间按各自继承比例分担
    - 附条件与附期限遗产债务
      - 附条件遗产债务可向提存机关提存
      - 附期限遗产债务可提前清偿
      - 当事人另有约定从其约定
  - 遗产的分割
    - 原则
      - 遗产分割自由
      - 有利生产和生活
      - 不损害遗产效用
      - 保留胎儿应继份额
      - 故意隐匿、侵吞、争夺遗产者酌减
    - 方式
      - 实物分割
      - 变价分割
      - 作价分割
      - 转为按份共有
    - 效力
      - 效力发生时间：移转主义
      - 继承人相互间担保责任
        - 瑕疵担保责任
        - 债务人资力担保责任
  - 无人承受遗产
    - 概念：继承开始后无人继承或受遗赠的财产
    - 范围
      - 无继承人和受遗赠人
      - 继承人放弃或丧失继承权
      - 受遗赠人放弃或丧失受遗赠权
      - 遗嘱未处分遗产部分无法定继承人
      - 遗嘱无效又无法定继承人
      - 其他情形
    - 归属
      - 归国家所有
      - 归死者所在集体所有制组织所有

名词解释与概念比较

1. 遗产债务
2. 遗产分割
3. 无人承受遗产
4. 遗产继承权与遗产共有权
5. 遗嘱执行人与遗产管理人

选择题

（一）单项选择题

1. 甲与乙婚姻关系存续期间，双方共同购置的房屋6间以甲的名义办理了产权登记。其未成年儿子丙自舅舅处接受赠与 1 万美元。甲生前与丁合伙经营一鞋店，财产总额 20 万元，甲在合伙中的财产份额为 8 万元。甲去世后，继承人对遗产继承发生争议。关于甲遗产范围的表述，下列哪种说法是正确的？（　　）

A. 房屋 3 间、甲在合伙中的财产份额 8 万元

B. 房屋 3 间、甲应得的 4 万元合伙财产

C. 房屋 6 间、甲在合伙中的财产份额 8 万元

D. 房屋 3 间、甲应得的 4 万元合伙财产和丙接受赠与所得财产中的一半

2. 甲生前因致人损害需承担赔偿责任而对乙负债 10 万元，生病住院期间无力支付医疗费而因子女推诿，欠医院医疗费 3 万元，为夫妻共同生活购买房屋对丙负债 5 万元。甲去世后，留有遗产房屋 1 套价值人民币 50 万元。甲的妻子及其子女因分割房屋，支付房屋价值评估费 1 万元。关于甲遗产债务的范围，下列哪种说法是正确的？（　　）

A. 甲对乙的债务、对医院的债务

B. 甲对乙的债务、对丙债务中的 2.5 万元、评估费用

C. 甲对乙的债务、对丙债务中的 2.5 万元、对医院的债务、评估费用

D. 甲对乙的债务、对丙债务中的 2.5 万元

3. 甲生前留有遗嘱，明确将自己遗产存款中的 10 万元遗赠给朋友乙，将存款中的 40 万元留给弟弟丙。甲留有遗产价值 150 万元的房屋 1 套、存款 60 万元、价值 12 万元的汽车 1 部。甲有继承人妻、母和儿子丁。甲母无其他子女，没有生活来源，依靠甲提供生活费用。甲因经商，对外负债 75 万元。甲去世后，丁表示放弃继承权。遗产分割完毕后，债权人向甲的继承人主张债权。关于甲的遗产债务清偿主体的表述中，哪种说法是正确的？（　　）

A. 由法定继承人甲妻、甲母和丁承担清偿责任，乙和丙不负清偿责任

B. 由遗嘱继承人丙承担清偿责任，甲妻、甲母和乙不负清偿责任

C. 受遗赠人乙和遗嘱继承人丙共同承担清偿责任，甲妻、甲母不负清偿责任

D. 由甲妻、甲母承担清偿责任

4. 甲独子乙离家出走多年杳无音信，经甲申请被法院宣告失踪。乙被宣告失踪 3 年后，甲死亡，其所在的村民委员会丙将其遗留财产作为无主财产收归集体所有。甲的债权人得知后向丙提出清偿甲生前所欠债务的请求，丁也以对甲扶养较多为由，向丙提出适当分得遗产的要求。法院根据丙的申请宣告乙死亡后，甲的遗产应如何处理？（　　）

A. 甲的全部遗产归丙所有

B. 甲的遗产清偿完债务后剩余部分归丙所有

C. 甲的遗产清偿完债务并分给丁适当数额后剩余部分归丙所有

D. 甲的遗产清偿完债务后剩余部分全部归丁所有

（二）多项选择题

1. 甲有继承人乙、丙、丁三子。甲去世时，遗有房屋 6 间，乙、丙、丁均未放弃继承权，也未提出分割要求，房屋一直由丙占有使用。甲死亡 20 年后，乙、丁退休欲返回原籍生活时，方知丙已在 10 年前将房屋产权过户到自己名下。乙、丁向丙提出分割请求，丙则以乙、丁的分割请求已过诉讼时效为由予以拒绝。关于丙侵害乙、丁对甲遗产权利的表述，下列哪些说法是正确的？（　　）

A. 丙侵害了乙、丁的继承权，自继承开始之日起已超过 20 年，乙、丁无权请求分割

B. 乙、丙、丁在继承开始后均接受继承，甲的遗产属于乙、丙、丁共同共有

C. 丙侵害了乙、丁的共有权，自继承开始之日起已超过 20 年，乙、丁仍有权请求分割

D. 乙、丙、丁对甲遗留的 6 间房屋的分割，适用共有财产分割的规定

2. 甲生前为某村村民。甲去世后，留有遗产一宗，遗产中的农用拖拉机存放在同村的甲弟乙处。甲有子丙、女丁，丙在外地工作，丁为智能障碍者，无法与丙取得联系。关于甲的遗产保管人的表述中，哪些说法是错误的？（　　）

A. 乙是农用拖拉机的保管人

B. 丁是农用拖拉机以外遗产的保管人

C. 丙是农用拖拉机以外遗产的保管人

D. 甲所在地的村民委员会是农用拖拉机以外遗产的保管人

3. 甲有继承人妻乙、子丙、女丁，有遗产房屋 1 套。继承开始后，乙、丙、丁均未提出分割要求，房屋由乙继续管理使用。乙征得丙、丁同意后将该房屋出租给戊，每月收取租金 8 000 元，但乙均据为己有。1 年后，乙未经丙、丁同意，将该房屋出卖给戊。关于

乙对甲遗产行为的表述，哪些说法是正确的？（　　）

A. 乙经其他继承人同意继续管理使用房屋，该房屋的收益应归乙

B. 房屋的租赁收益，乙、丙、丁没有约定，应由乙、丙、丁共同共有

C. 房屋是乙、丙、丁的共同财产，乙未经丙、丁同意不得擅自处分

D. 戊取得乙擅自处分的房屋，符合善意取得条件的受善意取得制度保护

4. 甲有继承人妻乙、父丙、母丁。甲死亡时，其妻乙已怀孕数月。乙尚未分娩，丙、丁即对甲的遗产提出分割要求。下列关于遗产分割的说法中，哪些表述是正确的？（　　）

A. 丙、丁有权随时提出遗产分割请求

B. 遗产分割时，应当保留胎儿的继承份额

C. 为胎儿保留的遗产份额，如胎儿出生后死亡的，由其继承人乙继承

D. 为胎儿保留的遗产份额，如胎儿娩出时是死体的，由乙、丙、丁继承

5. 甲与妻乙感情不和分居已满1年。分居期间，甲父去世但生前未立遗嘱，甲与弟丙、妹丁继承了甲父的遗产但未分割。甲、乙离婚后，甲与丙、丁协议分割了甲父的遗产，甲分得遗产人民币200万元。乙以该财产为婚姻关系存续期间所得为由，请求重新分割。关于甲分割所得遗产的性质，下列哪些说法是正确的？（　　）

A. 甲分割所得财产属于婚姻关系解除后所得财产，为甲的个人财产

B. 甲分割所得财产，为婚姻关系存续期间继承所得财产，为甲、乙的夫妻共有财产

C. 若甲分割取得遗产3年后，乙方知情并提出重新分割要求，已过诉讼时效

D. 若乙知道甲分割取得遗产3年后，提出重新分割要求，已过诉讼时效

6. 甲生前以其所有房屋为他人的债务向乙设立了抵押权。甲去世后，除该被抵押房屋外，另有1套价值相当的房屋。甲的继承人丙和丁订立遗产分割协议，两套房屋每人1套，丙分得了被抵押的房屋。因债务人未清偿到期债务，乙行使抵押权，丙分得的房屋被拍卖，所得价款用于偿还债务人对乙的债务。丙向债务人追偿未果，遂请求丁承担瑕疵担保责任。下列关于对丙损失承担的表述，哪些说法是正确的？（　　）

A. 丙因乙行使抵押权导致遗产权利未能实现，损失应自行承担

B. 丁应当用其所得份额补偿丙未实现遗产权利的损失

C. 丁在遗产分割后，对丙分得房屋存在的抵押权负担有瑕疵担保责任

D. 丙因不可归责于个人的原因未实现遗产权利，丁所得遗产由丙、丁重新分割

7. 甲与自然人乙签订遗赠扶养协议。按照协议，乙承担对甲生养死葬的义务，甲所有的4间房屋归乙所有。关于遗赠扶养协议生效时间的表述，下列哪些说法是正确的？（　　）

A. 乙作为扶养人的义务自协议签订之日起生效

B. 甲作为受扶养人的义务自甲死亡后发生效力

C. 遗赠扶养协议自甲、乙双方意思表示一致时发生效力

D. 乙的扶养义务和甲的遗赠义务同时生效

8. 甲与自然人乙签订遗赠扶养协议。按照协议，乙承担对甲生养死葬的义务，甲所有的房屋一套归乙所有。协议签订后，乙开始履行扶养义务。后因房屋价格上涨，甲便将房屋出卖给第三人丙，双方办理了过户登记手续。对甲的处分行为，乙享有何种权利？（　　）

A. 乙有权解除遗赠扶养协议

B. 乙有权请求确认甲、丙之间的房屋买卖行为无效

C. 乙有权要求甲补偿其已经付出的扶养费用

D. 乙有权请求撤销甲、丙之间的房屋买卖行为

简答题

1. 简述遗产管理人的确定标准。
2. 简述遗产管理人的职责。
3. 简述遗产债务的清偿原则。
4. 简述遗产的分割原则。
5. 简述无人承受遗产的范围及归属。

案例分析题

1. 甲有两个儿子乙、丁，其妻早年去世。大儿子

乙同丙结婚，婚后乙因车祸死亡，其妻丙已怀孕4个月。甲在交通事故中死亡，在料理完甲的丧事后，丁提出甲的遗产由其单独继承，丙不同意。因产期临近，丙急于回娘家待产，遂与丁达成协议：乙的遗产由丁和丙二人平均分割；甲的遗产由丁一人继承；丙结婚时带来的嫁妆归丙所有。遗产按照协议分割后，丙生下一男孩戊。戊出生后，丙认为遗产分割协议不公平，请求重新分割，丁不同意。

请回答下列问题：

(1) 胎儿是否有代位继承的权利？

(2) 丙与丁之间签订的遗产分割协议是否有效？

2. 甲雇用两个待业青年经营餐馆，生意兴隆。甲妻乙丧失劳动能力，儿子丙、丁和戊均参加工作，生活独立，经济分开。甲决定扩大店面，因自有资金不足向银行贷款50万元。经营期间，甲因罹患癌症住院。住院期间，经营正常进行，但未交纳税款。甲去世后，共欠税款30万元。甲生前立有遗嘱，将遗产中的20万元给负责照看妻子的侄女己。丙、丁、戊在办理完甲的丧事后，将甲的遗产出售获60万元人民币，分给己遗产20万元，其余部分乙、丙、丁、戊各继承10万元。银行与税务机关向法院提起诉讼，要求偿还欠款和税款。

请回答下列问题：

(1) 甲的遗产被分割后，生前债务应如何清偿？

(2) 当遗产不足以清偿全部债务时，乙的利益如何保护？

论述题与深度思考题

1. 试述遗产债务的确定标准。

2. 试述遗产分割的效力。

参考答案

名词解释与概念比较

1. 遗产债务，是指被继承人生前以个人名义欠下的，完全用于被继承人个人需要的债务。

2. 遗产分割，是指遗产在各继承人之间实际分配，从而使分割后的遗产为各个继承人单独所有的行为。

3. 无人承受遗产，是指继承开始后，没有人依法继承或者接受遗赠的被继承人的财产。

4. 遗产继承权与遗产共有权

比较点	遗产继承权	遗产共有权
含义	自然人根据法律规定或者被继承人生前立下的合法有效遗嘱承受被继承人遗产的权利	共同继承人在接受继承后，对遗产所享有的共有权
权利的产生时间	继承人在继承开始后遗产分割前，对被继承人遗产享有的主观意义上的继承权	继承人接受继承后，基于其继承权与其他人共同享有的对遗产的权利
遗产分割前侵权责任发生的原因	侵害遗产继承权是继承人的继承资格被否定	侵害遗产共有权是继承人的遗产所有权被侵害
权利受侵害的救济措施	侵害遗产继承权时，权利人享有继承权回复请求权	侵害遗产共有权时，权利人享有返还财产请求权

5. 遗嘱执行人与遗产管理人

比较点	遗嘱执行人	遗产管理人
含义	遗嘱中指定的按照遗嘱人的有效遗嘱中所表示的愿望而为必要行为的人	对遗产负有保存和管理职责的人
资格确定依据	遗嘱人在遗嘱中指定	法律规定
管理的遗产范围	遗嘱中处分的遗产	被继承人的全部遗产
职责范围	职责范围限于与遗嘱有关的事项	职责范围为与遗产有关的全部事项

选择题

(一) 单项选择题

1. B。《民法典》第1122条规定，遗产是自然人死亡时遗留的个人合法财产。《民法典》第1153条第1款规定，夫妻共同所有的财产，除有约定的外，遗产分割时，应当先将共同所有的财产的一半分出为配偶所有，其余的为被继承人的遗产。第 2 款规定，遗产在家庭共有财产之中的，遗产分割时，应当先分出他人的财产。依据上述规定，甲与乙共有房屋 6 间中的 3 间为甲的遗产；丙接受赠与所得的 1 万美元，是丙的个人财产，不是家庭共有财产，不存在成为甲遗产的可能；甲在合伙中的份额 8 万元，为夫妻共有财产，甲应得的 4 万元为遗产。综上，本题应选 B 项。

2. D。依据《民法典》第 1159 条的规定，分割遗产，应当清偿被继承人依法应当缴纳的税款和债务。甲生前致人损害所负债务，系个人侵权行为所产生的债务，应为遗产债务；生病期间所欠医疗费，是子女不履行赡养义务所负债务，该债务应由赡养义务人负担，不属于遗产债务；甲在婚姻关系存续期间因购买住房以个人名义所负债务，为家庭生活需要所负债务，依据《民法典》第 1064 条的规定，应为夫妻共同债务，其中的 2.5 万元为甲遗产债务；因分割遗产房屋所支付的评估费 1 万元，属于继承开始后与遗产有关的债务，不应纳入遗产债务的范围。综上，本题应选 D 项。

3. D。《民法典》第 1161 条第 2 款规定，继承人放弃继承的，对被继承人依法应当缴纳的税款和债务可以不负清偿责任。依据该规定，丁放弃继承，可不负债务清偿责任。《民法典》第 1163 条规定，既有法定继承又有遗嘱继承、遗赠的，由法定继承人清偿被继承人依法应当缴纳的税款和债务；超过法定继承遗产实际价值部分，由遗嘱继承人和受遗赠人按比例以所得遗产清偿。依据该规定，甲的法定继承所得遗产足以清偿债务。法定继承人甲妻、甲母承担清偿责任，受遗赠人和遗嘱继承人丙不承担清偿责任。甲妻、甲母作为法定继承人，对甲的遗产继承权平等，但在分割遗产时，依据《民法典》第 1130 条第 2 款的规定，甲母作为生活有特殊困难又缺乏劳动能力的继承人，分配遗产时，应当予以照顾。甲母继承的遗产足以清偿遗产债务，清偿债务后剩余部分作为其生活来源能够维持其正常生活，依据《民法典》第 1159 条的规定，甲母虽缺乏劳动能力又没有生活来源，但仍应以其接受遗产实际价值部分清偿遗产债务。综上，本题应选 D 项。

4. C。《民法典》第 1160 条规定，无人继承又无人受遗赠的遗产，归国家所有，用于公益事业；死者生前是集体所有制组织成员的，归所在集体所有制组织所有。但依据《民法典》第 1159 条的规定，分割遗产，应当清偿被继承人依法应当缴纳的税款和债务。甲生前负有债务，分割遗产时应当清偿该债务。甲除债务人外，尚有对甲扶养较多的丁，依据《继承解释(一)》第 41 条的规定，丁有权适当分得甲的遗产。综上，本题应选 C 项。

（二）多项选择题

1. BCD。《民法典》第 1124 条第 1 款规定，继承开始后，继承人放弃继承的，应当在遗产处理前，以书面形式作出放弃继承的表示；没有表示的，视为接受继承。这一规定是建立在遗产继承人共同共有说的基础之上。继承人有数人的，继承人对遗产形成共同共有关系。丙不否认继承人乙、丁的继承人身份和地位，因此，其侵害的是乙、丁对遗产的共同共有权而不是遗产继承权。《民法典》第 188 条规定，向法院请求保护民事权利的诉讼时效期间为 3 年。法律另有规定的，依据其规定。诉讼时效期间自权利人知道或者应当知道权利受到损害以及义务人之日起计算。法律另有规定的，依据其规定。但是，自权利受到损害之日起超过 20 年的，法院不予保护，有特殊情况的，法院可以根据权利人的申请决定延长。依据该规定，乙、丁知道其权利受到损害之日起 3 年内向法院提起诉讼，且权利受到损害之日起未超过 20 年，因此，乙、丁仍有权请求分割遗产。综上，本题应选 B、C、D 项。

2. BCD。《民法典》第 1151 条规定，存有遗产的人，应当妥善保管遗产，任何组织或者个人不得侵吞或者争抢。甲死亡后，其农用拖拉机存放在弟弟乙处，依据该规定，乙是该农用拖拉机的保管人，丁、丙、村民委员会均不是该遗产的保管人。综上，本题应选 B、C、D 项。

3. BCD。甲死亡后，其遗产由乙、丙、丁共同继承，遗留的房屋归继承人乙、丙、丁共同共有。共有关系存续期间，乙征得其他继承人的同意，将房屋出租所得租金，为共有财产的孳息，依据孳息从原物规则，应当归共有人所有。房屋作为遗产，乙、丙、丁共同继承后，成为其共同共有财产。对该共同共有财产的处分，依据《民法典》第 301 条的规定，应当遵循全体同意原则。乙未经共有人全体同意擅自处分的，其处分行为无效。但如果第三人取得该房屋时，符合《民法典》第 311 条规定的善意取得条件，则戊受善意取得制度保护，取得对乙无权处分房屋的所有权。综上，本题应选 B、C、D 项。

4. ABCD。继承人享有分割遗产的自由，在继承开始后继承人不论什么时候，也不论什么原因，继承人都可以请求分割遗产。继承人中只要有人主张分割遗产，其他继承人便负有协助分割的义务。因此，丙、丁有权随时提出遗产分割请求。遗产分割时，甲的遗腹子尚未出生，依据《民法典》第 1155 条的规定，应当保留胎儿的继承份额。胎儿娩出时是死体的，保留的份额按照法定继承办理。综上，本题应选 A、B、C、D 项。

5. BD。《民法典》第 1121 条规定，继承从被继承人死亡时开始。依据《民法典》第 1062 条的规定，夫妻在婚姻关系存续期间继承所得的财产，为夫妻的共同财产，归夫妻共同所有。甲的父亲在甲、乙婚姻关系存续期间死亡，甲对分割所得财产的所有权在继承开始即甲父死亡时已经取得，因此，该财产为甲、乙夫妻共有财产。《婚姻家庭解释（一）》第 84 条规定，当事人依据《民法典》第 1092 条的规定向法院提起诉讼，请求再次分割夫妻共同财产的诉讼时效期间为 3 年，从当事人发现之日起计算。依据该规定，离婚后乙对夫妻共有财产请求再次分割的时间，自发现之日起计算。综上，本题应选 B、D 项。

6. BC。继承人分得的遗产源于共同继承人，所以，共同继承人应对其他继承人负瑕疵担保责任。继承人瑕疵担保责任包括物的瑕疵担保责任和权利瑕疵担保责任。物的瑕疵是指标的物的价值、效用或品质存在瑕疵；权利瑕疵是指分得遗产的全部或者部分属于第三人，或者遗产上负担有第三人合法的权利。丙分得的房屋为抵押物，因抵押权人行使抵押权导致丙对该房屋的所有权消灭，追偿权也未能实现，不可归责于丙，因此损失不能由丙自行承担。同为继承人，丁对丙分得遗产的权利非丙的过错不能实现时，应对该权利瑕疵负担保责任，分担丙不能取得遗产所有权的损失。综上，本题应选 B、C 项。

7. ABC。《民法典》第 1158 条规定，自然人可以与继承人以外的组织或者个人签订遗赠扶养协议。遗赠扶养协议为双方民事法律行为，自双方当事人意思表示一致时发生效力。按照协议，该组织或者个人承担该自然人生养死葬的义务，享有受遗赠的权利。依据该规定，遗赠扶养协议本质上是财产合同而非身份合同，适用合同法的规定。扶养人承担受扶养人的生养死葬义务，在受扶养人死后享有接受其遗产的权利。扶养人负有先履行义务，受扶养人负有后履行义务，协议中双方的权利义务生效时间不一致。综上，本题应选 A、B、C 项。

8. AC。甲、乙间遗赠扶养协议签订后，扶养人和遗赠人均应按约定履行各自的义务。遗赠人的遗赠义务在其死后履行，其死亡前对其协议标的物有处分的权利，扶养人不能请求确认甲对房屋的出卖行为无效或者撤销甲对房屋的出卖行为。甲将房屋出卖给第三人，将导致其无法发行自己的遗赠义务，乙有权解除遗赠扶养协议。《继承解释（一）》第 40 条规定，扶养人无正当理由不履行，导致协议解除的，不能享有受遗赠的权利，其支付的供养费用一般不予补偿；遗赠人无正当理由不履行，导致协议解除的，则应当偿还扶养人已支付的供养费用。因此，选项 A、C 正确。综上，本题应选 A、C 项。

简答题

1. 依据《民法典》第 1145 条的规定，遗产管理人按照下列顺序确定：(1) 遗嘱执行人；(2) 没有遗嘱执行人的，继承人应当及时推选遗产管理人；(3) 继承人未推选遗产管理人的，由继承人共同担任遗产管理人；(4) 没有继承人或者继承人均放弃继承的，由被继承人生前住所地的民政部门或者村民委员会担任遗产管理人。对遗产管理人的确定有争议的，利害关系人可以向法院申请指定遗产管理人。

2. 依据《民法典》第 1147 条的规定，遗产管理人的职责具体包括：(1) 清理遗产并制作遗产清单；(2) 向继承人报告遗产情况；(3) 采取必要措施防止遗产毁损、灭失；(4) 处理被继承人的债权债务；(5) 按照遗嘱或者依据法律规定分割遗产；(6) 实施与管理遗产有关的其他必要行为。

3. 遗产债务的清偿应遵循如下原则：(1) 限定继承原则。继承人对被继承人的遗产债务的清偿只以遗产的实际价值为限，超过遗产实际价值的部分，继承人不负清偿责任。(2) 保留必要份额原则。在清偿遗产债务时，如有继承人缺乏劳动能力又没有生活来源的，必须为其保留必要的份额。(3) 清偿债务优先执行遗赠原则。在执行遗赠时，不得妨碍清偿遗赠人依法应当缴纳的税款和债务。

4. 遗产分割应遵循如下原则：(1) 遗产分割自由原则。在继承开始后，不论什么时候，也不论什么原因，继承人都可以请求分割遗产。(2) 有利生产和生活需要原则。遗产分割，应当照顾继承人的生产和生活的需要。(3) 不得损害遗产效用原则。在遗产分割时，对于不宜分割的遗产，不得损害其效用及经济价值。(4) 保留胎儿应继承份额原则。在遗产分割时，应当保留胎儿的继承份额。(5) 故意隐匿、侵吞、争夺遗产者酌减原则。对于故意隐匿、侵吞或者争抢遗产的继承人，可以酌情减少其应继承的遗产。

5. 继承开始后，无人承受的遗产包括：死者无法定继承人，也无受遗赠人；继承人全部放弃或丧失继承权，受遗赠人也放弃或者丧失受遗赠权；被继承人只用遗嘱处分了一部分遗产，且没有法定继承人；被继承人虽用遗嘱处分了遗产，但遗嘱无效且又无法定继承人；被继承人用遗嘱取消了所有法定继承人的继承权，但又未指定受遗赠人，或者虽指定受遗赠人，但受遗赠人放弃或者丧失了受遗赠权，或者先于被继承人死亡，且未签订遗赠扶养协议。依据《民法典》第1160条的规定，无人承受的遗产归国家所有，用于公益事业；死者生前是集体所有制组织成员的，归所在集体所有制组织所有。

案例分析题

1. (1)《民法典》第16条规定，涉及遗产继承、接受赠与等胎儿利益保护的，胎儿视为具有民事权利能力。乙先于甲死亡，甲死亡时胎儿具有民事权利能力，视为生存之人，胎儿有代位继承甲遗产的权利。在分割遗产时，应当依据《民法典》第1155条的规定，保留胎儿的应继份额。

(2) 丙、丁之间签订的遗产分割协议无效。胎儿作为具有民事权利能力的人，其父乙死亡时，其作为继承人享有对乙遗产的继承权，以及对其祖父甲遗产的代位继承权。丙作为胎儿的监护人，依据《民法典》第35条第1款的规定，应当按照最有利于被监护人的原则履行监护职责，除为被监护人的利益外，不得处分被监护人的财产。丙、丁遗产分割协议中剥夺胎儿继承权的行为，侵害了胎儿的合法权利。丁为乙第二顺序的法定继承人，在有第一顺序法定继承人参与继承的情形下，依据继承顺序强制规则，无权作为继承人参与对乙遗产的分割。因此，丙、丁订立的遗产分割协议因违反法律的强制性规定而无效。戊出生后，丙有权以其法定代理人的身份请求丁返还无权分割的遗产。

2. (1) 依据《民法典》第1163条的规定，甲的遗产被分割后，甲生前所欠的债务应按如下原则清偿：首先由法定继承人乙、丙、丁、戊在所得遗产实际价值范围内清偿，不足部分由受遗赠人己用所得遗产偿还。

(2) 甲的遗产实际价值为60万元，甲生前所欠税款和债务共80万元，法定继承人为乙、丙、丁、戊，受遗赠人为己。在债务未清偿遗产即被分割时，应由法定继承人乙、丙、丁、戊在所得遗产实际价值范围内清偿债务，即各以所得的10万元清偿债务，不足部分由受遗赠人己以其所得的20万元遗产偿还。以上各继承人和受遗赠人以所得遗产实际价值仍不能清偿全部债务，但因继承人乙丧失劳动能力又无生活来源，依据《民法典》第1159条的规定，应当为其保留适当的遗产份额。对于债权人的债权，应当按照债权的比例以剩余遗产进行清偿。

论述题与深度思考题

1. 我国民法典采当然的概括继承原则，遗产自继承开始时转归继承人所有。因此，遗产不但包括遗产权利，而且包括遗产义务。继承人继承被继承人遗产后，应当承担对被继承人遗产的清偿责任。关于遗产债务的认定标准，应当从以下方面考虑：(1) 时间标准。遗产债务，是被继承人生前所负的债务。继承开始是区分被继承人债务和继承人债务的分界点：被继承人生前所欠的债务为遗产债务，继承人的偿还义务以所继承的遗产为限；继承开始后所欠下的与被继承人有关的债务如丧葬费用、与遗产有关的债务如遗产管理费用和遗产继承费用都是非遗产债务，继承人的偿还义务不受继承遗产的限制。(2) 用途标准。遗产债务，是被继承人生前以个人名义所负的用于被继承人个人需要的债务。只有以被继承人名义欠下的债务，才为遗产债务。但是，被继承人以个人名义欠下的债务并非全部为遗产债务，还应区分被继承人个人债务与夫妻或者家庭共同债务。与夫妻或者家庭共同生活无关的、单纯为满足被继承人个人需要的债务，才为遗产债务。如果是为夫妻或者家庭共同生活需要、为增加夫妻或者家庭共同财产、为偿还夫妻或者家庭共同的债务等所欠的债务，无论以谁的名义欠下，都是夫妻或者家庭共同债务，应当用夫妻共有财产或者家庭共同财产来偿还。

2. 遗产分割的效力，主要包括四个方面：(1) 遗产分割的物权变动效力。遗产分割后，各继承人开始享有其专属部分的所有权，使共有关系转化为新的所有关系。也就是说，遗产分割具有财产权的转移效力或者创设效力。(2) 继承人间的瑕疵担保效力。继承人的瑕疵担保责任包括物的瑕疵担保责任和权利瑕疵担保责任。在前者，继承人对其他继承人分得的遗产存在的物的瑕疵，应负担保责任；在后者，如果继承人分得遗产的全部或者部分属于第三人，或者遗产上负担有第三人合法的权利，继承人对其他继承人分得的遗产存在的权利瑕疵，应负担保责任。(3) 债务人资力担保效力。遗产分割后，各继承人应当按其所得部分，对其他继承人因遗产分割而取得的债权，担保债务人具有支付能力。(4) 遗产债务的连带清偿效力。各共同继承人基于遗产为继承人所共有的事实，对遗产债务应负连带责任。连带责任是共同继承人对外的责任形式，在共同继承人内部应当按照各自继承遗产的比例分担遗产债务。承担了连带责任的继承人就超过自己应当承担部分的债务，有权向其他继承人追偿。

第十五章　涉外继承

知识逻辑图

- 涉外继承
  - 概念：财产继承法律关系的构成要素中含有涉外因素的继承
  - 特点
    - 财产继承关系中至少有一个因素涉外
    - 处理继承法律关系需要适用冲突规范
    - 处理涉外继承法律关系需要确定准据法
    - 涉外继承案件实行专属管辖
  - 法律适用
    - 涉外法定继承准据法
      - 单一制
      - 分割制
    - 涉外遗嘱继承准据法
      - 遗嘱能力的准据法
      - 遗嘱方式的准据法
      - 遗嘱内容的准据法
      - 遗嘱效力的准据法
    - 无人承受的遗产准据法
      - 确定的准据法
      - 归属的准据法
  - 我国涉外继承准据法
    - 涉外法定继承准据法
      - 被继承人死亡时经常居所地法律
      - 不动产所在地法律
    - 涉外遗嘱继承准据法
      - 遗嘱方式准据法
        - 立遗嘱时经常居所地法律
        - 死亡时经常居所地法律
        - 国籍国法律
        - 遗嘱行为地法律
      - 遗嘱效力准据法
        - 立遗嘱时经常居所地法律
        - 死亡时经常居所地法律
        - 国籍国法律
    - 无人承受遗产准据法：被继承人死亡时遗产所在地法律
    - 遗产管理事项准据法：遗产所在地法律

名词解释与概念比较

1. 涉外继承
2. 涉外继承准据法

选择题

（一）单项选择题

1. 侨居 A 国的中国公民甲在 B 国旅行时遇车祸身

亡。其生前在C国某银行寄存有价值10万美元的股票、珠宝一批，在中国遗留有价值200万人民币的房产一处。甲在中国的父母要求继承这批股票和珠宝。我国与A、B、C三国均无有关遗产继承的特别协议。依我国法律，前述股票和珠宝的继承应适用哪一国的法律？（　　）

A. 中国法　　B. A国法

C. B国法　　D. C国法

2. A国人甲在我国工作期间不幸病故。甲在我国境内遗留有价值300万元人民币的财产，但未留遗嘱，亦无继承人。在这种情况下，甲遗留在我国的财产应依据什么法律处理？（　　）

A. 依A国法处理

B. 依A国法或中国法处理

C. 依中国法处理

D. 交A国驻华使领馆依A国法处理

3. 中国公民甲长期居住在A国，后移居B国并取得当地住所。移居B国3年后，甲去世但未立遗嘱。甲生前在中国有投资股权和银行存款。B国关于法定继承的冲突规范规定：法定继承适用被继承人本国法律。现甲的C国籍的儿子和女儿为继承甲在华的股权和存款发生争议，并诉诸中国法院。依据我国相关法律及司法解释，下列关于本案的法律适用，哪种说法是正确的？（　　）

A. 应适用B国法律，因为甲去世时经常居住地在B国

B. 应适用A国法律，因为甲长期居住在A国

C. 应适用C国法律，因为甲的儿子和女儿均具有C国国籍

D. 应适用中国法律，因为甲具有中国国籍，且争议的遗产位于中国

（二）多项选择题

1. 甲系已取得美国国籍且在纽约有住所的华人，回中国探亲期间病故于上海，未留遗嘱。甲在上海遗有1栋别墅，在美国纽约遗有1套公寓房、2家商店、3辆汽车、若干存款。甲在纽约没有亲属，其在上海的亲属因继承甲的遗产发生争议，诉至上海某法院。我国法院对甲的遗产继承应按哪些法律处理？（　　）

A. 纽约的财产适用纽约法律

B. 上海的财产适用中国法律

C. 动产适用纽约法律

D. 不动产适用不动产所在地法律

2. 甲系在温哥华有住所的加籍华人，回中国探亲期间病故于北京，回国前立有遗嘱，对其在温哥华的财产通过遗嘱进行了处分。甲在北京遗有1套公寓和100万元人民币的存款，在温哥华遗有1栋别墅、2辆汽车、若干存款。甲的亲属对甲的遗产继承发生争议，诉至北京某法院。我国法院应适用下列哪些法律审理这一案件？（　　）

A. 温哥华的财产适用加拿大法律

B. 北京的财产适用中国法律

C. 遗产中的动产适用加拿大法律

D. 遗产中的不动产适用不动产所在地法律

简答题

1. 简述涉外继承的特点。

2. 简述我国涉外法定继承准据法的确定标准。

案例分析题

1. 甲到美国经商，在美国结婚并加入美国国籍，并定居在美国。甲姐乙具有中国国籍，居住在北京。乙在中国去世，留下一栋价值约800万元的房屋和500余万元的存款及字画。乙没有结婚，也没有收养子女，其父母均已去世。

请回答下列问题：

（1）甲对乙房屋的继承应适用何国法律？

（2）甲对乙的存款和字画应适用何国法律？

2. 甲为日本人，妻乙为中国人，夫妻常驻中国从事餐饮经营。甲去世后，遗产有：在日本的存款，折合人民币100万元；在中国的住房1套、经营用房1间。甲生前设立自书遗嘱，声明其全部遗产由乙继承。甲死亡时，其子尚年幼，父母丧失劳动能力且无生活来源。

请回答下列问题：

（1）甲的遗嘱形式是否适用中国法律？

（2）甲的遗嘱效力是否适用中国法律？

论述题与深度思考题

1. 简述国际上解决涉外法定继承法律冲突的规则。

2. 简述我国涉外遗嘱继承的准据法。

参考答案

名词解释与概念比较

1. 涉外继承，是指财产继承法律关系的构成要素中含有涉外因素，要适用冲突规范加以解决的继承。

2. 涉外继承准据法，是指涉外继承冲突规范指向的法律，是用以确定当事人之间权利、义务的实体法。

选择题

（一）单项选择题

1. B。《涉外民事关系法律适用法》第 31 条规定，法定继承，适用被继承人死亡时经常居所地法律，但不动产法定继承，适用不动产所在地法律。甲为中国公民，生前侨居 A 国，在 B 国旅游时死亡，生前未立遗嘱，依据该规定，对其遗产的法定继承，适用被继承人死亡时经常居所地法律即 A 国法；不动产适用不动产所在地法律即中国法。因此，对寄存在 C 国股票、珠宝的继承，应当适用 A 国法。综上，本题应选 B 项。

2. C。甲未立遗嘱，也无继承人，甲遗留在我国境内的遗产为无人继承财产。甲在我国长期工作，在我国工作期间病故，死亡时遗产在我国境内，依据《涉外民事关系法律适用法》第 35 条的规定，无人承受的遗产的归属的准据法为被继承人死亡时遗产所在地法律。因此，对甲遗产的处理应当适用甲死亡时遗产所在地法律，即中国法。综上，本题应选 C 项。

3. A。甲为中国公民，长期居住在 A 国，后移居 B 国并取得当地住所，生前未立遗嘱。依据《涉外民事关系法律适用法》第 31 条的规定，法定继承适用被继承人死亡时经常居所地法律。因此，对甲遗产的法定继承，适用甲死亡时经常居所地法律。关于经常居所地认定，《民事诉讼法解释》第 4 条规定，公民的经常居住地是指公民离开住所地至起诉时已连续居住 1 年以上的地方。甲死亡时已在 B 国连续居住 1 年以上，因此，B 国应为甲死亡时经常居所地法律。综上，本题应选 A 项。

（二）多项选择题

1. ABCD。《涉外民事关系法律适用法》第 31 条规定，法定继承，适用被继承人死亡时经常居所地法律，但不动产法定继承，适用不动产所在地法律。甲为美籍华人，居住在美国纽约，在中国探亲时死亡，生前未立遗嘱。甲生前所有的不动产的继承，适用不动产所在地法律。甲生前所有的动产的继承，适用被继承人死亡时经常居所地法律，即纽约法律。在上海的不动产适用中国法律，在纽约的财产适用纽约法律，因为甲死亡时经常居所地在纽约。综上，本题应选 C、D 项。

2. ACD。《涉外民事关系法律适用法》第 33 条规定，遗产的效力适用遗嘱人立遗嘱时或者死亡时的经常居所地法律或者国籍国法律。甲的国籍为加拿大，立遗嘱、死亡时的经常居住地均在加拿大温哥华，因此对温哥华遗产的遗嘱继承，应当适用加拿大法律。《涉外民事关系法律适用法》第 31 条规定，法定继承适用被继承人死亡时经常居所地法律，但不动产法定继承，适用不动产所在地法律。甲的遗嘱未对北京财产进行处分，应适用法定继承。北京遗产中的 1 套公寓为不动产，应当适用该不动产所在地法律，存款应当适用被继承人死亡时经常居住地即加拿大法律。综上，本题应选 A、C、D 项。

简答题

1. 涉外继承具有如下特点：(1) 财产继承关系中至少有一个因素涉外。在涉外继承中，财产继承关系至少存在一个涉外因素，具体包括主体涉外、客体涉外和与继承有关的法律事实涉外。(2) 处理涉外继承法律关系需要适用国际私法中的冲突规范。由于继承法律关系中有涉外因素，不能单纯地适用本国法律，须适用各国法律中的冲突规范。(3) 处理涉外继承法律关系需要确定具体的准据法。冲突规范只解决具体适用哪一国家的法律，冲突规范指向的准据法才最终使继承权得以实现。(4) 涉外继承案件实行专属管辖。在我国，因继承遗产纠纷提起的诉讼，由被继承人死亡时住所地或者主要遗产所在地法院管辖。

2. 依据《涉外民事关系法律适用法》第 31 条的规定，我国涉外法定继承的准据法根据法定继承适用被继承人死亡时经常居所地法律，但不动产法定继承，适用不动产所在地法律。可见，我国涉外法定继承的准据法采取分割制，即动产继承适用被继承人死亡时的经常居住地法律，不动产继承适用不动产所在地法律。

案例分析题

1. (1) 乙生前未留遗嘱，对其遗产适用法定继承。房屋为不动产，依据《涉外民事关系法律适用法》第 31 条的规定，不动产法定继承，适用不动产所在地法律。乙的房屋所在地为北京，因此应当适用《民法典》和《民事诉讼法》的规定。

(2) 乙生前未留遗嘱，对其遗产适用法定继承。存款和字画为动产，依据《涉外民事关系法律适用法》第 31 条的规定，法定继承适用被继承人死亡时经常居所地法律。乙死亡时的经常居所地为北京，因此，继承人对其存款和字画的继承，应当适用《民法典》和《民事诉讼法》的规定。

2. (1) 甲的遗嘱形式适用中国法律。甲生前立有遗嘱，其遗嘱是否有效，决定对其遗产的继承方式。《涉外民事关系法律适用法》第 32 条规定，遗嘱方式符合遗嘱人立遗嘱时或者死亡时的经常居所地法律、国籍国法律或者遗嘱行为地法律的，遗嘱均为成立。甲的国籍国和遗嘱行为地为日本，死亡时的经常居所地是中国，因此其遗嘱形式可适用我国法律。依据《民法典》的规定，甲的自书遗嘱符合遗嘱的法定形式。

(2) 甲的遗嘱效力适用中国法律。《涉外民事关系法律适用法》第 33 条规定，遗嘱的效力适用遗嘱人立遗嘱时或者死亡时的经常居所地法律或者国籍国法律。甲的国籍国为日本，但立遗嘱时和死亡时的经常居所地是中国，因此，其遗嘱效力可适用我国法律。依据《民法典》的规定，甲的遗嘱应当为缺乏劳动能力又没有生活来源的幼子和父母保留必要的遗产份额，因此该部分的处分行为无效，不产生遗嘱的效力。

论述题与深度思考题

1. 国际上，各国在确定法定继承的准据法时分别适用三个冲突规范：被继承人的住所地法、被继承人的本国法、遗产所在地法。虽然各国在解决有关法定继承的法律冲突时采用不同的冲突规范，但归纳起来不外乎两种做法，即所谓“单一制”和“分割制”。(1) 单一制。单一制又称同一制，是指处理涉外法定继承时，不区分动产与不动产，对被继承人所有财产的继承适用同一准据法。实行单一制的国家所采取的具体做法又是不同的，有的适用遗产所在地法，即对于涉外法定继承，不分动产和不动产，一律适用遗产所在地法；有的适用被继承人死亡时的本国法，即对于涉外法定继承，不分动产和不动产，一律适用被继承人死亡时的本国法；有的适用被继承人死亡时的住所地法，即不论是动产还是不动产，对于涉外法定继承都适用被继承人最后的住所地法。(2) 分割制。分割制又称为区别制，是指区别遗产中的动产和不动产，分别适用不同的准据法，即对遗产中的不动产继承适用不动产所在地法律，对遗产中的动产继承适用被继承人的属人法。

2. 我国涉外遗嘱继承的准据法，主要涉及遗嘱方式和遗嘱效力两个方面。(1) 遗嘱方式。《涉外民事关系法律适用法》第 32 条规定，遗嘱方式符合遗嘱人立遗嘱时或者死亡时的经常居所地法律、国籍国法律或者遗嘱行为地法律的，遗嘱均为成立。可见，涉外遗嘱方式的准据法包括遗嘱人立遗嘱时或者死亡时的经常居所地法律、国籍国法律或者遗嘱行为地法律。(2) 遗嘱效力。《涉外民事关系法律适用法》第 33 条规定，遗嘱的效力适用遗嘱人立遗嘱时或者死亡时的经常居所地法律或者国籍国法律。可见，涉外遗嘱效力的准据法包括遗嘱人立遗嘱时或者死亡时的经常居所地法律、国籍国法律。

综合测试题（一）

一、单项选择题（每小题1分，共20分。在四个备选答案中只有一个是正确的，将其选出并将其标号写在括号内）

1. 因乙未达法定婚龄，甲与乙未办理结婚登记手续，便以夫妻名义共同生活。共同生活期间乙发现甲与丙保持同居关系，诉至法院，请求法院依重婚论处。甲的上述行为应如何定性？（　　）

A. 构成重婚

B. 属于事实婚姻而不构成重婚

C. 不构成重婚

D. 依甲与丙是否对外以夫妻名义共同生活而定

2. 甲男与乙女原系出自同一祖父母的堂兄妹，后来乙女为他人收养，依据《民法典》的规定，他们是否可以结婚？（　　）

A. 可以结婚

B. 如果双方不生育子女，可以结婚

C. 如果乙女为他人收养后改姓，和甲男不同姓，可以结婚

D. 不能结婚

3. 下列情形中，哪种婚姻不属于无效婚姻？（　　）

A. 甲男和乙女未到法定婚龄而结婚　　B. 甲男有配偶而与乙女结婚

C. 甲男、乙女是表兄妹而结婚　　D. 乙女因受父母强迫与甲男结婚

4. 我国的法定夫妻财产制是哪种财产制？（　　）

A. 一般共同制　　B. 劳动所得共同制

C. 动产及所得共同制　　D. 婚后所得共同制

5. 甲在结婚后不久向朋友借债12万元，其中6万元为新家购买电器，5万元偿还结婚请客时欠酒店的酒席款，余款1万元寄给前妻所生、由前妻的儿子作生活费。债务12万元中，哪种债务属于夫妻共同债务？（　　）

A. 12万　　B. 11万　　C. 6万　　D. 5万

6. 甲5周岁时父亡，母乙与继父丙结婚，甲随乙与丙一起生活并受其抚养。甲未成年时，乙与丙离婚，甲由乙抚养，丙不再支付甲的抚养费。甲工作后，继父丙年老多病要求甲支付赡养费。法院应如何判决？（　　）

A. 甲有支付丙赡养费的义务　　B. 甲没有支付丙赡养费的义务

C. 甲支付丙赡养费，丙死后遗产则由甲继承　　D. 以上答案都不对

7. 甲、乙为同胞兄妹。甲大学毕业后就职于某外资企业，乙成年后考取某大学。父母在甲本科毕业后，无力再承担乙上大学的费用。乙要求甲提供资助，甲以没有负担能力为由拒绝。对此情形，下列哪种说法是正确的？（　　）

A. 乙父母有劳动能力和收入来源，应承担其大学费用

B. 乙父母因负担甲学费耗尽财力，故乙的学费应由甲承担

C. 甲有负担能力的，承担支付乙的学费

D. 甲没有承担乙学费的义务

8. 依据《民法典》第1096条的规定，监护人送养未成年孤儿的，应当征得有抚养义务的人同意。这里所说的

有抚养义务的人是指哪种人？（　　）

A. 有负担能力的祖父母、外祖父母和兄、姐

B. 有负担能力的叔、伯、姑、舅、姨

C. 孤儿住所地的居民委员会或村民委员会

D. 孤儿的父母生前所在单位

9. 甲向法院提起离婚诉讼，要求解除与妻乙的婚姻关系。法院经审理认为双方感情确已破裂，判决准予离婚。离婚判决生效1年后，甲得知乙离婚前曾购买彩票中奖50万元。因原离婚判决中未涉及该财产的处理，甲向法院申请再审。法院应当如何处理？（　　）

A. 接受申请并进行再审　　B. 裁定予以受理

C. 告知甲另行起诉　　D. 裁定驳回再审申请

10. 甲婚前受赠一套房屋，与乙结婚后共同使用、管理该房屋近10年。甲与乙离婚时，关于该房屋归属，哪种说法是正确的？（　　）

A. 甲婚前个人所有财产　　B. 转化为甲、乙夫妻共有财产

C. 甲、乙不能约定该财产为夫妻共有财产　　D. 以上选项都不对

11. 乙患重大疾病需要医治，丈夫甲保管夫妻共同财产拒绝支付医疗费，致乙疾病未得到及时治疗而恶化。下列哪种说法是错误的？（　　）

A. 乙有权在婚姻关系存续期间提出分割夫妻共有财产请求

B. 乙有权提起离婚诉讼并请求甲承担损害赔偿责任

C. 乙无权在离婚财产分割时请求多分财产

D. 乙有权在离婚时请求困难帮助

12. 甲、乙系夫妻，二人带未成年女儿丙外出旅游，发生车祸全部遇难，死亡的先后时间不能确定。甲父母健在，乙父母早亡，有一妹丁。下列哪种说法是正确的？（　　）

A. 推定丙先于甲、乙死亡　　B. 推定甲先于乙死亡

C. 推定乙先于甲死亡　　D. 推定甲、乙同时死亡，丙后于甲、乙死亡

13. 甲、乙婚后生子丙、丁。甲、乙离婚，丙、丁归母亲乙抚养。乙与戊再婚时，丙已独立生活，丁尚未成年，随乙与戊共同生活，戊对丁进行了抚养。甲和戊先后去世，关于甲、戊遗产的继承，下列哪种说法是正确的？（　　）

A. 乙、丙、丁有权继承甲的遗产　　B. 丙和丁有权继承戊的遗产

C. 乙和丙有权继承戊的遗产　　D. 乙和丁有权继承戊的遗产

14. 甲死后留有遗产5间房屋、一批字画以及数十万元存款。甲生三子一女，长子早已病故，留下一子一女。遗产尚未分割，次子因交通事故身亡，留下一不满周岁的女儿。下列哪种人不能作为甲第一顺序继承人？（　　）

A. 次子和女儿　　B. 次子

C. 次子之女　　D. 长子之子女

15. 甲1岁时被乙收养。甲成年后，将年老多病的生父母接到自己家中悉心照顾。养父母乙、生父母相继去世。下列哪种说法是正确的？（　　）

A. 甲有权继承生父母的遗产　　B. 甲有权继承养父的遗产

C. 甲无权继承养父的遗产　　D. 甲无权适当分得生父母的遗产

16. 甲有二子乙、丙，甲立下遗嘱其全部财产归乙所有。甲立遗嘱时乙17岁、丙14岁，甲死亡时乙、丙均已成年并独立工作。甲的遗产应如何处理？（　　）

A. 乙、丙各得二分之一　　B. 乙得三分之二，丙得三分之一

C. 乙获得全部遗产　　D. 丙获得全部遗产

17. 甲有一子一女，二人出资请保姆乙照顾甲的生活。甲为感谢乙无微不至的照顾，自书遗嘱，将其房屋一套留由子女平分，存款则赠与乙。后甲又立下代书遗嘱将其存款分给两个子女，儿子分得三分之二，女儿分得三分之一。甲去世后，对其遗产归属，甲的子女与乙发生纠纷。下列哪种说法是正确的？（　　）

A. 甲的前一遗嘱无效　　B. 甲的后一遗嘱无效

C. 存款应归甲的两个子女所有　　D. 存款应归乙所有

18. 甲死后留有房屋 1 间和存款若干，法定继承人为其子乙、再婚妻子丙。甲生前立有遗嘱，将其存款赠与侄女丁。知道甲死亡后，乙以书面形式表示放弃继承甲的遗产，丙则未作出任何表示，丁知道受遗赠后 3 个月也未作出受遗赠的意思表示。乙的妻子已重病在身，因经济困难不能住院治疗。下列哪种说法是正确的？（　　）

A. 丙、丁视为放弃接受遗产　　B. 丙视为接受继承，丁视为放弃接受遗赠

C. 丙、丁均视为接受遗产　　D. 乙放弃继承的行为有效

19. 甲去世后遗有房屋 5 间、伤残补助金 5 万元及单位集资入股收益 10 万元。甲死亡后，有妻子乙和儿子丙。甲长期患病，生活不能自理，由表侄女丁常年照料。关于丁对甲遗产权利的表述，哪种说法是正确的？（　　）

A. 有权分得的遗产数额应当少于法定继承人的继承份额

B. 有权分得的遗产数额应当等于或大于法定继承人的继承份额

C. 丁分得遗产的权利受到侵犯时，有权以原告身份向法院提起诉讼

D. 丁对遗产的酌情分得请求，应当在继承开始后 1 年内提出

20. 甲父早亡，其母改嫁，甲由祖母抚养成人。甲娶妻乙，生子丙。甲死亡后，留有遗产房屋 1 套、存款人民币 100 万元。甲母、甲祖母、乙、丙均要求继承甲的遗产。依据法律规定，下列哪种说法是正确的？（　　）

A. 甲祖母、乙、丙有权继承甲的遗产，甲母无权继承

B. 甲母、乙、丙有权继承甲的遗产，甲祖母无权继承甲的遗产

C. 乙、丙有权继承甲的遗产，甲母、甲祖母无权继承甲的遗产

D. 甲祖母对甲的遗产无继承权，但享有适当分得权

二、多项选择题（每小题 1 分，共 10 分。在每小题的四个备选答案中选出二个至四个正确的答案，并将其号码分别添在题干后的括号内，多选、少选、错选均无分）

1. 下列行为中，哪些行为违反了婚姻家庭法的基本原则？（　　）

A. 甲与乙婚后分别外出打工，甲与丙女不以夫妻名义长期同居生活

B. 甲与乙自由恋爱准备结婚，但乙女索要 8 万元彩礼作为结婚条件

C. 甲与乙结婚后，甲要求乙辞职在家专心照顾家庭，乙辞去工作专心做全职太太

D. 甲与乙结婚后，乙未外出工作。甲以自己挣钱养家为由，不允许乙给付父母赡养费

2. 网名“我心飞飞”的 21 岁女子甲与网名“我行我素”的 25 岁男子乙在网上聊天后产生好感，乙秘密将甲裸聊的镜头复制保存。后乙要求与甲结婚，甲不同意。乙威胁要公布其裸聊镜头，甲被迫与甲登记结婚。下列哪些说法是错误的？（　　）

A. 甲可以自婚姻登记之日起 1 年内请求撤销该婚姻

B. 甲可以在婚姻登记后以没有感情基础为由起诉要求离婚

C. 甲有权主张该婚姻无效

D. 乙侵犯了甲的隐私权

3. 甲、乙自愿离婚，但对夫妻共同财产分割不能达成协议。下列表述中，哪些属于夫妻共同财产？（　　）

A. 甲在婚姻关系存续期间出版专著，离婚后领取 10 万元的稿费

B. 乙在婚姻关系存续期间单位拖欠工资，离婚后乙领取 10 万元补发工资

C. 乙在婚姻关系存续期间，受遗赠取得叔父 40 万元遗产

D. 甲婚姻关系存续期间，购买了一套高级西装，用于参加国际会议

4. 甲 4 周岁时，其母与乙再婚，甲随母与继父乙共同生活 9 年，甲受乙抚养教育。甲成年后，生母与继父离婚，甲起诉与乙解除继父女关系。下列表述中，哪些说法是正确的？（　　）

A. 甲与乙间的权利义务关系因生母与乙离婚而自然终止，法院应驳回甲的起诉

B. 甲与乙间的权利义务关系因生母与乙离婚而自然终止，法院应驳回甲的诉讼请求

C. 甲与乙间的拟制血亲及权利义务关系不能自然终止

D. 法院应作出是否准予解除甲、乙继父女关系的判决

5. 下列关于有负担能力的祖父母对孙子女承担抚养义务的情形有哪些？（　　）

A. 甲的父母意外死亡，甲已满 16 周岁外出务工谋生

B. 甲的父母意外死亡，甲已满 16 周岁正就读于某高中

C. 甲的父母因事故导致二级伤残丧失抚养能力，甲正就读于某小学

D. 甲的父母因车祸致残，家庭经济陷于困境，甲未满 16 周岁，不得已辍学养家糊口

6. 甲、乙协议离婚，约定女儿丙（6 周岁）由乙抚养，甲不承担抚养费。乙因患病下岗，失去生活来源，无力独自承担丙的抚养费，遂向甲提出承担抚养费的请求。关于甲承担的抚养费，下列哪些说法是正确的？（　　）

A. 甲、乙可以协商甲承担抚养费的数额

B. 甲有权以离婚协议中已约定其不承担抚养费为由拒绝乙的请求

C. 乙有权向法院起诉请求甲承担抚养费

D. 法院应当驳回原告乙的诉讼请求

7. 甲有子乙、女丙。乙因故意伤害致甲重伤致残，被以故意伤害罪判处无期徒刑，服刑期间死亡。甲去世后，留有价值 200 万元的遗产。乙的儿子丁与甲的女儿丙为甲的遗产继承发生纠纷。依据法律规定，下列哪些说法是正确的？（　　）

A. 乙对甲实施伤害行为，丧失对甲遗产的继承权

B. 乙对甲实施的不是故意杀害行为，不丧失继承权

C. 丁对甲的遗产有代位继承权

D. 丁对甲的遗产没有代位继承权

8. 甲与所在的国有企业 A 签订了遗赠扶养协议，约定由 A 企业负责甲的生养死葬，甲去世后个人所有房屋 1 套归 A 企业。甲生前立有遗嘱，将个人所有的存款留归女儿丙所有，儿子丁对遗产无继承权。丙因病先于甲死亡，有子戊、夫己。甲去世后，依据法律规定，下列哪些说法是正确的？（　　）

A. 甲与 A 签订的遗赠扶养协议有效，甲的房屋归扶养人 A 企业

B. 遗嘱继承人丙先于甲死亡，遗嘱中指定由丙继承的遗产由戊代位继承

C. A 企业不具备扶养人的主体资格，遗赠扶养协议无效，适用法定继承

D. 遗嘱中指定由丙继承的遗产，因丙在继承开始前死亡，适用法定继承

9. 甲生前留下遗嘱，遗嘱中对下列事项进行安排：（1）名下财产为自己和同居女友的共同财产；（2）个人所有财产死后全部捐献给某儿童福利院；（3）某福利院接受自己的遗产后，应拿出捐款中的 20 万元为儿童添置一批电脑；（4）自己的职位由某同事接任。关于甲的遗嘱，下列哪些说法是正确的？（　　）

A. （1）不是遗嘱　　　　B. （2）是遗嘱

C. （3）是遗嘱　　　　D. （4）不是遗嘱

10. 甲有子、女各一人，均先于甲死亡。甲死亡时留有遗产 50 万元存款。甲生前立有遗嘱，将其遗产中的 10 万元给儿媳乙，15 万元给对自己尽了主要赡养义务的丧偶女婿丙，5 万元给外孙女丁，10 万元捐给中华慈善总会。关于受遗赠人的认定，下列哪些说法是正确的？（　　）

A. 乙、丙、丁和中华慈善总会均为受遗赠人　　　　B. 丙是遗嘱继承人而不是受遗赠人

C. 乙、丁和中华慈善总会是受遗赠人　　D. 丁是遗嘱继承人而不是受遗赠人

三、名词解释题（每小题 3 分，共 12 分）

1. 家庭
2. 配偶
3. 转遗赠
4. 继承

四、简答题（每小题 6 分，共 24 分）

1. 简述重婚与有配偶与他人同居的区别
2. 简述夫妻约定财产制与夫妻法定财产制的区别
3. 简述收养与寄养的区别
4. 简述客观意义继承权与主观意义继承权的区别

五、论述题（每小题 10 分，共 20 分）

1. 试述婚姻自由原则
2. 试述遗嘱见证人与证人的关系

六、案例分析题（每小题 7 分，共 14 分）

1. 甲、乙经自由恋爱，决定结婚。甲母将祖传戒指一枚和 20 万元送给乙作为结婚礼物。乙母得知乙与甲结婚的消息后，向甲索要 15 万元彩礼。甲、乙未办理结婚登记即以夫妻名义共同生活，同居期间，因性格不合经常发生争吵，最终双方分手。在分手前后，乙通过银行转账或微信红包，转账金额多以“5200”“8 888.88”等数字，共向甲转账人民币 4 万余元。

请回答下列问题：

(1) 乙收取甲母戒指和 20 万元的行为性质及后果如何？

(2) 乙母收取甲 15 万元的行为性质及后果如何？

(3) 甲收取乙 4 万元的行为性质及后果如何？

2. 甲、乙自幼失去双亲，兄弟两人相依为命。甲结婚后即独立生活，前妻去世，留有双胞胎儿子丙和丁，再娶妻子戊已怀孕数月。乙尚未婚配，收养己为养子，但未办理收养手续。某日，甲、乙同车探亲途中遇车祸死亡，死亡时间不能确定。甲有遗产房屋 8 间、存款 80 万元。另外，甲生前投保了人身意外伤害险，死亡后获得保险金 5 万元，指定受益人为丙、丁。乙有遗产房屋 6 间、存款 60 万元。甲、乙死亡后，继承人间因遗产继承发生纠纷。

请回答下列问题：

(1) 甲、乙的死亡时间如何确定？

(2) 甲、乙的遗产范围如何确定？

(3) 甲、乙的遗产应当如何分割？

参考答案

一、单项选择题

1. C。

甲与乙 1994 年 2 月 1 日民政部《婚姻登记管理条例》公布实施以后，未办理结婚登记即以夫妻名义共同生

活，依据《婚姻家庭解释（一）》第7条之规定，双方的关系为同居关系，而非事实婚姻关系。对于同居生活关系，法律虽不禁止，但也不予保护。同居关系存续期间，一方与第三人又以夫妻名义共同生活的，无论是否对外以夫妻名义，均不构成重婚。综上，本题应选C项。

2. D。

《民法典》第1111条第2款规定，养子女与生父母以及其他近亲属间的权利义务关系，因收养关系的成立而消除。依据该规定，养子女与生父母以及其他近亲属间的自然血亲关系并不因收养的成立而消灭。因此，甲、乙仍属于《民法典》第1048条禁止结婚的三代以内的旁系血亲，双方是否生育子女，乙被收养后是否改变姓氏，均不能排除该强行性规范的适用。综上，本题应选D项。

3. D。

《民法典》第1051条规定的婚姻无效情形为重婚，有禁止结婚的亲属关系和未到法定婚龄。乙女因受父母强迫与甲男结婚，属于可撤销婚姻。综上，本题应选D项。

4. D。

我国的法定财产制是共同财产制与特有财产制的结合。关于夫妻共同财产制，依据《民法典》第1062条的规定，夫妻在婚姻关系存续期间所得的财产，为夫妻的共同财产，归夫妻共同所有。由此可见，我国实行的是婚后所得共同制。综上，本题应选D项。

5. B。

《民法典》第1064条第1款规定，夫妻双方共同签名或者夫妻一方事后追认等共同意思表示所负的债务，以及夫妻一方在婚姻关系存续期间以个人名义为家庭日常生活需要所负的债务，属于夫妻共同债务。依据该规定，甲在结婚后以个人名义所负债务中，新家购买电器和偿还结婚请客时酒席款共11万元，该部分债务为家庭日常生活需要所负债务，为夫妻共同债务；寄给前妻儿子的1万元生活费，是甲履行抚养义务所负债务，不属于为家庭日常生活需要所负债务。综上，本题应选B项。

6. B。

甲生母乙与继父丙结婚后甲受丙抚养教育，依据《民法典》第1072条的规定，甲与继父丙间形成父子间权利义务关系。乙与丙离婚时，丙与甲已形成的拟制血亲关系及丙对甲的抚养义务并不因此而自然终止，丙对甲仍然有支付抚养费的义务。《婚姻家庭解释（一）》第54条规定，生父与继母离婚或者生母与继父离婚时，对曾受其抚养教育的继子女，继父或者继母不同意继续抚养的，仍应由生父或者生母抚养。依据该规定，丙与乙离婚时，甲由乙抚养，甲与丙之间的继父子关系终止，丙丧失了要求甲成年后对其赡养的权利。甲支付丙生活费，履行的是道德义务而不是法律义务，不能成为其对丙遗产继承的条件。综上，本题应选B项。

7. D。

乙成年后考取大学接受高等教育，依据《婚姻家庭解释（一）》第41条的规定，不属于《民法典》第1067条规定的“不能独立生活的成年子女”，父母对其没有支付包括教育费在内的抚养费的义务。甲由父母资助大学毕业，不是甲对乙履行扶养义务的条件。《民法典》第1075条第1款规定，有负担能力的兄、姐，对于父母已经死亡或者父母无力抚养的未成年弟、妹，有扶养的义务。因此甲对已成年的妹妹乙没有扶养的义务，甲无论是否有负担能力，均无承担乙学费的义务。综上，本题应选D项。

8. A。

《民法典》第1045条第2款规定，配偶、父母、子女、兄弟姐妹、祖父母、外祖父母、孙子女、外孙子女为近亲属。在我国民法典中，法律上的权利义务关系不是在所有亲属间而是只在一定范围内的近亲属间产生。除父母外，对未成年孤儿有抚养义务的亲属，包括《民法典》第1074条第1款规定的有负担能力的祖父母、外祖父母和第1075条第1款规定的有负担能力的兄、姐。有负担能力的叔、伯、姑、舅、姨是未成年孤儿的亲属，但不是近亲属，不具有抚养未成年孤儿的权利义务，送养孤儿自不必征得其同意。孤儿住所地的居民委员会或村民委员会、孤儿的父母生前所在单位，可作为孤儿的监护人，但不是孤儿的抚养义务人，送养孤儿不必征得其同意。综上，本题应选 A 项。

9. D。

甲在婚姻关系存续期间购买彩票中奖所得奖金，属于《民法典》第 1062 条第 1 款第 2 项中规定的投资收益，属于夫妻共同所有的财产。该财产在离婚时未予分割，依据《婚姻家庭解释（一）》第 83 条的规定，离婚后，一方以尚有夫妻共同财产未处理为由向法院起诉请求分割的，经审查该财产确属离婚时未涉及的夫妻共同财产，法院应当依法予以分割。该夫妻共有财产因甲隐藏而在离婚诉讼中未予处理，乙的申请不符合《民事诉讼法》第 207 条规定的再审条件，法院应当裁定不予受理，法院也无义务告知甲另行起诉。乙在判决生效后 60 日内，有权向法院提出再审申请，法院应当受理。申请不符合再审法律规定的，应裁定驳回申请。综上，本题应选 D 项。

10. A。

甲婚前接受赠与所得房屋，依据《民法典》第 1063 条第 1 项的规定，为其婚前个人财产，应当归甲个人所有；甲、乙签订夫妻财产制协议，约定该房屋归双方共有的，依据《婚姻家庭解释（一）》第 32 条的规定，该约定符合《民法典》第 658 条的规定，合法有效，在办理不动产共有登记之后，归双方共有。甲婚前个人所有房屋作为婚姻住所，由夫妻双方共同管理、使用，但依据《婚姻家庭解释（一）》第 31 条的规定，《民法典》第 1063 条规定为夫妻一方的个人财产，不因婚姻关系的延续而转化为夫妻共同财产，但当事人另有约定的除外。综上，本题应选 A 项。

11. C。

《民法典》第 1066 条规定，婚姻关系存续期间，有下列情形之一的，夫妻一方可以向法院请求分割共同财产：(1) 一方有隐藏、转移、变卖、毁损、挥霍夫妻共同财产或者伪造夫妻共同债务等严重损害夫妻共同财产利益的行为；(2) 一方负有法定扶养义务的人患重大疾病需要医治，另一方不同意支付相关医疗费用。乙自身患有重大疾病需要医治，另一方不同意支付相关医疗费用，符合上述规定中请求分割夫妻共同财的条件。甲对乙有扶养义务，但乙有病甲不给治疗，甲的行为构成遗弃，存在《民法典》第 1079 条第 3 款第 2 项、第 1087 条第 1 款和第 1091 条第 4 项的过错，乙有权请求离婚并主张离婚损害赔偿，有权在离婚财产分割时请求多分。离婚时，乙患有严重疾病，分得财产不足以维持日常生活和治疗费用，生活出现困难，甲有负担能力的，应当给予适当帮助。综上，本题应选 C 项。

12. D。

《民法典》第 1121 条第 2 款规定，相互有继承关系的数人在同一事件中死亡，难以确定死亡时间的，推定没有其他继承人的人先死亡。都有其他继承人，辈分不同的，推定长辈先死亡；辈分相同的，推定同时死亡，相互不发生继承。依据该规定，甲、乙、丙三个相互有继承关系的人在同一事件中死亡，且三人都有其他继承人（甲的继承人为父母，乙的继承人为丁，丙的继承人为祖父母），甲、乙辈分相同，推定同时死亡；甲、乙系长辈，应推定先于丙死亡。综上，本题应选 D 项。

13. D。

甲、乙离婚后，婚姻关系解除，配偶身份消灭，乙无权继承甲的遗产。丁受戊抚养教育，依据《民法典》的规定，与戊之间产生继父子权利义务关系，对戊的遗产有继承权。《继承解释（一）》第 11 条规定，继子女继承了继父母遗产的，不影响其继承生父母的遗产。因此，丁对生父甲的遗产也有继承权。丙未受戊的抚养教育，双方之间不产生继父子权利义务关系，对戊的遗产没有继承权，只有继承甲遗产的权利。乙是戊的配偶，对戊的遗产有继承的权利；丁是戊形成抚养关系的继子，对戊的遗产有继承的权利。综上，本题应选 D 项。

14. C。

《民法典》第 1121 条第 1 款规定，继承从被继承人死亡时开始。甲死亡，继承开始，生前未立遗嘱，对其遗产适用法定继承。长子先于甲死亡，依据《民法典》第 1128 条第 1 款规定，由其晚辈直系血亲代位继承甲的遗产，因此，长子的子女是甲第一顺序的法定继承人。次子继承开始后遗产分割前死亡，依据《民法典》第 1152 条的规定，其应继承的遗产由其继承人继承，因此，次子是甲的继承人，次子之女不是甲的继承人。次子和女儿，在甲死亡时为生存之人，符合与甲同时存在、继续存在的继承人原则，有权作为甲的继承人继承甲的遗产。综上，本题应选C项。

15. B。

甲被收养后，依据《民法典》第1111条的规定，自收养关系成立之日起，与养父母间的父母子女权利义务关系产生，与生父母间的权利义务关系因收养关系的成立而消除。甲成年后，在收养关系存续的情况下对生父母的生活照顾，不能改变因其被收养而发生的父母子女权利义务消除的后果。因此，养父母、生父母去世后，甲对养父母的遗产有继承权，对生父母的遗产无继承权。甲生父母生前对其悉心照顾，依据《民法典》第1131条规定，属于继承人以外的对被继承人扶养较多的人，可以分给适当的遗产。综上，本题应选B项。

16. C。

甲立自书遗嘱，明确其财产由乙继承。《民法典》第1141条规定，遗嘱应当为缺乏劳动能力又没有生活来源的继承人保留必要的遗产份额。继承人是否缺乏劳动能力又没有生活来源，应当按遗嘱生效时该继承人的具体情况确定。甲立遗嘱时丙尚未成年，为缺乏劳动能力又没有生活来源之人。但在甲死亡时，丙已成年并独立生活，甲的遗嘱有效，对其遗产适用遗嘱继承。依据甲的遗嘱，其全部财产归乙所有。综上，本题应选C项。

17. C。

《民法典》第1142条第1款规定，遗嘱人可以撤回、变更自己所立的遗嘱。依据该规定，甲生前有权任意撤回、变更遗嘱。甲生前分别立下自书遗嘱和代书遗嘱，依据《民法典》第1142条第3款的规定，应以最后的遗嘱为准。但是，代书遗嘱未对自书遗嘱全部内容进行变更，只是对存款的处理作出变更，因此，甲所立自书遗嘱中关于遗产存款处理的内容无效，关于房屋的处分内容仍然有效。综上，本题应选C项。

18. B。

乙、丙分别为甲的子、妻，是甲第一顺序法定继承人。依据《民法典》第1124条第1款的规定，继承开始后，遗产分割前，继承人没有以书面形式作出放弃继承表示的，视为接受继承。乙作出明确放弃继承的意思表示，而丙没有表示放弃继承，视为接受继承。丁为法定继承人范围之外的人，甲以遗嘱形式将其存款赠与丁，丁对甲遗产的权利为受遗赠权。丁在知道受遗赠后3个月未作出接受遗赠的意思表示，依据《民法典》第1124条第2款的规定，视为放弃受遗赠。乙有权放弃继承，但依据《继承解释（一）》第32条的规定，继承人因放弃继承权，致其不能履行法定义务的，放弃继承权的行为无效。综上，本题应选B项。

19. C。

《民法典》第1131条规定，对继承人以外的依靠被继承人扶养的人，或者继承人以外的对被继承人扶养较多的人，可以分给适当的遗产。丁长期照料甲的生活，对甲扶养较多，有权分得甲的遗产。关于丁对甲遗产的权利份额，依据《继承解释（一）》第20条的规定，按具体情况可以多于或者少于继承人。《继承解释（一）》第21条规定，依据《民法典》第1131条规定可以分给适当遗产的人，在其依法取得被继承人遗产的权利受到侵犯时，本人有权以独立的诉讼主体资格向法院提起诉讼。依据该规定，丁可以作为原告向法院提起诉讼，请求法院判令被告返还其应当分得的遗产。甲对遗产的酌情分得权在性质上为请求权，适用诉讼时效的规定，应当按照《民法典》第188条的规定，自知道或者应当知道权利受到损害以及义务人之日起3年内行使权利。综上，本题应选C项。

20. B。

甲生前未立遗嘱，对其遗产适用法定继承。《民法典》第1127条第1款规定，遗产按照下列顺序继承：(1) 第一顺序：配偶、子女、父母；(2) 第二顺序：兄弟姐妹、祖父母、外祖父母。第2款规定，继承开始后，由第一顺序继承人继承，第二顺序继承人不继承；没有第一顺序继承人继承的，由第二顺序继承人继承。依据该规定，甲的遗产应当由其第一顺序法定继承人母、妻和子继承。甲的祖母为第二顺序法定继承人，不能继承甲的遗产。《民法典》第1131条规定，对继承人以外的依靠被继承人扶养的人，或者继承人以外的对被继承人扶养较多的人，可以分给适当的遗产。甲的祖母是甲遗产第二顺序法定继承人，不具有酌情分得遗产的条件。综上，本题应选B项。

二、多项选择题

1. ABD。

甲有配偶，与丙不以夫妻名义长期共同生活，依据《婚姻家庭解释（一）》第 2 条的规定，属于《民法典》第 1042 条规定的“与他人同居”的情形，违反一夫一妻制原则。甲与乙虽自愿结婚，但乙以索取一定的财物作为结婚的条件，其行为违反婚姻自由的原则。甲与乙结婚后，要求乙辞职，乙表示同意，符合男女平等的原则。但甲以自己挣钱为由，不允许乙给付父母赡养费则违反男女平等原则。综上，本题应选 A、B、D 项。

2. ACD。

《婚姻家庭解释（一）》第 18 条规定，行为人以给另一方当事人或者其近亲属的生命、身体、健康、名誉、财产等方面造成损害为要挟，迫使另一方当事人违背真实意愿结婚的，可以认定为《民法典》第 1052 条所称的“胁迫”。甲依据《民法典》第 1052 条的规定，可自胁迫行为终止之日起 1 年内，向法院提出撤销婚姻的请求，而不能提出婚姻无效的请求。乙以公布与甲的裸聊影像相威胁，但并未公布甲的裸聊镜头，不构成对甲隐私权的侵犯。撤销婚姻请求权属于甲可处分的民事权利，其既可请求撤销与乙的婚姻关系，也可请求解除与乙的婚姻关系，即甲可以没有感情基础为由起诉要求离婚。综上，本题应选 A、C、D 项。

3. ABC。

甲在婚姻关系存续期间出版的专著，离婚后领取的 10 万元稿费，依据《婚姻家庭解释（一）》第 24 条的规定，为《民法典》第 1062 条第 1 款第 3 项规定中的知识产权收益，属于夫妻共同财产。乙在婚姻关系存续期间单位拖欠工资，离婚后领取的 10 万元补发工资，属于《民法典》第 1062 条第 1 款第 1 项规定中的工资收入，属于夫妻共同财产。乙在婚姻关系存续期间，受遗赠取得叔父的 40 万元遗产，属于《民法典》第 1062 条第 1 款第 4 项规定中的受赠的财产，属于夫妻共同财产。甲婚姻关系存续期间购买的一套高级西装，属于《民法典》第 1063 条第 4 项规定中的一方专用生活用品，属于甲个人所有财产。综上，本题应选 A、B、C 项。

4. CD。

甲随生母与继父乙共同生活后，受继父乙的抚养教育，依据《民法典》第 1072 条第 2 款的规定，双方形成继父女拟制血亲关系，具有父母子女的权利和义务。该拟制血亲关系形成后，不因生父母与继父母婚姻关系状况变化而受影响。但甲与继父乙的血亲基础是拟制血亲，可在拟制血亲关系存续期间解除，因此甲有权提起诉讼，请求解除与乙的继父女关系。甲的起诉符合民事诉讼法规定的法院受理民事案件的条件，法院不应以甲与继父乙的拟制血亲关系自然终止为由驳回甲的起诉，也不能以此为由驳回甲的诉讼请求。法院受理甲的起诉后，应当根据实际情况，作出是否准予解除甲、乙继父女关系的判决。综上，本题应选 C、D 项。

5. BCD。

《民法典》第 1074 条规定，有负担能力的祖父母、外祖父母，对于父母已经死亡或者父母无力抚养的未成年孙子女、外孙子女，有抚养的义务。依据该规定，有负担能力的祖父母对孙子女承担抚养义务的条件是：孙子女父母死亡或无力抚养子女；孙子女未成年。选项 A 中，甲的父母意外死亡，甲已满 16 周岁外出务工谋生，以自己的劳动收入为主要生活来源，依据《民法典》第 18 条第 2 款的规定，视为完全民事行为能力人，祖父母对其不承担抚养义务。选项 B 中，甲的父母意外死亡，甲已满 16 周岁正就读于某高中，有负担能力的祖父母应当对其承担抚养义务。选项 C 中，甲的父母因事故导致二级伤残丧失抚养能力，有负担能力的祖父母应当对正就读于某小学的甲承担抚养义务。选项 D 中，甲的父母因车祸致残，无力抚养甲，甲未满 16 周岁，有负担能力的祖父母应当对甲承担抚养义务。综上，本题应选 B、C、D 项。

6. AD。

《民法典》第 1085 条第 1 款规定，离婚后，子女由一方直接抚养的，另一方应当负担部分或者全部抚养费。负担费用的多少和期限的长短，由双方协议；协议不成的，由法院判决。第 2 款规定，前款规定的协议或者判决，不妨碍子女在必要时向父母任何一方提出超过协议或者判决原定数额的合理要求。《婚姻家庭解释（一）》第 42 条规定，《民法典》第 1067 条所称“抚养费”，包括子女生活费、教育费、医疗费等费用。依据上述规定，甲、乙可以协商增加抚养费的数额。《婚姻家庭解释（一）》第 52 条规定，父母双方可以协议由一方直接抚养子女并由直接抚养方负担子女全部抚养费。但是，直接抚养方的抚养能力明显不能保障子女所需费用，影响子女健康成长的，法院不予支持。依据该规定，甲不得以离婚协议为由拒绝承担抚养费，而丙有权向法院起诉要求甲支付抚养费，但乙无权以自己名义起诉，故法院应当驳回原告乙的诉讼请求。综上，本题应选 A、D 项。

7. BC。

《民法典》第 1125 条第 1 款第 1 项规定，继承人故意杀害被继承人的，丧失继承权。《继承解释（一）》第 7 条规定，继承人故意杀害被继承人的，不论是既遂还是未遂，均应当确认其丧失继承权。这里的继承人杀害被继承人，应作限缩解释，仅限于继承人主观故意为杀害而非伤害。因此，乙对甲实施伤害行为，不具备被剥夺继承权的情形。《继承解释（一）》第 17 条规定，继承人丧失继承权的，其晚辈直系血亲不得代位继承。乙对甲的遗产不丧失继承权，丁对甲的遗产即有权依据《民法典》第 1128 条第 1 款的规定代位继承。综上，本题应选 B、C 项。

8. AD。

《民法典》第 1158 条规定，自然人可以与继承人以外的组织或者个人签订遗赠扶养协议。按照协议，该组织或者个人承担该自然人生养死葬的义务，享有受遗赠的权利。该规定中的组织，包括集体所有制经济组织和全民所有制经济组织，A 企业具备扶养人的资格，甲与 A 企业签订的遗赠扶养协议具有法律效力。遗嘱继承人丙先于甲死亡，遗嘱中由其继承的遗产，遗嘱中指定由丙继承的遗产不能由戊代位继承，应依据《民法典》第 1154 条第 3 项的规定，适用法定继承。综上，本题应选 A、D 项。

9. ABCD。

遗嘱是指自然人生前在法律允许的范围内，按照法律规定的方式对遗产或其他事务作出安排，并于死后发生法律效力的民事法律行为。(1) 不是遗嘱。该内容不是对个人财产的处分，而是对个人名下财产归属的证明。(2) 是遗嘱。该内容对个人财产的处分，能够按照其意思表示发生遗产归属的后果。(3) 是遗嘱。该内容是对受遗赠人接受遗赠所附的义务，受遗赠人应当依据《民法典》第 1144 条的规定，按照遗嘱履行义务。(4) 不是遗嘱。该内容是甲对自己死后事务所作的安排，与遗产处分无关，也不能按照其意思表示发生效力。综上，本题应选 A、B、C、D 项。

10. BD。

甲的子、女先于甲死亡，依据《民法典》第 1128 条第 1 款的规定，由其子女的直系晚辈血亲代位继承。因此，丁的母亲先于甲死亡，丁享有对甲遗产的代位继承权，取得法定继承人资格，属于法定继承人范围内的人，因此，丁是遗嘱继承人而不是受遗赠人。《民法典》第 1129 条规定，丧偶儿媳对公婆，丧偶女婿对岳父母，尽了主要赡养义务的，作为第一顺序继承人。丙对甲尽了主要赡养义务，依据上述规定，应作为甲第一顺序法定继承人，因此丙是遗嘱继承人。《民法典》第 1133 条第 3 款规定，自然人可以立遗嘱将个人财产赠与国家、集体或者法定继承人以外的组织、个人。乙为法定继承人以外的个人，中华慈善总会为法定继承人以外的组织，可作为受遗赠人享有甲遗嘱中确定归其所有的遗产权利。综上，本题应选 B、D 项。

三、名词解释题

1. 家庭，是指以婚姻、血缘和共同经济为纽带而组成的亲属团体和生活单位。

2. 配偶，是指男女双方因合法婚姻而形成的亲属关系。

3. 转遗赠，是指继承开始后，受遗赠人表示接受遗赠，并于遗产分割前死亡的，其接受遗赠的权利转移给他的继承人。

4. 继承，是指因人的死亡而由与其有一定亲属关系的生存人概括取得其财产的法律制度。

四、简答题

1. 重婚与有配偶者与他人同居的区别主要表现在：(1) 同居的目的不同。重婚以永久共同生活为目的，有配偶者与他人同居没有永久共同生活目的。(2) 同居的名义不同。重婚是以夫妻名义同居，有配偶者与他人同居不以夫妻名义同居。(3) 法律后果不同。重婚有可能构成犯罪，有配偶者与他人同居虽然违法，但不构成犯罪。

2. 夫妻约定财产制与夫妻法定财产制的区别主要表现在：(1) 适用的效力不同。夫妻约定财产制具有优先适用的效力，法定财产制则为补充，即夫妻未对财产进行约定或约定无效时，才采用法定财产制。(2) 涉及的夫妻财产的范围不同。夫妻约定财产制适用的范围较广，既可对婚前夫妻个人财产进行约定，也可对婚后共同财产进行约定；我国的夫妻法定财产制为夫妻婚后所得共同制，只涉及婚姻关系存续期间所得的财产。(3) 内容不同。夫妻约定财产制的内容较为广泛，既可以约定采取分别财产制或共同财产制，也可以对夫妻全部财产或部分财产进行约定；夫妻法定财产制仅为夫妻婚后所得共同制。

3. 收养与寄养的区别主要表现在：(1) 法律效力不同。收养会在收养人与被收养人之间形成拟制血亲关系，因此，会发生父母子女身份关系的变更；而寄养不会在收寄人与寄养人之间发生拟制血亲关系，不会发生父母子女身份的变更。(2) 程序不同。收养必须履行法定程序，寄养则不需要履行法定程序。(3) 存续期间不同。收养无期限的约定，而寄养一般有约定的期限。

4. 客观意义继承权与主观意义继承权的区别主要表现在：(1) 权利取得时间不同。客观意义继承权是继承开始前继承人的法律地位，自然人自出生时起即享有客观意义上的继承权；主观意义继承权是继承人在继承法律关系中实际享有的继承被继承人遗产的具体权利，只能在被继承人死亡时才能享有。(2) 权利性质不同。客观意义继承权是继承人具有的继承遗产的资格，为一种期待权；主观意义继承权是继承人实际享有的继承被继承人遗产的具体权利，为一种既得权。(3) 权利效力不同。客观意义继承权只能因继承权被剥夺而消灭，继承人不得放弃；主观意义继承权不发生继承权丧失的问题，但继承人有权放弃。

五、论述题

1. 婚姻自由原则是指婚姻当事人有权按照法律的规定，完全自主地决定自己的婚姻问题，不受任何他人的强制和干涉。(1) 婚姻自由的内容。婚姻自由的内容包括结婚自由和离婚自由。结婚自由是当事人缔结婚姻关系的自由，离婚自由是当事人解除婚姻关系的自由。结婚自由是婚姻自由原则的主要方面，离婚自由是结婚自由的重要补充。(2) 违反婚姻自由原则的行为。1) 包办婚姻和买卖婚姻。包办婚姻是指婚姻当事人以外的第三人（包括父母）违反婚姻自由原则，对当事人缔结的婚姻关系进行强制和干涉；买卖婚姻是指婚姻当事人以外的第三人（包括父母）以索取财物为目的，对当事人的婚姻实施包办、强迫。2) 其他干涉婚姻自由的行为，如干涉寡妇再婚、子女干涉父母的再婚自由等。3) 借婚姻索取财物，即婚姻当事人一方（或父母等第三人）向对方索要一定的财物，以此作为结婚附加条件。(3) 违反婚姻自由原则行为的后果。1) 婚姻无效或被撤销。具有婚姻无效情形的，婚姻无效；具有婚姻撤销情形的，婚姻被撤销。2) 借婚姻索取的财物，具备返还条件的，应当返还。3) 暴力干涉婚姻自由构成犯罪的，应当承担刑事责任。

2. 遗嘱见证人和证人，都是能够证明事实真实性的人，但二者存在不同，区别主要表现在：(1) 主体范围不同。遗嘱见证人只能由自然人充当，而证人则无论是自然人还是法人或其他组织，都可以充当。(2) 资格取得条件不同。遗嘱见证人必须具有完全民事行为能力，且与继承人、遗嘱人没有利害关系；而证人只要求知道案件情况和能够正确表达意志，未成年人也可以作为证人。此外，证人与案件当事人有利害关系的，仍可以作为证人。(3) 证明结果的效力要求不同。遗嘱见证人的证明要起到见证效力，首先遗嘱见证人的身份要经过遗嘱人确定，遗嘱见证人接受指定后，负责对遗嘱的真实性进行证明，并且两个以上的遗嘱见证人在场的证明才能产生见证的证明效力；证人身份的取得只以其是否知道案件情况和能够正确表达意志为条件，一人的证言也可产生证明效力。(4) 适用法律不同。遗嘱见证人的范围及不能作为遗嘱见证人的限制性规定是由民法加以规范的，而对证人的范围及限制性规定是由诉讼法加以规范的。

六、案例分析题

1. (1) 甲母给付乙戒指及 20 万元的行为，是基于甲与乙结婚的特定目的，按照民间习俗给付乙的彩礼，而不是一般的赠与行为。甲、乙未办理结婚登记手续以夫妻名义共同生活，依据《婚姻家庭解释（一）》第 5 条第 1 款第 1 项的规定，乙应当将收取的彩礼返还给甲。

(2) 乙与甲自愿结婚，但乙母向甲索要 15 万元彩礼作为结婚的条件，因此，乙母收取甲 15 万元彩礼的行为，是乙母借婚姻索取财物的行为。甲、乙未办理结婚登记手续以夫妻名义共同生活，乙母自甲处取得的财物是索取所得，应当返还。

（3）甲收取乙 4 万元的行为，不是以缔结婚姻为目的的赠与行为，从转账金额的寓意应是恋爱期间乙为增进感情的好意施惠行为，不属于民法的调整范围，甲没有法律上的返还义务。

2.（1）《民法典》第 1121 条规定，相互有继承关系的数人在同一事件中死亡，难以确定死亡时间的，推定没有其他继承人的人先死亡。都有其他继承人，辈分不同的，推定长辈先死亡；辈分相同的，推定同时死亡，相互不发生继承。乙虽收养己为养子，但未办理收养登记手续，双方之间无养父子权利义务关系，己对乙的遗产没有继承权。乙除甲外没有其他继承人，因此，应推定乙先于甲死亡。

（2）乙的遗产范围包括房屋 6 间、存款人民币 60 万元；甲的遗产包括房屋 8 间、存款人民币 80 万元、自乙遗产中继承所得属于个人财产的部分。甲死亡获得人身意外保险金 5 万元，指定的受益人为丙、丁。因此，保险金应当归投保人指定的受益人丙、丁所有，不属于遗产。

（3）乙先于甲死亡，乙没有第一顺序法定继承人，甲作为第二顺序法定继承人继承乙的遗产。甲在继承开始后遗产分割前死亡，发生转继承。甲继承乙遗产所得份额，为其与戊婚姻关系存续期间所得财产，归双方共同共有，分出戊的一半后，其余部分作为甲的遗产，由其继承人转继承。但依据《民法典》第 1155 条的规定，在遗产分割时，应保留胎儿的继承份额。如果胎儿娩出时是死体的，则保留的继承份额按照法定继承办理。

综合测试题（二）

一、单项选择题（每小题 1 分，共 20 分。在四个备选答案中只有一个是正确的，将其选出并将其标号写在括号内）

1. 甲的姑妈是乙母亲的姨妈，现甲和乙要求登记结婚。关于婚姻登记机关的认定，哪种是正确的？（　　）

A. 他们是两代的旁系血亲，不能结婚　　B. 他们是三代的旁系血亲，不能结婚

C. 他们是四代的旁系血亲，可以结婚　　D. 他们之间属于旁系姻亲关系，可以结婚

2. 依据《民法典》的规定，下列甲应当承担离婚损害赔偿责任的行为是哪种？（　　）

A. 1994 年 2 月 1 日后，甲与乙未办理结婚登记以夫妻名义共同生活期间，甲与丙长期同居生活

B. 1994 年 2 月 1 日后，甲与乙未办理结婚登记以夫妻名义共同生活期间对乙实施暴力

C. 1994 年 2 月 1 日后，甲与乙共同生活期间补办结婚登记后，甲与丙有通奸行为

D. 1994 年 2 月 1 日后，甲与乙共同生活期间补办结婚登记后，甲与丙通奸生子

3. 按照我国法定夫妻财产制，下列财产中，哪种属于夫妻个人财产？（　　）

A. 婚后一方接受亲友馈赠的财物

B. 一方在婚前接受继承而于婚后实际取得的财产

C. 夫妻分居两地分别管理、使用的婚后所得财产

D. 婚后一方所得的奖金

4. 结婚登记前，甲以个人名义向其弟借款 50 万元购买商品房 1 套，产权登记在甲的名下。结婚后，该房屋由甲与妻乙共同居住。甲、乙离婚时，双方协商该房屋归乙所有，债务由甲承担。甲向其弟的借款应如何处理？（　　）

A. 由甲偿还　　B. 由乙偿还

C. 以夫妻共同财产偿还　　D. 主要由甲偿还

5. 甲、乙离婚后，9 周岁的儿子丙由甲直接抚养。甲因外出经商，委托好友丁代为看护。一日丁酒醉，丙偷跑出去玩耍，对路边停放的汽车造成损害。丙没有个人财产。对此，应由谁承担赔偿责任？（　　）

A. 甲承担　　B. 丁承担

C. 甲与丁承担　　D. 甲、乙、丁共同承担

6. 因乙未达法定婚龄，甲与乙未办理结婚登记手续即以夫妻名义共同生活。共同生活期间，甲后悔与乙结婚，其进行下列哪种行为后，同居关系可以解除？（　　）

A. 提起离婚诉讼　　B. 申请婚姻无效

C. 提起解除同居关系诉讼　　D. 通知乙

7. 甲以夫妻共有的写字楼作为出资设立个人独资企业。企业设立后，其妻乙购体育彩票中奖 100 万元。甲提起离婚诉讼，离婚诉讼期间，甲的独资企业宣告解散，欠银行借款 200 万元。该项债务的清偿责任应如何确定？（　　）

A. 甲以其在夫妻共有财产中的份额承担债务清偿责任

B. 甲以夫妻共有财产承担清偿责任，但乙中奖的 100 万元除外

C. 甲以夫妻全部共有财产承担清偿责任，包括乙中奖的 100 万元在内

D. 甲仅以写字楼价值为限承担清偿责任

8. 甲（女）16 岁，父母去世后无其他近亲，甲的舅舅乙（50 岁，离异，有一个 19 岁的儿子）愿意收养甲。关于甲被收养事宜，下列哪种说法是正确的？（　　）

A. 甲已满 16 周岁，不能作为被收养人

B. 乙与甲年龄相差未超过 40 岁，不能作为收养人

C. 乙已有 1 名子女，不能收养甲

D. 乙可以收养甲

9. 村民甲与妻子婚后感情较好，但因其妻接连生了 2 个女孩产生矛盾而提起离婚诉讼，对此，法院应如何处理？（　　）

A. 可以判决离婚

B. 必须判决离婚

C. 在调解无效后，判决离婚

D. 在调解无效后，判决不准离婚

10. 甲是现役军人，与妻子乙结婚后两地分居生活。甲与乙分居期间，一直与部队驻地一女子同居生活。乙得知后向法院提起离婚诉讼。法院应当如何处理？（　　）

A. 判决离婚须经甲同意

B. 判决离婚须部队有关机关同意

C. 不得判决离婚

D. 调解无效的，准予离婚

11. 甲与妻子乙发生争执，甲一记耳光导致乙右耳失聪。乙起诉甲赔偿医药费、精神损害，但未提出离婚请求。关于乙的赔偿请求，下列哪种说法是正确的？（　　）

A. 甲应当赔偿医疗费和精神损害

B. 甲应当赔偿医疗费而不应赔偿精神损害

C. 甲应当赔偿精神损害而不应赔偿医疗费

D. 法院应当不予受理

12. 甲、乙系夫妻，无父母子女。甲有一兄丙，乙有一弟丁，一妹戊。丁先于乙死亡，留有一子己。春节期间，甲、乙驾马车进城购买年货，回家途中因马受惊狂奔，甲、乙被摔下悬崖。庚路过时发现甲已死亡，乙尚存一点气息，被送往医院途中死亡。经查，甲、乙共有房屋 6 间。丙、戊、己对此 6 间房屋的继承发生争执。关于 6 间房屋的继承问题，下列哪种说法是正确的？（　　）

A. 6 间房屋由丙独自继承

B. 6 间房屋由戊独自继承

C. 6 间房屋由丙、戊、己继承

D. 6 间房屋由戊、己继承

13. 甲因与妻子乙感情不和，向法院提起离婚诉讼。一审法院判决准予离婚，并就夫妻财产进行了分割。乙不服一审判决，提起上诉。二审期间，乙因病死亡。乙母在乙死亡后以乙结婚时未达法定婚龄为由向法院申请宣告甲、乙婚姻无效。但乙死亡时已满 20 周岁。依据法律规定，下列哪种说法是正确的？（　　）

A. 一审法院已作出准予离婚的判决，甲对乙的遗产无继承权

B. 法院虽作出准予离婚的判决，但判决尚未生效，甲对乙的遗产有继承权

C. 法院作出婚姻无效的判决，甲对乙的遗产无继承权

D. 乙母无权申请宣告甲乙婚姻无效，甲对乙的遗产有继承权

14. 甲自杀前留下遗书，除对自杀原因作出说明外，对自己的财产和相关事务也一并作了安排，明确自己死后遗产全部归父母所有，妻子无权继承。遗书确为死者的真实意思表示。对甲的遗书能否作为继承的根据，甲的父母和妻子发生纠纷。对此，下列哪种说法是正确的？（　　）

A. 甲的遗书不是以遗嘱方式订立，不能按遗嘱对待

B. 甲的遗书涉及个人财产处分，应按自书遗嘱对待

C. 甲的遗书涉及个人财产处分，有本人签名并注明了年、月、日，可按自书遗嘱对待

D. 甲的遗书涉及个人财产处分，虽有本人签名并注明年、月、日，但不符合遗嘱有效条件，应为无效遗嘱

15. 甲生前立有遗嘱，明确将个人房屋 2 间赠与朋友乙所有。因与甲言语不和，乙将甲打成轻伤。甲因车祸身亡，乙得知受遗赠后 60 日内未表示接受遗赠，也没有表示放弃受遗赠。关于乙对甲遗产权利的表述，哪种说法是正确的？（　　）

A. 乙对甲实施杀害行为，丧失受遗赠权

B. 乙对甲实施伤害行为，丧失受遗赠权

C. 乙知道受遗赠后 60 日内没有表示接受遗赠，视为放弃受遗赠

D. 乙知道受遗赠后 60 日内没有表示放弃遗赠，视为接受遗赠

16. 甲、乙婚姻关系存续期间，共同购置房屋 6 间并以甲的名义办理了产权登记。其未成年儿子丙自祖父处接受赠与房屋 1 套。甲生前与丁合伙经营一鞋店，资产总额 50 万元，甲在合伙中的出资份额为 40%。甲去世后，甲的遗产继承人对甲的遗产范围发生争议。关于甲遗产范围的表述，下列哪种说法是正确的？（　　）

A. 房屋 3 间、甲在合伙中的出资份额

B. 房屋 3 间、甲应得的合伙出资份额

C. 房屋 6 间、甲在合伙中的出资份额

D. 房屋 3 间、甲应得的合伙出资份额和丙接受赠与所得房产的一半

17. 甲生前因侵害乙身体赔偿医药费负债 10 万元，其生病住院期间无力支付医疗费而因子女推诿，欠医院医疗费 3 万元，为夫妻生活购买房屋对丙负债 15 万元。甲去世后，留有遗产房屋 1 套价值人民币 90 万元。甲的继承人因分割遗产，支付评估费 2 万元。关于甲遗产债务的范围，下列哪种说法是正确的？（　　）

A. 甲对乙的债务、对医院的债务

B. 甲对乙的债务、对丙债务的一半、评估费用

C. 甲对乙的债务、对丙债务的一半、对医院的债务、评估费用

D. 甲对乙的债务、对丙债务的一半

18. 甲生前租住他人房屋，未留遗嘱。死亡后留有遗产存款 120 万元、轿车 1 辆，因公致残赔偿金 4.5 万元。甲有继承人妻子、儿子和女儿。甲因车祸死亡，生前投保的人身意外伤害保险公司未指定受益人，保险公司将 7 万元保险金交给甲的儿子。甲所在单位发放抚恤金 3 万元。依法律规定，下列有关甲的遗产范围，哪种说法是正确的？（　　）

A. 存款、轿车、赔偿金、抚恤金

B. 住房、存款、轿车、赔偿金、保险金

C. 存款、轿车、保险金、抚恤金

D. 存款、轿车、赔偿金、保险金

19. 甲生父死亡后，甲的胞弟乙被送养他人，但未办理收养登记。甲生母与继父再婚，甲随生母与继父及继兄丙、丁共同生活，并受继父的抚养教育。甲母与继父外出途中遇车祸死亡，此时丙、丁已成年并参加工作，丙将甲抚养成人。甲成年后回到生父家与祖父共同生活，祖父去世后，甲代位继承分得遗产房屋 1 套。甲溺水死亡时，尚未结婚，无第一顺序法定继承人。依据法律规定，下列哪种说法是正确的？（　　）

A. 乙、丙、丁均有权继承甲的遗产

B. 乙、丙有权继承甲的遗产，丁无权继承甲的遗产

C. 丙、丁有权继承甲的遗产，乙无权继承甲的遗产

D. 丙有权继承甲的遗产，乙无权继承甲的遗产

20. 乙在其父甲生前签署书面声明，表示放弃对甲遗产的继承权。甲去世后，乙口头作出放弃对甲遗产继承权的声明，并以不承担甲生前所欠医药费为条件。遗产分割后乙撤回放弃继承声明，表示参与继承。依据法律规定，下列哪种说法是正确的？（　　）

A. 甲生前乙放弃继承权的行为无效

B. 甲死后乙放弃继承权的行为有效，但所附条件无效

C. 甲死后乙放弃继承权的行为无效，但所附条件有效

D. 遗产分割后乙对放弃继承权的声明有撤回的权利

二、多项选择题（每小题 1 分，共 10 分。在每小题的四个备选答案中选出二个至四个正确的答案，并将其号码分别添在题干后的括号内，多选、少选、错选均无分）

1. 甲与妻乙婚前达成约定财产制协议，约定婚前财产和婚姻关系存续期所得财产，均归各自所有。关于甲与乙约定财产制协议的效力，下列哪些说法是错误的？（　　）

A. 夫妻约定财产制协议，因在结婚登记前订立而无效

B. 夫妻约定财产制协议，因对婚后未取得财产归属约定而无效

C. 夫妻约定财产制协议，因免除一方扶养义务而无效

D. 夫妻约定财产制协议，因未采用书面形式而无效

2. 甲（男）和乙（女）是美术学院同学，共同创作一幅油画作品《爱你一千年》。毕业后二人结婚育有一女。甲染上吸毒恶习，未经乙同意变卖了《爱你一千年》，所得款项用于吸毒。因甲恶习不改，乙在女儿不满 1 周岁时提起离婚诉讼。下列哪些说法是正确的？（　　）

A. 乙在分娩后 1 年内提出离婚，法院不应予受理

B. 如调解无效，应准予离婚

C. 甲出售《爱你一千年》侵犯了乙的物权和著作权

D. 甲吸毒恶习不改，乙有权请求分割财产时予以照顾

3. 甲与乙结婚前约定婚姻关系存续期间继承或者受赠所得财产归各自所有，并到公证机关办理了公证。婚后，双方又签订财产协议，约定甲方婚前所有房屋由双方共有，该协议未办理公证。就甲、乙财产约定，下列说法中哪些是正确的？（　　）

A. 婚前财产协议为夫妻约定财产制协议，自公证之日起生效

B. 婚前财产协议，相对人不知道该约定的，对其不具有约束力

C. 婚后财产协议，非夫妻财产制协议，自成立之日起生效

D. 婚后财产协议中的房屋所有权，自变更登记之日起发生变动

4. 甲夫妻收养 3 周岁的乙为养女。收养关系存续期间，乙尚未成年，乙的生父母丙夫妻与甲夫妻达成解除收养关系协议，并办理了解除收养关系登记。收养关系解除后，甲、丙两夫妻先后去世。对此，下列哪些说法是正确的？（　　）

A. 收养关系解除后，乙与生父母的权利义务关系自行恢复

B. 收养关系解除后，乙与生父母的权利义务关系不自行恢复

C. 乙有权继承甲夫妻的遗产

D. 乙有权继承丙夫妻的遗产

5. 甲、乙离婚并就子女抚养达成协议：婚生子丙由女方乙抚养。如乙方再婚，丙则由甲抚养。丙周 6 岁时乙再婚，甲依协议到乙处欲接回丙自行抚养，乙不允。甲即从幼儿园将丙接走，并电话通知了乙。为此，双方发生争执，乙诉至法院。对此，下列哪些说法是正确的？（　　）

A. 甲、乙均为丙的监护人

B. 乙的行为是违约行为，应当承担违约责任

C. 甲欲行使直接抚养权，应通过诉讼程序解决

D. 甲、乙的协议违反法律

6. 甲、乙离婚时，甲、乙的子女均已成年，与乙一起生活。甲与丙再婚后购买了一套房屋，登记在甲的名下。后甲因中风不能自理，常年卧床。丙见状离家出走达 3 年之久。甲、乙的子女和乙收回甲的房屋自住。对此，下列哪些说法是错误的？（　　）

A. 因房屋登记在甲的名下，故属于甲个人房产

B. 丙在甲中风后未尽妻子责任和义务，不能主张房产份额

C. 甲、乙的子女可以申请宣告丙失踪

D. 甲向法院提交书面意见后，子女可代理甲参与甲与丙的离婚诉讼

7. 依据《民法典》的规定，具备下列哪些情形的，受遗赠人丧失受遗赠权?

A. 故意杀害被继承人　　B. 故意杀害其他继承人

C. 虐待被继承人情节严重　　D. 伪造、篡改、隐匿或者销毁遗嘱

8. 甲、乙婚后育有一子、一女。女儿丙远嫁他乡，儿子娶妻丁，生有一子戊。甲子不幸遇车祸死亡，甲、乙失去生活来源，便向丙提出支付赡养费请求。丙有负担能力，但赡养费的支付时断时续，甲、乙的生活难以为继。再婚的儿媳丁见状，承担起了对甲、乙的供养责任。甲死亡后留下房屋一套。依据《民法典》的规定，下列哪些人可以作为第一顺序继承人?(　　)

A. 乙　　B. 丙　　C. 丁　　D. 戊

9. 甲有子乙、女丙，乙有儿子丁，丙有女儿戊。甲有遗产房屋8间、存款100万元。甲生前立有遗嘱，存款20万元给乙，房屋4间给丙，存款10万元给戊。乙为争夺遗产对丙实施杀害行为，丙不幸先于甲死亡，乙紧随其后畏罪自杀。关于甲的遗产继承，下列哪些说法是错误的?(　　)

A. 甲遗嘱中处分给丙的4间房屋适用遗嘱继承，由戊代位继承

B. 甲遗嘱中未处分的70万元适用法定继承，由丁和戊共同继承

C. 甲遗嘱中处分给乙和丙的财产适用法定继承，由丁、戊代位继承

D. 甲的全部遗产适用法定继承，由戊代位继承

10. 甲因子女均在外地工作，日常生活一直由弟弟乙照料。甲生前立有遗嘱，将自己的存款100万元中的20万元给弟弟乙。甲去世后，乙知道遗嘱内容但未在60日内表示接受。3个月后，乙妻因病住院急需用钱，便向遗嘱执行人请求交付。甲生前负有20万元的债务。关于乙对甲遗产权利的表述，下列哪些说法是正确的?(　　)

A. 乙是受遗赠人，知道受遗赠后60日内没有表示接受遗赠，视为放弃受遗赠

B. 乙是遗嘱继承人，继承开始后遗产分割前没有表示放弃继承，视为接受继承

C. 乙对甲20万元存款有继承权，对甲20万元的债务也有连带清偿义务

D. 乙对甲20万元存款有继承权，对甲20万元的债务不负清偿义务

三、名词解释（每小题3分，共12分）

1. 婚姻

2. 家庭暴力

3. 扶养

4. 遗嘱

四、简答题（每小题6分，共24分）

1. 简述继承权放弃与继承权丧失的区别。

2. 简述无效婚姻与可撤销婚姻的区别。

3. 简述诉讼内调解与诉讼外调解的区别。

4. 简述法定继承人与遗嘱继承人的区别。

五、论述题（每小题10分，共20分）

1. 试述酌情分得遗产权。

2. 试述婚姻家庭财产关系的特点。

六、案例分析题（每小题 7 分，共 14 分）

1. 甲与妻子乙登记结婚前，甲父母首付 50 万人民币，以甲的名义购买了房屋一套，产权登记在甲的名下，余款由甲与乙按月支付。婚姻关系存续期间两人又花费人民币 10 万元装修了房屋。某日，乙外出途中遇车祸致残，得到伤残补助金 25 万元人民币。出于对乙将来生活的考虑，乙父母全额出资 30 万元人民币，以乙的名义购置商铺一间，对外用于出租，以租金补贴生活。现甲提出离婚，两人为上述财产的性质及归属发生争议。

请回答下列问题：

(1) 甲名下的房屋归属如何确定？

(2) 乙取得的伤残补助金归属如何确定？

(3) 乙名下的商铺归属如何确定？

(4) 乙名下商铺租金归属如何确定？

2. 甲与乙结婚后，生有一子丙、一女丁。甲因与乙发生争执而离家出走，一直未有音讯。5 年后乙向当地法院申请宣告甲死亡，法院作出宣告甲死亡的判决。乙及其子女对甲的遗产进行了继承。乙再婚。丙结婚后生有一子戊，某日外出途中遇车祸死亡。乙突然接到某公安局的通知，告知甲于前一日因心脏病死于该市。经查，甲离家出走后，一直给人打工，生活非常困难。一年后开始经商并获得成功，积聚了财产 200 万元。在经商期间，甲与己相识，未履行结婚登记手续以夫妻名义共同生活，俩人生有一女庚。甲生前亲笔写了一份遗嘱，指明自己的财产在其死亡后由己、庚、乙和丙四人均分。

请回答下列问题：

(1) 甲的死亡时间如何确定？

(2) 甲被宣告死亡后乙等对其遗产的继承是否有效？

(3) 甲被宣告死亡后所立的遗嘱是否有效？

(4) 甲的遗嘱如何执行？

参考答案

一、单项选择题

1. C。

《民法典》第 1048 条规定，三代以内的旁系血亲禁止结婚。旁系血亲是指没有直接血缘联系，但在血缘上同出一源的亲属。甲的姑妈与乙母亲的姨妈出于同一亲属，其最近的血缘同源之人是甲姑妈和乙母亲姨妈的父母。按照我国的世代计算法，甲与乙属于四代的旁系血亲，可以结婚。综上，本题应选 C 项。

2. D。

依据《婚姻家庭解释（一）》第 7 条的规定，1994 年 2 月 1 日民政部《婚姻登记管理条例》公布实施以后，男女双方符合结婚实质要件的，法院应当告知其补办结婚登记。未补办结婚登记的，依据同居关系处理。选项 A 中，甲与乙不构成事实婚姻关系，甲与乙同居期间又与丙长期同居生活，有违道德，但不属于《民法典》第 1091 条中承担离婚损害赔偿责任的行为。选项 B 中，甲与乙共同生活期间对甲实施暴力，该行为依据《中华人民共和国反家庭暴力法》的规定，构成家庭暴力。但双方不构成事实婚姻关系，甲不应承担《民法典》第 1091 条中承担离婚损害赔偿责任。选项 C 中，甲与乙共同生活期间补办结婚登记，确立婚姻关系。婚姻关系存续期间，甲与丙通奸，该行为违反一夫一妻制原则，但尚未达到《民法典》第 1091 条规定的重婚、与他人同居以及其他重大过错的程度，不应当承担离婚损害责任。选项 D 中，甲与乙共同生活期间补办结婚登记，确立婚姻关系。婚姻关系存续期间，甲与丙通奸生子的行为，既违反一夫一妻制原则，又侵害了乙的生育权，达到民法典第 1091 条规定的有其他重大过错的程度，应当承担离婚损害责任。综上，本题应选D项。

3. B。

《民法典》第1063条规定，下列财产为夫妻一方的个人财产：(1) 一方的婚前财产；(2) 一方因受到人身损害获得的赔偿或者补偿；(3) 遗嘱或者赠与合同中确定只归一方的财产；(4) 一方专用的生活用品；(5) 其他应当归一方的财产。选项A中，婚后一方接受亲友馈赠的财物，为婚姻关系存续期间受赠的财产，不属于《民法典》第1063条规定的个人财产范围。选项B中，一方婚前接受继承，自继承开始已取得对遗产的所有权，婚后分割所得的遗产只是遗产由共有形态向某个具体遗产的单独所有状态的转化，并不改变继承人在被继承人死亡时已取得遗产所有权的事实。因此，一方在婚前接受继承而于婚后实际取得的财产，属于《民法典》第1063条第1项中规定的婚前个人财产。选项C中，夫妻分居两地分别管理、使用的婚后所得财产，仍为婚姻关系存续期间所得的财产，不属于《民法典》第1063条规定的个人财产范围。选项D中，婚后一方所得的奖金，属于《民法典》第1062条第1款第1项规定的工资范围，为夫妻共同所有财产。综上，本题应选B项。

4. C。

结婚登记前，甲以个人名义购买住房所负债务，为其个人债务。《婚姻家庭解释（一）》第33条规定，债权人就一方婚前所负个人债务向债务人的配偶主张权利的，法院不予支持。但债权人能够证明所负债务用于婚后家庭共同生活的除外。甲婚前所有的房屋，婚后用于婚姻住所，由夫妻双方共同居住，离婚时甲将该房屋赠与乙。依据上述规定，该债务应当认定为夫妻共同债务，以夫妻共同财产偿还。综上，本题应选C项。

5. C。

甲、乙离婚后，丙虽由甲直接抚养，但依据《民法典》第27条第1款的规定，甲、乙均是未成年子女丙的监护人。甲直接抚养和监护丙期间，将监护职责委托丁行使，丁受托履行监护职责期间，丙造成他人财产损害。因丙无财产，对丙造成他人财产的损害结果，依据《民法典》第1189条的规定，监护人甲应当承担侵权责任；受托人有过错的，承担相应的责任。综上，本题应选C项。

6. D。

甲与乙未办理结婚登记手续即以夫妻名义共同生活，未补办结婚登记，依据《婚姻家庭解释（一）》第7条第2项的规定，双方的关系为同居关系，当事人提起的诉讼应为解除同居关系的诉讼，不是离婚诉讼，法院不予受理；已经受理的，裁定驳回起诉。《婚姻家庭解释（一）》第17条规定，当事人以《民法典》第1051条规定的三种无效婚姻以外的情形请求确认婚姻无效的，法院应当判决驳回当事人的诉讼请求。依据该规定，未办理结婚登记不是婚姻无效的情形，甲不得申请婚姻无效。我国法律对未婚同居既不禁止，也不保护，当事人通知对方即可发生解除的后果。综上，本题应选D项。

7. C。

甲以个人名义设立的独资企业，企业经营中所负债务为独资企业的债务。独资企业为非法人组织，出资人对独资企业债务不是以出资额为限的有限责任，而是补充连带清偿责任。首先由独资企业财产承担清偿责任；不能清偿部分，由投资人以其所有财产承担补充责任。出资人形式上是甲，实际上则为甲、乙夫妻共同出资，为夫妻共同债务，依据《民法典》第1089条的规定，离婚时，夫妻共同债务应当共同偿还。乙中奖所得100万元，为婚姻关系存续期间投资所得的收益，依据《民法典》第1062条第1款第2项的规定，属于夫妻共同财产，应当作为责任财产对独资企业经营期间所负债务承担清偿责任。综上，本题应选C项。

8. D。

甲为乙的外甥女，乙收养甲的收养，属于收养三代以内旁系同辈血亲的子女，依据《民法典》第1099条的规定，可以不受收养异性子女的收养人与被收养人的年龄应当相差40周岁以上的限制。《民法典》第1093条规定的被收养人，为未成年人。甲已满16周岁但未满18周岁，属于未成年人，可以作为被收养人。《民法典》第1098条第1项规定，收养人应当无子女或者只有一名子女。乙有1名子女，符合该条件要求，可以作为收养人。综上，本题应选D项。

9. D。

《民法典》第1079条第2款规定，法院审理离婚案件，应当进行调解；如果感情确已破裂，调解无效的，应当准予离婚。第3款规定，有下列情形之一，调解无效的，应当准予离婚：(1) 重婚或者与他人同居；(2) 实施家庭暴力或者虐待、遗弃家庭成员；(3) 有赌博、吸毒等恶习屡教不改；(4) 因感情不和分居满2年；(5) 其他导致夫妻感情破裂的情形。甲与妻子婚后感情较好，只因妻子连生女孩产生矛盾而提起离婚，甲请求离婚的理由不能成立，不具备准予离婚的条件。对此，法院应当进行调解，调解无效后，基于双方感情没有破裂的事实，作出不准离婚的判决。综上，本题应选D项。

10. D。

《民法典》第1081条规定，现役军人的配偶要求离婚，应当征得军人同意，但是军人一方有重大过错的除外。甲为现役军人，乙为非军人配偶，乙要求离婚的，原则上应当征得甲的同意。但是，如果甲有重大过错的，则不需要征得其同意。军人一方的重大过错，一般是指具有《民法典》第1091条规定的应当承担离婚损害赔偿责任的过错。甲有配偶与他人同居生活，具有重大过错，判决离婚，不需要征得其同意，也不须征得其所在部队的同意。依据《民法典》第1079条第3款第1项的规定，法院调解无效的，应当判决准予离婚。综上，本题应选D项。

11. A。

甲对妻子乙实施家庭暴力，一记耳光导致乙右耳失聪的损害后果。乙请求甲对其家庭暴力行为造成人身损害结果承担赔偿责任，而不是请求甲对其家庭暴力导致离婚的结果承担离婚损害赔偿责任，依据《民法典》第1165条第1款的规定，乙有权请求甲承担侵权责任，法院应当受理。甲致乙损害导致的医药费损失，依据《民法典》第1179条的规定，应当承担财产损害赔偿责任。甲对乙实施家庭暴力，导致乙右耳失聪，对乙造成严重的精神损害，依据《民法典》第1183条第1款的规定，应当承担精神损害赔偿。综上，本题应选A项。

12. D。

甲、乙在同一事故中死亡，甲先于乙死亡，依据《民法典》第1127条的规定，甲的遗产由第一顺序继承人乙继承，第二顺序继承人丙不继承。乙死亡后，没有第一顺序继承人，依据《民法典》第1127条的规定由其第二顺序继承人丁和戊继承。丁先于乙死亡，依据《民法典》第1128条第2款的规定，应当由其儿子己代位继承。综上，本题应选D项。

13. B。

我国实行两审终审制，一审判决作出后，在上诉期内一方提出上诉的，一审判决不发生法律效力。二审期间，乙因病死亡，因一审判决未生效，双方婚姻关系解除效力未发生，依据《民法典》第1127条第1款第1项的规定，甲对乙的遗产有法定继承权。乙与甲登记结婚时未达法定婚龄，属于《民法典》第1051条第3项规定的婚姻无效情形，乙母有权在乙死亡后向法院申请宣告甲、乙婚姻无效。但乙母申请时乙已达法定婚龄，法定的无效婚姻情形在提起诉讼时已经消失，依据《婚姻家庭解释（一）》第10条的规定，法院不予支持。综上，本题应选B项。

14. C。

《继承解释（一）》第27条规定，自然人在遗书中涉及死后个人财产处分的内容，确为死者的真实意思表示，有本人签名并注明了年、月、日，又无相反证据的，可以按自书遗嘱对待。选项A中，一概否认遗书的遗嘱效力，不正确。选项B中，对涉及个人财产处分的遗书，一律认定为自书遗嘱，不符合自书遗嘱中遗嘱人应签名并注明年、月、日的要求，不正确。选项C中，甲的遗书涉及个人财产处分，有本人签名并注明了年、月、日，符合自书遗嘱的要求，可按自书遗嘱对待。选项D中，甲的遗书只涉及形式认定问题，不涉及效力认定，不能认定为无效遗嘱，不正确。综上，本题应选C项。

15. C。

《民法典》第1125条第1款第1项规定，继承人故意杀害被继承人的，丧失继承权。第3款规定，受遗赠人有本条第1款规定行为的，丧失受遗赠权。这里的杀害，应限缩解释为故意杀人行为，不能扩大到故意伤害行为。受遗赠人乙故意伤害致甲轻伤，其行为是故意伤害而不是故意杀人，依据该规定，不属于丧失受遗赠权的情形。《民法典》第1124条第2款规定，受遗赠人应当在知道受遗赠后六十日内，作出接受或者放弃受遗赠的表示；到期没有表示的，视为放弃受遗赠。乙知道受遗赠后，未在六十日内作出受遗赠的意思表示，视为放弃受遗赠。综上，本题应选C项。

16. B。

《民法典》第1153条第1款规定，夫妻共同所有的财产，除有约定的外，遗产分割时，应当先将共同所有的财产的一半分出为配偶所有，其余的为被继承人的遗产。依据该规定，夫妻婚姻关系存续期间购置房屋6间，为夫妻共同所有财产，分出一半后剩余3间房屋为甲的遗产。甲在合伙企业中的出资，为夫妻共同财产，分出一半后剩余10万为甲的遗产。丙接受赠与所得房产，为其个人财产而非家庭共有财产，甲死亡时不能从该房屋中分出甲的遗产份额。综上，本题应选B项。

17. D。

《民法典》第1159条规定，分割遗产，应当清偿被继承人依法应当缴纳的税款和债务。遗产债务是被继承人生前以个人名义所负、完全用于被继承人个人需要的债务。甲对乙的债务，系被继承人因侵权行为支付赔偿费所负债务，应为甲生前个人债务，属于遗产债务。甲住院期间的医药费承担，属于子女赡养义务的范畴，应为继承人债务，不属于遗产债务。甲以个人名义对丙所负债务，为家庭日常生活需要所负债务，为夫妻共同债务，甲应承担一半清偿责任。评估费用是继承开始后与遗产有关的债务，不是被继承人生前所负债务，该债务不属于遗产债务。综上，本题应选D项。

18. D。

《民法典》第1122条规定，遗产是自然人死亡时遗留的个人合法财产。依据法律规定或者根据其性质不得继承的遗产，不得继承。甲死亡时，住房为他人所有的财产，不属于甲的遗产。遗留的存款、轿车，属于自由流通物，可以作为遗产由继承人继承。甲人身伤害所得赔偿金，依据《民法典》第1063条第2项的规定，属于个人所有的财产，可以作为遗产。甲生前投保死后所得保险金，未指定受益人，依据《保险法》第42条的规定，应当属于遗产。甲死亡后单位发放的抚恤金，是对其直系亲属的抚慰，归其直系亲属所有，不属于遗产范围。综上，本题应选D项。

19. B。

甲的胞弟被送养他人，但未办理收养登记，依据《民法典》第1113条的规定，收养无效，乙与甲兄弟间的权利义务关系并未消除，甲死亡时没有第一顺序继承人，乙作为第二顺序继承人有权继承甲的遗产。甲受继父抚养教育，依据《民法典》第1072条第2款的规定，双方之间产生拟制血亲的父母子女关系，但该拟制血亲的拟制效力并不及与继父的其他近亲属，甲与继兄丙、丁间并不因此形成拟制血亲的兄弟关系。但甲父母死亡后，丙承对其履行了扶养义务，依据《民法典》第1127条第5款的规定，双方之间为有扶养关系的继兄弟，丙有权继承甲的遗产。丁未对甲履行扶养义务，双方间不为有扶养关系的继兄弟，丁无权继承甲的遗产。综上，本题应选B项。

20. A。

《民法典》第1124条规定，继承开始后，继承人放弃继承的，应当在遗产处理前，以书面形式作出放弃继承的表示；没有表示的，视为接受继承。甲生前乙放弃的继承权，是客观意义继承权，其放弃无效。继承人放弃继承的，应当以书面形式向遗产管理人或者其他继承人表示。乙以口头形式作出放弃继承权的意思表示，该放弃行为无效。同时，继承权放弃为不得附条件的民事法律行为，放弃继承权附条件的，放弃行为无效。乙以不履行赡养义务作为条件，该条件本身也无效。《继承解释（一）》第36条规定，遗产处理前或者在诉讼进行中，继承人对放弃继承反悔的，由法院根据其提出的具体理由，决定是否承认。遗产处理后，继承人对放弃继承反悔的，不予承认。依据该规定，遗产分割后乙对放弃继承权的声明没有撤回的权利。综上，本题应选 A 项。

二、多项选择题（每小题 1 分，共 10 分。在每小题的四个备选答案中选出二个至四个正确的答案，并将其号码分别添在题干后的括号内，多选、少选、错选均无分）

1. AB。

《民法典》第 1065 条第 1 款规定，男女双方可以约定婚姻关系存续期间所得的财产以及婚前财产归各自所有、共同所有或者部分各自所有、部分共同所有。约定应当采用书面形式。没有约定或者约定不明确的，适用本法第 1062 条、第 1063 条的规定。依据该规定，夫妻约定财产制协议，可在结婚登记前订立，也可在结婚登记后订立。夫妻约定财产制协议，可以对婚前已有财产归属进行约定，也可以对婚姻关系存续期间将要或可能取得的财产归属进行概括约定。夫妻间扶养义务为强行性义务，夫妻不得以协议方式加以排除。夫妻约定财产制协议为要式民事法律行为，应当采用书面形式，未采书面形式的，该民事法律行为无效。综上，本题应选 A、B 项。

2. BCD。

《民法典》第 1082 条规定，女方在怀孕期间、分娩后 1 年内或者终止妊娠后 6 个月内，男方不得提出离婚；但是，女方提出离婚或者法院认为确有必要受理男方离婚请求的除外。依据该规定，乙作为女方，虽在分娩后 1 年内提出离婚，法院也应予以受理。甲因吸毒恶习屡教不改导致夫妻感情破裂，依据《民法典》第 1179 条第 3 款第 3 项的规定，调解无效的，应当准予离婚。油画《爱你一千年》本身是物，但是由甲、乙共同创作完成，对该作品双方享有著作权。甲未经乙同意变卖，侵犯了乙的物权和著作权。甲将夫妻共同财产用于吸毒，给乙造成了极大的精神和财产损害，依据《民法典》第 1087 条 的规定，离婚时，乙有权请求法院按照照顾无过错方权益的原则判决。综上，本题应选 B、C、D 项。

3. BCD。

依据《民法典》第 1065 条第 1 款的规定，男女双方可以约定婚姻关系存续期间所得的财产部分各自所有、部分共同所有。因此，甲、乙婚前关于婚姻关系存续期间继承或者受赠所得财产归各自所有的约定，为夫妻约定财产制协议。但该财产协议具有从属性，附随婚姻关系成立，自成立之日起生效，而不是自公证之日起生效。婚前财产约定自婚姻关系确立生效后，对双方具有约束力。但依据《民法典》第 1065 条第 3 款的规定，原则上对相对人不具有约束力，除非相对人知道该约定。婚后财产协议，约定甲婚前个人房屋婚后归双方共有，依据《婚姻家庭解释（一）》第 32 条的规定，应当按照民法典第 658 条的规定处理。因此，该协议为赠与合同，自成立之日起生效。乙对房屋的共有权，依据《民法典》第 209 条第 1 款的规定，自不动产登记之日起发生效力。综上，本题应选 B、C、D 项。

4. AD。

依据《民法典》第 1114 条和第 1116 条的规定，乙未成年时，乙的生父母丙夫妻与甲夫妻达成解除收养关系协议，并到民政部门办理解除收养关系登记，产生收养关系解除的法律效力。收养关系解除后，依据《民法典》第 1117 条的规定，乙与养父母的权利义务关系即行消除，无权继承甲夫妻的遗产；与生父母的权利义务关系自行恢复，有权继承丙夫妻的遗产。因此本题应选 A、D 项。

5. ABC。

依据《民法典》第 1084 条第 1 款的规定，父母与子女间的关系，不因父母离婚而消除。离婚后，子女无论由父或者母直接抚养，仍是父母双方的子女。因此，甲、乙离婚后，仍是丙的监护人。选项 A 正确。依据《婚姻家庭解释（一）》第 57 条的规定，父母双方协议变更子女抚养关系的，法院应予支持。依据该规定，甲、乙离婚协议中对丙抚养权附条件的约定，合法有效。甲、乙变更抚养权的协议，以乙再婚为生效条件。乙再婚，生效条件成就，乙应当将丙交由甲抚养。乙不履行协议，构成违约，应当承担违约责任。因此，选项 B 正确，选项 D 错误。甲、乙协议变更丙抚养权的行为，是身份行为，权利变动不是自协议生效之日起发生效力，应当通过诉讼程序在法院判决书或者调解书生效之日起生效。因此，选项 C 正确。综上，本题应选 A、B、C 项。

6. ABC。

《婚姻家庭解释（一）》第 27 条规定，婚后用共同财产购买的房屋，登记在一方名下的，应当认定为夫妻共同财产。依据该规定，甲、丙再婚后购买的房屋，虽登记在甲的名下，应当属于夫妻共同财产。在甲中风后，丙未尽妻子责任和义务，构成遗弃的，依据《民法典》的规定，可作为甲提起离婚、请求离婚损害赔偿责任和分割夫妻财产时予以照顾的理由，但不能成为剥夺丙对夫妻共同财产权利的理由。丙下落不明已满 2 年，依据《民法典》第 40 条的规定，利害关系人可以申请宣告其失踪。甲的子女既不是丙的近亲属，也不是其他利害关系人，不具备申请宣告丙为失踪人的主体资格。《民事诉讼法》第 65 条规定，离婚案件有代理人的，本人除不能表达意志的以外，仍应出庭；确因特殊情况无法出庭的，必须向法院提交书面意见。甲卧床不起，失去行动能力，具备无法出庭的特殊情况，向法院提交书面意见后，子女可代理甲参与甲与丙的离婚诉讼。综上，本题应选 A、B、C 项。

7. AC。

依据《民法典》第 1125 条的规定，继承人丧失继承权的事由亦适用于受遗赠权的丧失。受遗赠人故意杀害被继承人的，丧失受遗赠权；受遗赠人虐待被继承人情节严重的，丧失受遗赠权；受遗赠人杀害其他继承人，如果不是为了争夺遗产的目的，则不丧失受遗赠权；伪造、篡改、隐匿或者销毁遗嘱，如果未达到情节严重的程度，不丧失受遗赠权。综上，本题应选 A、C 项。

8. ABCD。

甲死亡时，配偶乙、女儿丙是《民法典》第 1127 条中规定的第一顺序法定继承人。《民法典》第 1129 条规定，丧偶儿媳对公婆，丧偶女婿对岳父母，尽了主要赡养义务的，作为第一顺序继承人。丁承担对甲、乙的供养责任，提供了主要经济来源，依据《婚姻家庭解释（一）》第 19 条的规定，应当认定其尽了主要赡养义务，对甲、乙遗产是第一顺序继承人。甲的儿子先于甲死亡，依据《民法典》第 1128 条的规定，由甲的儿子的儿子戊代位继承。丁虽再婚，但依据《婚姻家庭解释（一）》第 18 条的规定，其作为第一顺序继承人时，不影响其子女代位继承。综上，本题应选 A、B、C、D 项。

9. ABCD。

《民法典》第 1125 条规定，继承人为争夺遗产而杀害其他继承人，丧失继承权。乙为争夺遗产杀害继承人丙，丧失对甲遗产的遗嘱继承权和法定继承权。继承人丧失继承权的，依据《继承解释（一）》第 17 条的规定，其晚辈直系血亲不得代位继承。因此，乙先于甲死亡后，其子也丧失对甲遗产的代位继承权。甲遗嘱中处分给丙的遗产，因遗嘱人丙先于甲死亡，依据《民法典》第 1154 条的规定，遗产中的有关部分按照法定继承办理。戊有权依遗嘱继承 10 万元，其余遗产依据《民法典》第 1154 条的规定，适用法定继承，由戊代位继承。综上，本题应选 A、B、C、D 项。

10. BD。

乙作为甲的弟弟，双方是《民法典》第 1127 条中的同父母的兄弟，不是《民法典》第 1133 条第 3 款中的法定继承人以外的自然人，因此，乙是甲遗产的法定继承人，不是受遗赠人。乙对甲遗产的权利是继承权，应当适用有关继承的法律规范。《民法典》第 1124 条第 1 款规定，继承开始后，继承人放弃继承的，应当在遗产处理前，以书面形式作出放弃继承的表示；没有表示的，视为接受继承。依据该规定，乙在继承开始后没有表示放弃继承，视为接受继承。《民法典》第 1163 条规定，既有法定继承又有遗嘱继承、遗赠的，由法定继承人清偿被继承人依法应当缴纳的税款和债务；超过法定继承遗产实际价值部分，由遗嘱继承人和受遗赠人按比例以所得遗产清偿。乙是甲遗产的遗嘱继承人，法定继承人继承的遗产足以清偿债务，因此，乙没有清偿遗产债务的义务。综上，本题应选 B、D 项。

三、名词解释

1. 婚姻，是指男女双方以永久生活为目的，以夫妻的权利和义务为内容的合法结合。

2. 家庭暴力，是指家庭成员之间以殴打、捆绑、残害、限制人身自由以及经常性谩骂、恐吓等方式实施的身体、精神等侵害行为。

3. 扶养，是指夫妻之间或者兄弟姐妹之间在生活上相互供养的责任。

4. 遗嘱，是指自然人生前依据法律规定对遗产作出安排并于死亡后发生法律效力的民事法律行为。

四、简答题

1. 继承权放弃与继承权丧失的区别主要表现在：(1) 继承权的性质不同。在继承权放弃中，继承权是主观意义上的继承权；而在继承权丧失中，继承权是客观意义上的继承权。(2) 发生的时间不同。继承权放弃只能发生在继承开始后遗产分割前；而继承权丧失的事由可以发生在继承开始以前，也可以发生在继承开始之后。(3) 法律后果不同。继承权放弃是继承人对自己权利的一种处分；而继承权丧失是法律对实施违法行为的继承人的一种民事制裁。

2. 无效婚姻与可撤销婚姻的区别主要表现在：(1) 发生原因不同。无效婚姻是欠缺结婚的某些公益的要件，违法程度较重；而可撤销婚姻是欠缺私益的要件，即受胁迫婚姻。(2) 请求权人不同。无效婚姻请求权的主体范围较广，除婚姻当事人及利害关系人外，基层组织也可以作为申请宣告婚姻无效的主体；而可撤销婚姻请求权的主体仅限当事人本人。(3) 请求权的行使期间不同。无效婚姻请求权行使的期间较长，只要在法定的婚姻无效原因消灭前，都可以请求宣告婚姻无效。甚至在夫妻一方或者双方死亡后 1 年内，生存一方或者利害关系人还可依法申请宣告其婚姻无效。而可撤销婚姻请求权行使的期间较短，必须在胁迫行为终止之日起 1 年内提出；被非法限制人身自由，应当在恢复自由之日起 1 年内提起。

3. 诉讼内调解与诉讼外调解的主要区别表现在：(1) 调解主体不同。诉讼中调解主体是法院，诉讼外调解主体是法院之外的其他有关部门。(2) 程序性质不同。诉讼中的调解是必经程序，诉讼外的调解为非必经程序。(3) 法律效力不同。诉讼中的调解协议具有可执行性；诉讼外调解协议不具有可执行性。(4) 调解结果不同。诉讼中调解无效时直接进入审判程序；诉讼外调解无效时终止调解，是否起诉由当事人自主决定。

4. 法定继承人与遗嘱继承人的区别主要表现在：(1) 继承权的来源不同。法定继承人的继承权来源于法律的规定，而遗嘱继承人的继承权来源于依法设定的遗嘱。(2) 继承顺序的要求不同。法定继承人在继承遗产时有继承顺序的限制，而遗嘱继承人在继承遗产时没有继承顺序的限制。(3) 继承份额的分配原则不同。法定继承人按照法律规定的遗产分配原则确定继承份额，而遗嘱继承人按照遗嘱的指定确定继承份额。(4) 遗产债务清偿的顺序不同。法定继承人是第一顺位的遗产债务清偿人，故遗产已经被分割而没有清偿债务的，首先由法定继承人用其所得遗产清偿债务。遗嘱继承人是第二顺位的遗产债务清偿人，故遗产已经被分割而没有清偿债务的，遗嘱继承人对法定继承人用所得遗产清偿债务的不足部分用所得遗产偿还。

五、论述题

1. 酌情分得遗产权，是指酌情分得遗产人对被继承人遗产享有的权利。(1) 酌情分得遗产权的主体。依据《民法典》的规定，酌情分得遗产的人包括两类：一类是依靠被继承人扶养的人，另一类是对被继承人扶养较多的人。所谓依靠被继承人生前扶养，是指受扶养人与被继承人之间原无法定和约定的权利义务关系，被继承人是出于道义等原因对受扶养人进行辅助、养育。对被继承人的扶养，包括经济上的扶助、劳务上的扶助，也包括精神上的慰藉。(2) 酌情分得遗产权的性质。酌情分得遗产权为独立的民事权利，在诉讼地位上酌情分得遗产人基于其权利地位，可作为有独立请求权的第三人参与诉讼。(3) 酌情分得遗产权的份额。《民法典》第 1131 条规定的酌情分得遗产的份额是“适当的遗产”。在司法实践中，适当遗产份额的认定，视具体情况可以少于或者多于继承人的应继份额。所谓具体情况，应当参考以下因素确定：一是依靠被继承人扶养的人的具体生活状况，以及被继承人生前扶养的情况；二是对被继承人扶养较多的人的具体扶养情况；三是遗产的数量。(4) 酌情分得遗产权的保护。我国司法实践承认酌情分得遗产权受法律保护，酌情分得遗产权受到侵犯时，权利人有权请求法院保护。依据《民法典》第 188 条的规定，酌情分得遗产权的诉讼时效期间为三年，自知道或者应当知道酌情分得遗产权被侵害以及义务人之日起算。

2. 婚姻家庭中的财产关系，与民法中的其他财产关系相比，具有以下特点：(1) 主体不同。婚姻家庭财产关系，是以特定亲属关系为前提，从属于婚姻家庭人身关系。这种从属性，具体表现为发生上的从属性、内容上的从属性和终止时的从属性。(2) 功能不同。婚姻家庭中的财产关系是为了满足亲属间共同生活和家庭经济职能的需要，是为了实现家庭的社会功能。(3) 产生依据不同。婚姻家庭中的财产关系，依据婚姻家庭法规定产生，适用《民法典》婚姻家庭编的规定。婚姻家庭编没有规定时，民法典中财产法的规定与婚姻家庭法身份法的特质不相抵触的，可适用财产法的规定。(4) 意思自治程度不同。婚姻家庭法为强制性规范，相应地婚姻家庭财产关系中当事人意思表示的自治程度受到法律的限制。

六、案例分析题

1. (1) 房屋属于甲个人财产。夫妻一方婚前的财产属于个人财产，不因结婚而改变。该房屋系甲婚前购买，属于其婚前财产。虽然在婚后予以装修，也不改变房屋的性质。但因装修使房屋价值有所增加，其增加部分应视为夫妻共有，乙可以主张分割。

(2) 乙的伤残补助金应属于其个人财产。夫妻一方因身体受到伤害获得的医疗费、残疾人生活补助费等费用，属于夫妻个人财产。

(3) 商铺应认定为乙个人财产。婚姻关系存续期间，一方因接受赠与而取得的财产，如赠与人有特别指明受赠人为夫妻一方的，应作为受赠方的个人财产。该商铺系乙父母赠与，登记在乙名下，目的是维持其将来的生活，可以认定乙父母的赠与行为特别指明了受赠人为乙，故应认定为乙的个人财产。

(4) 商铺租金应认定为甲和乙的夫妻共同财产。乙母亲购买商铺的目的是用以出租，为乙生活提供保障，该租金为婚姻关系存续期间经营所得收益，在双方对该租金归属没有做出明确约定的情况下，依据《民法典》第1062条的规定，应当认定为夫妻共同财产。

2. (1) 依据《民法典》第48条的规定，甲的死亡时间为法院宣告死亡的判决作出之日。

(2)《民法典》第1121条规定，继承从被继承人死亡时开始。这里的死亡，包括自然死亡和宣告死亡。因此，甲被宣告死亡后，乙等对其遗产的继承有效。

(3)《民法典》第49条规定，自然人被宣告死亡但是并未死亡的，不影响该自然人在被宣告死亡期间实施的民事法律行为的效力。遗嘱为民事法律行为，具备遗嘱的有效条件的，遗嘱具有法律效力。甲被宣告死亡后所立的遗嘱，具备遗嘱有效条件时，应为有效。

(4) 按照甲的遗嘱，己有权分得遗嘱中1/4的遗产，但己与甲是同居关系，不是配偶关系，其对甲遗产的权利不是遗嘱继承权，而是受遗赠权；庚是甲的非婚生子女，享有与婚生子女同等的继承权利，享有遗嘱继承权；甲宣告死亡后乙与他人结婚，乙与甲间不发生婚姻关系自行恢复的效力，因此，乙对甲遗产的权利是受遗赠权；丙作为遗嘱继承人，先于甲死亡，依据《民法典》第1154条第3项的规定，遗产中丙应继承的部分按照法定继承办理，由甲自然死亡时生存的法定继承人女儿丁、庚与代位继承人丙的儿子戊继承。

综合测试题（三）

一、单项选择题（每小题 1 分，共 20 分。在四个备选答案中只有一个是正确的，将其选出并将其标号写在括号内）

1. 甲和其父母收养的养妹乙从小一起长大，产生了爱慕之情，他们可否结婚？（　　）

A. 可以结婚　　B. 不具有自然血亲关系的，可以结婚

C. 不能结婚　　D. 征得其父母同意后方可结婚

2. 甲（男，24 周岁）、乙（女，19 周岁）为达结婚目的，故意隐瞒乙的真实年龄办理了结婚登记。2 年后，双方性格不合难以共同生活，乙以办理结婚登记时未达到法定婚龄为由向法院起诉，请求宣告婚姻无效。对此，法院应如何处理？（　　）

A. 办理结婚登记时乙未达到法定婚龄，应宣告婚姻无效

B. 裁定驳回乙确认婚姻无效的起诉

C. 宣告婚姻无效，判决解除双方同居关系

D. 判决驳回乙确认婚姻无效的请求

3. 甲男与乙女通过网聊恋爱，后乙提出分手遭甲威胁，乙无奈遂与甲办理了结婚登记。婚后乙得知，甲曾有过一段婚史，但其隐瞒了该事实。于是，乙向法院提起离婚诉讼。对此，下列哪种说法是正确的？（　　）

A. 法院应判决撤销该婚姻　　B. 法院应判决宣告该婚姻无效

C. 法院应作出是否准予离婚的判决　　D. 法院对该案不应当进行调解

4. 甲、乙婚姻关系存续期间，甲父去世。甲父生前留下遗嘱，将其所有的 1 套房子留给甲，并声明该房屋只归甲一人所有。关于该房屋的归属，下列哪种说法是正确的？（　　）

A. 该房屋 8 年后转化为夫妻共同财产　　B. 该房屋出租所得租金为夫妻共同财产

C. 该房屋及其租金均属共同财产　　D. 该房屋被约定为夫妻共同财产，约定无效

5. 甲、乙夫妻双方均为作家。甲在婚前发表小说《昨天》，婚后获得稿费。乙在婚姻存续期间发表了小说《今天》，离婚后获得稿费。甲在婚姻关系存续期间创作小说《明天》，离婚后发表并获得稿费。关于稿费的归属，下列哪种说法是正确的？（　　）

A.《昨天》的稿费属于甲婚前个人财产

B.《今天》的稿费属于夫妻共同财产

C.《明天》的稿费属于夫妻共同财产

D.《昨天》、《今天》和《明天》的稿费都属于夫妻共同财产

6. 下列表述中，已成年的乙应对甲给付赡养费的情形是哪种？（　　）

A. 甲 57 周岁时收养了乙（6 周岁），乙长大成人，甲已丧失劳动能力

B. 乙幼年丧父随母与继父甲共同生活，受甲的抚养教育。甲退休金丰厚，时常接济乙

C. 甲系乙生父。乙出生后其母即离家出走，甲遂将乙送养他人。乙成年后，甲生活无着

D. 甲妻未经甲同意通过异质人工授精生育乙，甲自始不予接纳。乙成年后，甲生活困难

7. 甲在妻子去世时已届 47 周岁，与 15 周岁的女儿乙和 5 周岁的儿子丙相依为命。某儿童福利机构因收留父母死亡或父母查找不到的未成年人过多导致经费困难，呼吁社会爱心人士收养子女。甲看到报道，决定收养一女童。关于被收养人，下列哪种人符合被收养条件？（　　）

A. 儿童福利机构抚养的已满10周岁残疾女童

B. 福利院抚养的已满10周岁的孤女

C. 儿童福利机构抚养的查找不到生父母的不满6周岁女童

D. 生父母有特殊困难无力抚养子女的不满6周岁女童

8. 甲、乙协议离婚。离婚协议书签署后，因单位突发事件急需出差，乙便委托好友丙随甲同去婚姻登记机关代为办理离婚登记手续。依我国有关法律，丙可否代理？（　　）

A. 可以代理　　B. 征得甲同意后可以代理

C. 取得书面授权时可以代理　　D. 不能代理

9. 甲、乙结婚后因无房居住，甲便以个人名义向丙借款50万元购房，约定5年后归还，无利息约定。后甲外出打工与人同居。乙向法院起诉要求与甲离婚，法院判决甲与乙离婚，夫妻共同财产大部分判归乙，债务由甲、乙各负担一半。关于借款的清偿，下列哪种说法是正确的？（　　）

A. 借期届满后，丙有权要求乙偿还50万元及利息

B. 借期届满后，丙只能要求甲偿还50万元

C. 借期届满后，丙只能要求甲和乙分别偿还25万元

D. 借期届满后，丙有权要求甲和乙共同清偿50万元

10. 甲婚前以个人名义向乙独资设立的飞跃百货有限公司借款20万元，借期1年。甲与丙登记结婚后，将上述借款全部用于婚房的装修。结婚半年后，甲与丙协议离婚，未对债务清偿作出约定。关于借款的清偿，下列哪种说法是正确的？（　　）

A. 由乙向甲请求偿还　　B. 由乙向甲和丙请求偿还

C. 飞跃公司只能向甲请求偿还　　D. 由飞跃公司向甲和丙请求偿还

11. 甲、乙长期保持同性恋关系，同居期间甲创作同性恋题材小说。后甲迫于父母压力娶丙为妻，结婚时丙父母赠与婚房一套，登记在丙和甲名下。婚姻关系存续期间，甲婚前创作的同性恋题材小说发表，甲收到出版社支付的稿费10万元。婚后丙得知了甲在婚前和婚后一直与乙保持同性恋关系的事实。对此，下列哪种说法是正确的？（　　）

A. 甲隐瞒与乙的同性恋关系，导致丙结婚的意思表示不真实，丙可请求撤销该婚姻

B. 丙受欺诈而与甲登记结婚，导致丙父母赠与房屋的意思表示不真实，丙父母可撤销赠与

C. 丙父母赠与的房屋不属于夫妻共同财产

D. 10万元稿费属于夫妻共同财产

12. 甲为聋哑人，欲立代书遗嘱，遂邀邻居乙、乙的儿子丙作见证人，由乙代书订立遗嘱。乙为哑语翻译，丙略通哑语。代书人乙、丙及遗嘱人甲均在代书遗嘱上签字，并注明年、月、日。关于甲遗嘱的效力，下列哪种说法是正确的？（　　）

A. 甲无遗嘱能力，所立遗嘱无效

B. 甲有遗嘱能力，有乙、丙两个见证人见证，遗嘱有效

C. 甲有遗嘱能力，丙不具备遗嘱见证人资格，遗嘱无效

D. 甲有遗嘱能力，丙具备遗嘱见证人资格，遗嘱有效

13. 甲父生前，甲与乙签订继承权转让协议，甲将对其父遗产的继承权转让给乙。甲父死亡后，乙持转让协议要求分得甲在其父遗产中的应继份额。下列表述中，哪种说法是正确的？（　　）

A. 客观意义上的继承权具有可转让性

B. 客观意义上的继承权是身份权利

C. 甲与乙间的继承权转让协议不具有法律效力

D. 甲父死亡前，甲不享有对其父遗产的继承权

14. 甲自幼被人收养，成年后与养父母解除了收养关系。收养关系解除后，甲恢复与生父母的往来，时常在经济上提供帮助。收养关系解除后，养父母丧失劳动能力，没有生活来源，甲每月向养父母支付扶养费2 000元。生父母和养父母相继去世。依据法律规定，下列哪种说法是正确的？（　　）

A. 甲与生父母的权利义务关系因收养关系的解除自然恢复，甲有权继承生父母的遗产

B. 甲在经济上帮助生父母，视为双方权利义务关系恢复，甲有权继承生父母的遗产

C. 甲在收养关系解除后仍向养父母支付扶养费，甲有权继承养父母的遗产

D. 甲向养父母支付扶养费是收养解除的后果，甲无权继承养父母的遗产

15. 甲与乙（女）婚姻关系存续期间，乙经甲同意进行人工授精，生育一子丙。但丙出生后，甲拒不接受丙为其子。甲生前立下自书遗嘱，遗产全部由其父母继承。丙5岁时，甲去世，留有遗产房屋1套、存款若干。依据法律规定，下列哪种说法是正确的？（　　）

A. 乙经甲同意进行人工授精所生子女，视为甲的婚生子女

B. 甲非丙生物学父亲，有权不承认丙的亲子地位

C. 丙无权继承甲的遗产，但可适当分得甲的遗产

D. 甲遗嘱中未保留丙必要的遗产份额，遗嘱无效

16. 甲有乙、丙、丁三个儿子。甲去世时，遗有房屋6间，一直由丙占有、使用，乙、丙、丁均未放弃继承权，也未提出分割要求。甲死亡20年后，乙、丁向丙提出分割请求，丙以乙、丁的分割请求超过20年为由，拒绝了乙、丁的请求，乙、丁向法院提起遗产分割请求。对此，下列哪种是正确的？（　　）

A. 继承开始后甲的遗产由乙、丙、丁共同共有

B. 继承开始已超过20年，乙、丁无权提出分割请求

C. 丙侵害继承权超过20年，乙、丁无权提出分割请求

D. 丙侵害共有权超过20年，乙、丁无权提出分割请求

17. 甲立有自书遗嘱，明确其财产由儿子乙继承，但乙应与丙女结婚。否则，遗嘱中确定由乙继承的遗产由女儿丁继承。关于乙对甲遗产权利的表述，下列哪种说法是正确的？（　　）

A. 遗嘱“乙应与丙女结婚”应当认定为附条件

B. 甲对乙所附负担无效，遗嘱有效，乙有遗嘱继承权

C. 甲对乙所附负担无效，遗嘱无效，乙无遗嘱继承权

D. 甲对乙所附负担无效，遗嘱无效，乙无遗嘱继承权

18. 甲有子乙、丙，女丁，丁为残疾人，无劳动能力，依靠甲生活。甲生前立有遗嘱，将自己遗产中的房屋4间、存款10万元留给丁，另有遗产10万元由乙、丙各继承5万元。甲死亡后，丙在清理甲的遗产时发现了该遗嘱，遂将遗嘱放在随身衣服口袋里。丙清洗该衣服时忘掏衣兜，将该遗嘱洗毁。依据法律规定，下列哪种说法是正确的？（　　）

A. 丙毁损遗嘱行为侵害了丁的利益，丙丧失继承权

B. 丙毁损遗嘱主观上虽有过失，但也不能认定为销毁遗嘱

C. 丙客观上造成遗嘱毁损的结果，应当认定为销毁遗嘱

D. 丙的行为是否构成销毁遗嘱应视乙是否认可遗嘱而定

19. 甲生前留有遗嘱，明确将自己遗产存款中的20万元遗赠给朋友乙，将存款中的30万元留给弟弟。甲留有遗产价值100万元的房屋1套、存款50万元。甲有继承人母亲、妻子和儿子。甲母无其他子女，也没有生活来源，依靠甲生活。甲生前对外负有个人债务120万元。甲死后，甲子表示放弃继承权。乙在知道受遗赠后60日内表示接受遗赠，但在遗产分割前死亡，乙有一子。关于甲生前所负债务清偿，下列哪种说法是正确的？（　　）

A. 由甲妻、甲母和甲子承担清偿责任，甲弟不负清偿责任

B. 由甲妻、甲母和甲弟承担清偿责任，甲子不负清偿责任

C. 由甲妻、甲弟和乙子承担清偿责任，甲母不负清偿责任

D. 由甲妻、甲母、甲弟、乙子承担清偿责任

20. 甲、乙未成年时生父母离婚，因生母与继父丙结婚而随生母与继父共同生活并受继父丙抚养教育。丙征得甲的生父母和甲的同意，收养甲并办理了收养登记手续。甲、乙生父和继父相继去世，依据法律规定，下列哪种说法是正确的？（　　）

A. 甲、乙有权继承继父和生父的遗产

B. 甲、乙有权继承继父的遗产，无权继承生父的遗产

C. 甲有权继承继父的遗产，无权继承生父的遗产

D. 乙有权继承继父的遗产，有权适用分得生父的遗产

二、多项选择题（每小题 1 分，共 10 分。在每小题的四个备选答案中选出二个至四个正确的答案，并将其号码分别添在题干后的括号内，多选、少选、错选均无分）

1. 甲从部队转业后与乙结婚，结婚时乙购置了一套家具。婚后甲创作的长篇小说《军人》发表并获得稿费。甲结婚前其姑妈去世时遗赠给甲 1 套房屋，一直由甲的父母居住。根据以上情况，甲、乙二人的夫妻共同财产包括哪些？（　　）

A. 甲的自主择业费　　　　B. 乙所购置的家具

C.《军人》所得的稿费　　　　D. 甲姑妈遗留的房屋

2. 甲、乙为兄弟。两人父母去世时，甲已成年，乙尚读小学。关于甲对乙扶养义务的表述，下列哪些说法是错误的？（　　）

A. 甲为某高校在校学生，乙为甲的同父母弟弟，甲对乙有扶养义务

B. 甲在家务农并兼做木工，乙为甲父母收养的养子，甲对乙有扶养义务

C. 甲为饭店厨师，乙是受甲父抚养教育的继子，甲对乙有扶养义务

D. 甲大学毕业后失业在家，乙为甲同父异母弟弟，甲对乙有扶养义务

3. 甲、乙结婚前，乙出资开办“四季”美发店，从事个体经营。两人因教育子女产生矛盾，分居生活已满 1 年，甲向法院提起离婚诉讼。审理中查明，乙婚前向他人借款 10 万元用于开办美发店，结婚后美发店的经营收入大部分用于家庭共同生活。分居期间向他人借款 10 万元用于美发店的经营。关于债务清偿，下列哪些说法是正确的？（　　）

A. 婚前债务是个人经营所负债务，以乙个人财产清偿

B. 婚后债务是个人经营所负债务，以乙个人财产清偿

C. 婚前债务用于家庭共同生活，以甲、乙共同财产清偿

D. 婚后债务是婚姻关系存续期间发生的，以甲、乙共同财产清偿

4. 下列情况中，视为夫妻感情确已破裂的有哪些？（　　）

A. 丈夫因强奸罪被判处有期徒刑 10 年，妻子坚决要求离婚

B. 包办婚姻的一方，婚后难以接受另一方，随即提出离婚

C. 夫妻发生争吵，妻子一怒之下回娘家居住长达 2 年

D. 丈夫公然与另一女性长期同居，妻子坚决离婚要求

5. 甲与妻乙协商，乙辞去工作专职相夫教子。乙辞去工作后，在家奉养公婆，照顾小孩。甲因工作能力突出被派驻外工作期间，与丙长期同居生活，乙得知后向法院提起离婚诉讼。乙的下列哪些请求可以得到支持？（　　）

A. 为家庭生活付出较多义务，请求甲予以补偿

B. 专事家庭事务，生存技能降低，请求甲给予经济帮助

C. 甲与他人同居导致离婚，请求夫妻财产分割时给予照顾

D. 甲与他人同居导致离婚，请求甲给予损害赔偿

6. 甲向法院提起离婚诉讼，请求解除与乙的婚姻关系。乙同意离婚，但要求分割以甲的名义对某合伙企业的出资。同时，要求甲清偿婚姻关系存续期间因支付母亲医药费向其所借的10万元欠款。诉讼中，甲、乙达成协议，甲将其在合伙企业中的财产份额转让给乙，但未得到三分之二以上合伙人的同意。法院对此案的处理，下列哪些说法是正确的？（　　）

A. 其他三分之二以上合伙人同意转让的，乙取得合伙人地位

B. 其他合伙人不同意转让，在同等条件下行使优先受让权的，可对转让所得的财产进行分割

C. 其他合伙人不同意转让，也不行使优先受让权，但同意甲退伙或退还其财产份额的，可对退伙财产进行分割

D. 甲对因履行赡养义务而自夫妻共同财产中借出的10万元，无清偿义务

7. 甲在丈夫去世后独居，有生活来源和自理能力。乙在父去世后曾与母亲甲共同居住，但因双方性格不合，乙搬出另住，双方很少来往。甲失去生活自理能力后，乙前去照料，被甲拒绝。甲的日常生活均由甲的女儿丙负责照料。甲死亡后，留有遗产若干，乙因继承问题与其他继承人发生纠纷。依据法律规定，下列哪些说法是正确的？（　　）

A. 乙对甲未履行赡养义务，构成遗弃

B. 甲拒绝乙的赡养，乙的赡养义务免除

C. 甲拒绝乙的赡养，乙可继承甲的遗产

D. 乙未与甲共同生活，分配遗产时可以少分

8. 甲离家出走后杳无音讯，其妻乙向法院宣告甲死亡，法院依法宣告甲死亡，其房屋6间由乙和子丙继承。甲离家出走后，南下广州务工，其间购买福利彩票中奖20万。甲用该款购买股票，获利100万。甲被宣告死亡后伪造证件与丁登记结婚，生子戊，后甲车祸死亡。甲自然死亡后，哪些人可以成为其法定继承人？（　　）

A. 乙　　　　B. 丙　　　　C. 丁　　　　D. 戊

9. 甲满16周岁时弃学经商，以自己的劳动收入作为部分生活来源，大部分生活费用需要父母提供。17周岁生日时，甲立下自书遗嘱，明确以下内容：如遇不测，捐献遗体给某医院；个人所有财产全部捐助给希望工程，用于资助贫困地区儿童上学。甲在某次施工过程中，不幸触电身亡，留有遗产20余万元。甲的父母主张甲的遗嘱无效。关于甲遗嘱能力的表述，下列哪些说法是正确的？（　　）

A. 甲无遗嘱能力，因为甲立遗嘱时未满18周岁，不具有完全民事行为能力

B. 甲有遗嘱能力，因为甲立遗嘱时视为完全民事行为能力人

C. 甲有遗嘱能力，因为甲死亡时已满18周岁，具有民事完全行为能力

D. 甲无遗嘱能力，因为甲立遗嘱时不能被视为完全民事行为能力人

10. 甲生前立有遗嘱，将其存款中的5万元给儿媳乙，8万元给对自己尽了主要赡养义务的丧偶女婿丙，2万元给外孙女丁。甲生前与所在单位签订遗赠扶养协议，单位对其履行生养死葬义务，死后存款中的30万元归单位所有。关于对甲遗产的取得顺序，下列说法中哪些是正确的？（　　）

A. 甲的遗产先由遗赠扶养协议中的扶养人取得

B. 扶养人取得遗产后剩余部分，归受遗赠人乙

C. 受遗赠人取得遗产后剩余部分，归遗嘱继承人丙、丁

D. 执行遗嘱后剩余部分，由法定继承人丙、丁继承

三、名词解释（每小题3分，共12分）

1. 直系血亲

2. 抚养
3. 收养的拟制效力
4. 继承权

四、简答题（每小题 6 分，共 24 分）

1. 简述协议离婚与判决离婚的区别。
2. 简述养子女与形成抚养关系的继子女的区别。
3. 简述夫妻经济补偿请求权与扶养请求权的区别。
4. 简述遗赠与赠与的区别。

五、论述题（每小题 10 分，共 20 分）

1. 试述子女对父母的赡养义务。
2. 试述代位继承与转继承的关系。

六、案例分析题（每小题 7 分，共 14 分）

1. 甲与乙均为 90 后，符合结婚条件但未办理结婚登记手续即以夫妻名义共同生活，并在共同生活期间双方补办了结婚登记。婚后因遭受丈夫乙家庭暴力，甲向法院提起离婚诉讼。法院经审理，认为双方夫妻感情确已破裂，判决准予离婚，并对共有财产进行了分割。乙不服一审判决提起上诉。二审审理期间，乙意外死亡，二审法院遂裁定终结诉讼。

请回答下列问题：

（1）补办结婚登记前甲、乙的关系性质如何？

（2）补办结婚登记后甲、乙的关系性质如何？

（3）甲、乙婚姻关系终止的原因是什么？

（4）甲对乙的遗产有何权利？

2. 甲、乙二人系同胞兄弟，乙与母亲共同生活。母亲丙去世时，留有价值 300 万元的遗产，由乙负责保管。甲、乙达成遗产分割协议，约定：甲分得遗产 100 万元，乙分得遗产 200 万元。同时约定协议自签订之日起生效。乙在清点母亲遗物时，发现母亲所立的自书遗嘱。自书遗嘱中明确该存款 300 万元全部由乙继承，甲不得继承。基于此，乙告知甲母亲遗嘱内容后便不再履行遗产分割协议。甲与乙多次协商无果，半年后向法院提起诉讼，请求法院判令乙交付遗产。乙收到起诉书后提起反诉，以重大误解为由请求法院撤销遗产分割协议。

请回答下列问题：

（1）甲是否为丙的遗产继承人？

（2）甲与乙达成的遗产分割协议，是否可撤销？

（3）乙撤销遗产分割协议的请求，能否得到法院的支持？

参考答案

一、单项选择题

1. B。

《民法典》第 1048 条规定，直系血亲或者三代以内的旁系血亲禁止结婚。该规定中禁止三代以内旁系血亲结婚，立法目的主要在于避免亲属间遗传性疾病发生，因此应作限缩解释，仅限于有血缘同源之人的三代以内自然血亲的旁系血亲间，不包括没有自然血亲关系的三代以内旁系血亲。甲与乙具有拟制血亲关系，不属于禁止结婚的亲属范围。我国实行婚姻自由的婚姻家庭制度，男女双方完全自愿即可结婚，不须征得父母的同意。综上，本题应选B项。

2. D。

未达法定婚龄是《民法典》第1051条规定的婚姻无效情形之一。但依据《婚姻家庭解释（一）》第10条的规定，当事人依据《民法典》第1051条规定向法院请求确认婚姻无效，法定的无效婚姻情形在提起诉讼时已经消失的，法院不予支持。因此，乙以办理结婚登记时未达法定婚龄请求确认婚姻无效的，法院应当受理。乙提起诉讼时已达法定婚龄，法院应判决驳回其确认婚姻无效的诉讼请求，但无权判决解除双方同居关系。综上，本题应选D项。

3. C。

乙受胁迫而与甲结婚，属于可撤销婚姻，而不是无效婚姻。依据《民法典》第1052条的规定，受胁迫的一方可以向法院请求撤销婚姻。可撤销婚姻请求权专属于受胁迫一方当事人本人，是否行使由本人决定，不属于法院审判权的范畴。婚姻具备受胁迫的可撤销事由时，受胁迫方可提起离婚解除婚姻关系。乙提起的是离婚诉讼，而非婚姻效力的诉讼，因此，法院应当进行调解。综上，本题应选C项。

4. B。

依据《民法典》第1063条第3项的规定，婚姻关系存续期间，一方接受继承但遗嘱中确定只归一方的财产，为夫妻一方个人财产。因此，甲继承所得房屋为甲的个人财产，归甲个人所有。《婚姻家庭解释（一）》第31条规定，《民法典》第1063条规定为夫妻一方的个人财产，不因婚姻关系的延续而转化为夫妻共同财产，但当事人另有约定的除外。房屋出租所得租金，为婚姻关系存续期间经营的收益，属于《民法典》第1062条规定的夫妻共同财产的范围。综上，本题应选B项。

5. B。

《婚姻家庭解释（一）》第24条规定，《民法典》第1062条第1款第3项规定的“知识产权的收益”，是指婚姻关系存续期间，实际取得或者已经明确可以取得的财产性收益。《昨天》婚前发表婚后获得的稿酬，为夫妻关系存续期间所得的知识产权收益，为夫妻共同财产。《今天》在婚姻关系存续期间已发表，婚后获得的稿酬为明确可以取得的知识产权收益，为夫妻共同财产。《明天》于离婚后发表并获得的稿费，不属于婚姻关系存续期间所得的知识产权收益，为甲个人财产。综上，本题应选B项。

6. A。

《民法典》第1067条第2款规定，成年子女不履行赡养义务的，缺乏劳动能力或者生活困难的父母，有要求成年子女给付赡养费的权利。依据该规定，成年子女对父母履行赡养义务的条件是父母缺乏劳动能力或者生活困难。这里的父母，包括生父母、养父母和形成抚养关系的继父母。选项A中，乙被甲依法收养，双方产生父母子女权利义务关系，乙对缺乏劳动能力的养父母，有给付赡养的义务。选项B中，乙受继父甲抚养教育，双方产生父母子女权利义务关系。乙成年后，甲生活富足，乙无给付赡养费的义务。选项C中，乙被生父甲送养后，双方的父子权利义务关系消除，乙无给付赡养费的义务。选项D中，乙为人工生育子女。依据《婚姻家庭解释（一）》第40条的规定，婚姻关系存续期间，夫妻双方一致同意进行人工授精，所生子女应视为婚生子女，父母子女间的权利义务关系适用民法典的有关规定。乙母未经甲同意通过异质人工授精生育乙，甲自始未接纳乙，双方之间不产生父母子女间的权利义务，乙无给付赡养费的义务。综上，本题应选A项。

7. C。

《民法典》第1102条规定，无配偶者收养异性子女的，收养人与被收养人的年龄应当相差40周岁以上。选项A、B中的女童均满10周岁，与甲的年龄差不足40周岁，甲不具备收养人的条件，不能收养。选项C、D中女童不满6周岁，与甲的年龄相差40周岁。甲已有2名子女，不符合《民法典》第1098条第1项中收养人只有1名子女的条件，但收养儿童福利机构抚养的查找不到生父母的未成年人，可以不受第1098条第1项规定的限制。综上，本题应选C项。

8. D。

《民法典》第1076条第1款规定，夫妻双方自愿离婚的，应当签订书面离婚协议，并亲自到婚姻登记机关申请离婚登记。依据该规定，离婚作为解除婚姻关系的身份法律行为，要求当事人亲自到婚姻登记机关作出离婚的意思表示，该离婚的意思表示不适用代理。综上，本题应选D项。

9. D。

甲在婚姻关系存续期间以个人名义为家庭日常生活负债50万元，依据《民法典》第1064条第1款的规定，属于夫妻共同债务。离婚时，夫妻共同债务应当共同偿还，甲、乙应当对共同债务承担连带清偿责任，而不是按份责任。法院生效判决已经对夫妻财产分割问题作出处理的，依据《婚姻家庭解释（一）》第35条的规定，债权人仍有权就夫妻共同债务向男女双方主张权利。因此，丙既可要求甲承担全部债务清偿责任，也可要求乙承担全部债务清偿责任。依据《民法典》第680条第2款规定，借款合同对支付利息没有约定的，视为没有利息。丙无权要求债务人支付利息。综上，本题应选D项。

10. D。

甲婚前以个人名义借款20万元，属于个人债务。飞跃百货有限公司为乙独资设立，但该公司是企业法人，是独立的民事主体，依法独立享有民事权利和承担民事义务。因此，20万元借款的债权人是飞跃公司，应由飞跃公司向债务人请求偿还。依据《婚姻家庭解释（一）》第33条的规定，债权人就一方婚前所负个人债务向债务人的配偶主张权利的，法院不予支持。但债权人能够证明所负债务用于婚后家庭共同生活的除外。甲婚前借款20万元用于装修婚房，用于婚后家庭共同生活，因此，该债务应认定为夫妻共同债务，由甲、丙共同清偿。综上，本题应选D项。

11. D。

《民法典》第1053条第1款规定，一方患有重大疾病的，应当在结婚登记前如实告知另一方；不如实告知的，另一方可以向法院请求撤销婚姻。依据该规定，一方在结婚登记前隐瞒重大疾病导致另一方不知情而与之结婚的，可请求撤销该婚姻。甲与乙的同性恋关系，不属于丙知情权的范围，甲没有告诉丙的义务，因此，丙不得以此为由请求撤销该婚姻。赠与房屋所有权转移后，丙父母即使意思表示不真实，也不具备《民法典》第663条第1款规定的撤销赠与条件。甲、丙婚姻关系存续期间接受丙父母赠与且该房屋登记在双方名下，是双方接受赠与所得财产，为双方共同所有。甲婚前创作的作品，婚后发表并获稿费10万元，为婚姻关系存续期间知识产权的收益，依据《婚姻家庭解释（一）》第24条的规定，属于夫妻共同财产。综上，本题应选D项。

12. C。

甲为聋哑人，存在听力障碍，但无民事行为能力障碍，是完全民事行为能力人，符合《民法典》第1143条规定的遗嘱能力。选项A错误。依据《民法典》第1135条的规定，甲立代书遗嘱，应当有两个以上见证人在场见证，由其中一人代书，并由遗嘱人、代书人和其他见证人签名，注明年、月、日。甲使用哑语表达遗嘱内容，见证人应当具备哑语听读能力。但丙略通哑语，显然不能达到见证人所需的能力标准，依据《民法典》第1140条第1项的规定，不具备见证人资格，不能作为遗嘱见证人，遗嘱因不具备见证人数量要求而无效。综上，本题应选C项。

13. C。

继承开始前，继承人享有对被继承人遗产的继承权，但该继承权是客观意义的继承权，是继承人对被继承人遗产的继承资格，专属于继承人，不得转让。继承人继承被继承人的权利，无论是客观意义上的权利还是主观意义上的权利，虽以一定的亲属身份为基础，但本质上是被继承人遗产权利的变动，属于财产权而非身份权。甲、乙之间的继承权转让协议，以客观意义上的继承权作为标的物，而该标的物禁止流通，因此协议无效，不具有法律效力。继承开始前甲对被继承人的遗产享有继承权，只是该继承权为期待权，实现的条件尚不具备。综上，本题应选C项。

14. D。

《民法典》第 1117 条规定，收养关系解除后，养子女与养父母以及其他近亲属间的权利义务关系即行消除，与生父母以及其他近亲属间的权利义务关系自行恢复。但是，成年养子女与生父母以及其他近亲属间的权利义务关系是否恢复，可以协商确定。依据该规定，收养关系解除后，未成年养子女与生父母间的权利义务关系自行恢复，成年养子女与生父母间的权利义务关系是否恢复，由双方以明示意思表示的方式协商确定恢复，而不是以其行为推定恢复。《民法典》第 1118 条规定，收养关系解除后，经养父母抚养的成年养子女，对缺乏劳动能力又缺乏生活来源的养父母，应当给付生活费。依据该规定，收养关系解除后，养子女给付养父母生活费的义务，是其享有受养父母抚养权利的回报，是权利义务一致原则的体现，不能因此取得对养父母遗产的继承权。综上，本题应选 D 项。

15. A。

《婚姻家庭解释（一）》第 40 条规定，婚姻关系存续期间，夫妻双方一致同意进行人工授精，所生子女应视为婚生子女，父母子女间的权利义务关系适用《民法典》的有关规定。依据该规定乙经甲同意进行人工授精所生丙，应视为甲的婚生子女。甲虽非丙生物学父亲，但因其同意乙进行人工授精，丙出生后甲即取得法律意义父亲的身份，甲无权否认丙的亲子地位。丙是甲的婚生子女，依据《民法典》第 1127 条第 3 款的规定，是甲的继承人。甲有权以遗嘱方式处分个人死亡时遗留的财产，但应当按照《民法典》第 1141 条的规定，为缺乏劳动能力又没有生活来源的继承人保留必要的遗产份额。甲未保留丙的必要遗产份额，该部分遗嘱无效，不是遗嘱全部无效。综上，本题应选 A 项。

16. A。

《民法典》第 1124 条第 1 款规定，继承开始后，继承人放弃继承的，应当在遗产处理前，以书面形式作出放弃继承的表示；没有表示的，视为接受继承。该规定表明，继承人是遗产的共有人。继承人对遗产虽有应继份，但该应继份并不是确定的共有份额，因此，继承人对遗产的共有是共同共有。继承开始后，丙一直占有使用遗产，对此，乙、丁没有表示反对。丙从未否认乙、丁的继承权，而是否认乙、丁的分割请求权，因此，丙侵害的是乙、丁的共有权，而不是乙、丁的继承权。依据《民法典》第 188 条第 2 款的规定，自权利受到损害之日起超过 20 年的，法院不予保护。但乙、丁的共有权在其提出分割要求时因被丙拒绝而受到侵害，乙、丁提起诉讼时权利受到损害未超过 20 年。综上，本题应选 A 项。

17. D。

《民法典》第 1144 条规定，遗嘱可以附负担。甲所立遗嘱中的"乙应与丙女结婚"，属于附负担遗嘱，而非附条件。遗嘱人知道负担无效就不会立遗嘱的，则负担无效，遗嘱无效。甲在遗嘱中明确乙不履行义务时，其继承的遗产由丁继承，可认定为知道负担无效不会立遗嘱，因此，甲所立其遗产由乙继承的遗嘱无效。甲为乙附加的义务违反婚姻自由原则，负担无效，遗嘱亦无效，乙无遗嘱继承权。综上，本题应选 D 项。

18. B。

《继承解释（一）》第 9 条规定，继承人伪造、篡改、隐匿或者销毁遗嘱，侵害了缺乏劳动能力又无生活来源的继承人的利益，并造成其生活困难的，应当认定为《民法典》第 1125 条第 1 款第 4 项规定的"情节严重"。甲将遗嘱放入口袋，客观上造成使遗嘱毁损的结果。但销毁遗嘱通常是继承人出于争夺遗产或者其他目的而实施的完全破坏、毁灭遗嘱的行为，是否应认定为销毁遗嘱的行为，应以行为人的主观心态为标准，不能以行为结果是否损害了相关继承人利益以及其他继承人对被毁损遗嘱是否认可为标准。丙主观上并无争夺遗产或其他目的，其行为不构成销毁遗嘱，不具备《民法典》第 1125 条第 1 款第 4 项中的丧失继承权情形。综上，本题应选 B 项。

19. D。

依据《民法典》第 1161 条的规定，继承人放弃继承的，对被继承人依法应当缴纳的税款和债务可以不负清偿责任。继承开始后甲子放弃继承权，对遗产债务可以不负清偿责任。甲生前负有个人债务 120 万元，死后留有遗产价值 150 万元，法定继承人继承所得遗产不足以清偿债务。《民法典》第 1163 条规定，既有法定继承又有遗嘱继承、遗赠的，由法定继承人清偿被继承人依法应当缴纳的税款和债务；超过法定继承遗产实际价值部分，由遗嘱继承人和受遗赠人按比例以所得遗产清偿。甲的法定继承人甲妻和甲母，应当以分得的遗产实际价值清偿债务。但甲母为缺乏劳动能力又没有生活来源的继承人，应当为其保留必要的遗产。乙接受遗赠后、遗产分割前死亡，依据《继承解释（一）》第38条的规定，其接受遗赠的权利转移给他的继承人乙子。综上，法定继承人甲妻、甲母、甲弟，应当承担对甲遗产债务的清偿责任。同时，遗嘱继承人甲弟、受遗赠人乙之子亦应就不足清偿部分按比例承担清偿责任。综上，本题应选D项。

20. C。

甲、乙在生母与继父丙结婚后，受继父丙的抚养教育，依据《民法典》第1127条第3款的规定，甲、乙有权继承继父丙的遗产。甲随后被丙收养，依据《民法典》第1111条的规定，甲与丙形成养父子关系，与生父的权利义务消除。因此，甲被收养后，对继父乙的遗产有继承权，对生父的遗产没有继承权。乙与丙并没有形成收养关系，乙继承继父遗产后，仍有继承生父的遗产。综上，本题应选C项。

二、多项选择题

1. BC。

《婚姻家庭解释（一）》第71条第1款规定，法院审理离婚案件，涉及分割发放到军人名下的复员费、自主择业费等一次性费用的，以夫妻婚姻关系存续年限乘以年平均值，所得数额为夫妻共同财产。依据该规定，甲的自主择业费不是全部为夫妻共同财产，选项A错误。乙结婚时购置的家具，为婚姻关系存续期间所得财产，依据《民法典》第1062条的规定，应当为夫妻共同财产。长篇小说《军人》发表获得的稿费，为婚姻关系存续期间所得的知识产权收益，为夫妻共同财产。甲姑妈遗赠给甲的房屋，属于甲婚前受赠所得财产，依据《民法典》第1063条第1项的规定，归甲个人所有。综上，本题应选B、C项。

2. ACD。

《民法典》第1075条第1款规定，有负担能力的兄、姐，对于父母已经死亡或者父母无力抚养的未成年弟、妹，有扶养的义务。甲为某高校学生，没有负担能力，对乙不承担扶养义务。甲在家务农并兼做木工，有负担能力。乙为甲父母收养的养子，依据《民法典》第1111条第1款的规定，与甲形成兄弟姐妹权利义务关系，甲对养弟乙有扶养的义务。甲为饭店厨师，有负担能力，但乙为生父的继子，虽受生父抚养教育与生父产生父母子女权利义务关系，但该父子关系的拟制效力不能直接及于甲，甲对继弟乙不承担扶养的义务。甲失业在家，没有负担能力，对同父异母弟弟乙不承担扶养义务。综上，本题应选A、C、D项。

3. BC。

《婚姻家庭解释（一）》第33条规定，债权人就一方婚前所负个人债务向债务人的配偶主张权利的，法院不予支持，但债权人能够证明所负债务用于婚后家庭共同生活的除外。乙婚前借款10万元用于美发店经营，但婚后美发店的经营收入用于家庭共同生活，该债务应认定为夫妻共同债务，由双方以共同财产清偿。婚后所负债务，发生在夫妻关系存续期间，但该债务是分居期间乙个人经营所负债务，依据《民法典》第56条的规定，应当以个人财产承担。综上，本题应选B、C项。

4. ABD。

《民法典》第1079条第3款第1项规定，与他人同居，调解无效的，应当准予离婚。《婚姻家庭解释（一）》第2条规定，《民法典》第1042条、第1079条、第1091条规定的“与他人同居”的情形，是指有配偶者与婚外异性，不以夫妻名义，持续、稳定地共同居住。丈夫公然与另一女性长期同居，属于与他人同居的情形，妻子坚决要求离婚，应认定为感情破裂。丈夫因强奸罪被判处有期徒刑10年，严重伤害夫妻感情，妻子坚决要求离婚，应认定感情破裂。选项A正确。包办婚姻的一方，婚后难以接受另一方，随即提出离婚，说明双方没有建立起感情，应视为夫妻感情确已破裂。夫妻发生争吵，妻子一怒之下回娘家居住，与丈夫分居，是婚姻关系存续期间夫妻正常的矛盾表现，不能以此认定夫妻感情确已破裂。综上，本题应选A、B、D项。

5. ABCD。

乙婚后辞职在家，全职抚育子女、照料老人，付出较多，依据《民法典》第 1088 条规定，离婚时有权向甲请求予以补偿。因长期脱离社会，乙生存技能降低，离婚后生活困难，依据《民法典》第 1090 条的规定，有权利请求有负担能力的甲给予适当帮助。甲有配偶与他人同居，导致离婚的后果，有严重过错，乙有权依据《民法典》第 1087 条的规定，请求法院在夫妻共同财产分割时予以照顾，并可依据《民法典》第 1091 条的规定，请求甲进行离婚损害赔偿。综上，本题应选 A、B、C、D 项。

6. BCD。

《民法典》第 74 条规定，法院审理离婚案件，涉及分割夫妻共同财产中以一方名义在合伙企业中的出资，另一方不是该企业合伙人的，当夫妻双方协商一致，将其合伙企业中的财产份额全部或者部分转让给对方时，按以下情形分别处理：(1) 其他合伙人一致同意的，该配偶依法取得合伙人地位；(2) 其他合伙人不同意转让，在同等条件下行使优先购买权的，可以对转让所得的财产进行分割；(3) 其他合伙人不同意转让，也不行使优先购买权，但同意该合伙人退伙或者削减部分财产份额的，可以对结算后的财产进行分割。依据该规定，选项 A 错误，选项 B、C 正确。《婚姻家庭解释（一）》第 82 条规定，夫妻之间订立借款协议，以夫妻共同财产出借给一方从事个人经营活动或者用于其他个人事务的，应视为双方约定处分夫妻共同财产的行为，离婚时可以按照借款协议的约定处理。甲自夫妻共同财产中借出的 10 万元，用于家庭日常生活，不是用于个人事务，依据该规定，离婚时不能按照借款协议约定处理，甲对乙不负清偿义务。综上，本题应选 B、C、D 项。

7. CD。

甲丈夫去世后，甲独自生活，但有生活来源和自理能力，不需要乙扶养。乙因与甲性格不合，与甲少有往来，不构成遗弃。甲丧失独立生活能力后，虽拒绝乙的照料，但不能免除乙的赡养义务。因乙没有履行赡养义务是因甲的行为所致，故不影响乙的继承权。乙未与甲共同生活，对甲扶养较少，依据《民法典》第 1130 条第 3 款的规定，分配遗产时，可以少分。综上，本题应选 C、D 项。

8. BD。

甲被宣告死亡，妻子乙和儿子丙作为第一顺序法定继承人，有权继承其宣告死亡时遗留的个人合法财产。甲被宣告死亡后并未死亡，依据《民法典》第 49 条的规定，不影响该自然人在被宣告死亡期间实施的民事法律行为的效力。甲伪造证件骗取结婚登记，其与丁的结婚行为构成重婚，不具有法律效力。《民法典》第 51 条规定的“被宣告死亡的人的婚姻关系，自死亡宣告之日起消除”的效力，不能作为失踪人阻却其行为违法性的事由。因此，丁不是甲的法定继承人，但戊为甲的非婚生子女，是其法定继承人。甲被宣告死亡后，乙未再婚。但该死亡宣告并没有被法院撤销，乙与甲的婚姻关系不能恢复，故在甲自然死亡后，乙不是法定继承人。综上，本题应选 B、D 项。

9. AD。

《民法典》第 18 条规定，成年人为完全民事行为能力人，可以独立实施民事法律行为。16 周岁以上的未成年人，以自己的劳动收入为主要生活来源的，视为完全民事行为能力人。甲已满 16 周岁，以自己的劳动收入作为部分生活来源，不是主要生活来源，不能视为完全民事行为能力人。《民法典》第 1143 条规定，无民事行为能力人或者限制民事行为能力人所立的遗嘱无效。《继承解释（一）》第 28 条规定，遗嘱人立遗嘱时必须具有完全民事行为能力。无民事行为能力人或者限制民事行为能力人所立的遗嘱，即使其本人后来具有完全民事行为能力，仍属无效遗嘱。综上，本题应选 A、D 项。

10. AD。

《继承解释（一）》第 3 条规定，被继承人生前与他人订有遗赠扶养协议，同时又立有遗嘱的，继承开始后，如果遗赠扶养协议与遗嘱没有抵触，遗产分别按协议和遗嘱处理；如果有抵触，按协议处理，与协议抵触的遗嘱全部或者部分无效。甲生前与单位订立遗赠扶养协议，同时又立有遗嘱，遗赠扶养协议与遗嘱没有抵触，依据该规定，遗产分别按协议和遗嘱处理。《民法典》第 1123 条规定，继承开始后，按照法定继承办理；有遗嘱的，按照遗嘱继承或者遗赠办理；有遗赠扶养协议的，按照协议办理。依据该规定，结合《民法典》第1163条遗产债务"超过法定继承遗产实际价值部分，由遗嘱继承人和受遗赠人按比例以所得遗产清偿"的规定，遗嘱中既有遗嘱继承人，又有受遗赠人的，二者权利地位平等，没有先后顺序。《继承解释（一）》第4条规定，遗嘱继承人依遗嘱取得遗产后，仍有权依据民法典第1130条的规定取得遗嘱未处分的遗产。丙为甲第一顺序的法定继承人，丁为代位继承人，按照遗嘱继承甲的遗产后，依据该规定，对遗嘱未处分财产仍有法定继承权。综上，本题应选A、D项。

三、名词解释

1. 直系血亲，是指彼此之间具有直接血缘联系的亲属。

2. 抚养，是指父母或祖父母对子女或（外）孙子女经济上的供养和生活上的照料。

3. 收养的拟制效力，是指收养依法创设的亲属关系以及亲属间的权利和义务效力。

4. 继承权，是指自然人依据法律规定或者被继承人有效遗嘱承受被继承人遗产的权利。

四、简答题

1. 协议离婚与判决离婚的区别主要表现在：(1) 请求权的主体不同。协议离婚的请求权主体为夫妻双方，而判决离婚的请求权主体为夫妻中的一方。(2) 受理机关不同。协议离婚的机关为婚姻登记机关，而判决离婚的受理机关为法院。(3) 适用程序不同。协议离婚适用行政程序，而判决离婚适用诉讼程序。(4) 受理机关的审查目的不同。协议离婚主要是形式审查，而判决离婚强调的是实质审查。(5) 离婚标准不同。协议离婚的标准是双方达成离婚合意，而判决离婚的标准是夫妻感情确已破裂。

2. 养子女与形成抚养关系的继子女的区别主要表现在：(1) 父母子女身份关系的产生原因不同。养子女与养父母之间的权利义务关系是基于收养关系的成立而产生的，而继子女与继父母之间的权利义务关系是基于继父母抚养继子女的事实行为而发生的。(2) 父母子女间的权利义务关系不同。收养关系成立后，养子女与生父母之间的权利义务关系解除，仅产生养子女与养父母之间的权利义务关系；而继子女的生父母再婚后，继子女与生父母的权利义务关系并不解除，形成了继子女与生父母、继父母形成了双重权利义务关系。(3) 拟制效力的范围不同，养子女与养父母及其近亲属间形成法定近亲属关系，继子女与继父母之间产生权利义务，但继子女与继父母的近亲属之间不产生权利义务关系。(4) 拟制血亲父母解除权的行使不同。养父母离婚时，养父母任何一方无权单方解除与未成年养子女的收养关系；而继父母与生父母离婚时，继父或者继母有权单方解除与继子女之间已形成的抚养关系。

3. 经济补偿请求权与夫妻扶养请求权的区别主要表现在：(1) 权利性质不同。经济补偿请求权是离婚时一方对另一方的请求权，而夫妻扶养请求权是夫妻关系存续期间夫妻双方的相互请求权。(2) 发生时间不同。经济补偿请求权是离婚时发生的，而夫妻扶养请求权是在夫妻关系存续期间发生的。(3) 行使条件不同。经济补偿请求权的行使条件是请求方抚育子女、照料老人、协助另一方工作，夫妻扶养请求权的行使条件是请求方需要扶养但无须生活困难。(4) 请求内容不同。经济补偿请求权的内容是请求经济上的补偿，夫妻扶养请求权是请求经济上、生活上、精神上的相互照顾。

4. 遗赠与赠与的区别，主要表现在：(1) 行为的发生不同。遗赠为单方行为，而赠与是双方行为。(2) 对民事行为能力的要求不同。遗赠人须具有遗嘱能力，须为完全民事行为能力人，而遗赠人并不要求必须为完全民事行为能力人。(3) 方式不同。遗赠须依遗嘱进行，为要式行为，而赠与并不是要式行为。(4) 处分财产的范围不同。遗赠人处分自己的财产受必留份的限制，赠与人可以任意处分自己的财产。(5) 生效时间不同。遗赠自遗赠人死亡时生效，而赠与自双方意思表示一致时生效。

五、论述题

1. 子女对父母的赡养义务可以从以下方面理解：(1) 赡养的义务主体是成年子女，赡养的权利主体是缺乏劳动能力或者生活困难的父母。(2) 赡养义务的内容主要包括：赡养人应当履行对父母的经济上帮助、生活上照料和精神上慰藉的义务；赡养人对患病的父母应当提供医疗费的护理；赡养人应当妥善安排父母的住房；赡养人有义务耕种父母的承包地等。(3) 子女对父母的赡养义务，不因父母的婚姻关系变化而终止。(4) 子女不履行赡养义务的，父母有权请求法院强制子女履行。子女有遗弃、虐待行为，构成犯罪的，应当依法追究刑事责任。

2. 代位继承和转继承的区别主要表现在：(1) 继承权的性质不同。代位继承是继承人直接参加被继承人遗产的继承，并且是基于其代位继承权而取得继承被继承人遗产的权利；而转继承是在继承人直接继承后又转由转继承人继承被转继承人的遗产，而不是对被继承人遗产的继承权。(2) 发生的时间不同。代位继承发生在继承开始前被代位继承人死亡的情形下，即被继承人的子女或者兄弟姐妹先于被继承人死亡；而转继承发生在继承开始后、遗产分割前被转继承人死亡的情形下。(3) 继承权的主体不同。代位继承中的主体具有限定性，代位继承人是被代位继承人的直系晚辈血亲或子女；而转继承的主体并无限制，转继承人是被转继承人死亡时生存的所有继承人。(4) 继承权的客体不同。代位继承的客体是被代位继承人不能取得的应继份，而转继承的客体是被转继承人未能分得的遗产份额。(5) 适用的范围不同。代位继承只适用于法定继承，不适用于遗嘱继承；而转继承可以发生在法定继承中，也可以发生在遗嘱继承中。

六、案例分析题（每题 10 分，共 10 分）

1. (1) 甲、乙 1994 年 2 月 1 日《婚姻登记管理条例》实施之后未办理结婚登记，即以夫妻名义同居生活，依据《婚姻家庭解释（一）》第 7 条的规定，双方的关系为同居关系。

(2) 甲、乙补办结婚登记后，完成结婚登记，确立婚姻关系。《婚姻家庭解释（一）》第 6 条规定，男女双方依据《民法典》第 1049 条规定补办结婚登记的，婚姻关系的效力从双方均符合《民法典》所规定的结婚的实质要件时起算。甲、乙同居生活时已符合法律规定的结婚条件，基于补办结婚登记的溯及力，甲、乙自以夫妻名义共同生活之日起即成立婚姻关系。

(3) 我国实行两审终审制。一审准予离婚的判决作出后，在上诉期内甲提起上诉，一审判决不生效力，甲、乙婚姻关系仍然存续。二审期间，乙因意外事故死亡后，甲、乙的婚姻关系因一方死亡而终止。

(4) 乙死亡前，因解除甲、乙婚姻关系的一审判决没有生效，乙死亡时甲仍具有乙的配偶身份，有权作为第一顺序继承人继承乙的遗产。但因甲对乙持续实施家庭暴力，已构成虐待。如果虐待行为情节严重，构成继承权丧失的法定事由，其继承权被剥夺后，则丧失对乙继承的继承权。

2. (1) 甲不是丙的遗产继承人。依据《民法典》第 1124 条第 1 款的规定，继承开始后，继承人没有表示放弃继承的，视为接受继承。但被继承人可以立遗嘱处分个人财产，排除法定继承人对遗产的继承权。甲母在遗嘱中取消了甲对其遗产的继承权利，甲自继承开始便不具有继承被继承人遗产的身份，不得参与继承法律关系取得对被继承人遗产的继承权利。

(2) 甲与乙达成遗产分割协议的行为为可撤销民事行为。乙在不知丙有遗嘱的情况下，误认甲是丙的继承人而与之达成遗产分割协议。依据《民法典》第 147 条的规定，基于重大误解实施的民事法律行为，行为人有权请求法院或者仲裁机构予以撤销。

(3) 乙撤销遗产分割协议的请求不能被法院支持。依据《民法典》第 152 条第 1 款第 1 项的规定，重大误解的当事人自知道或者应当知道撤销事由之日起 90 日内行使撤销权，没有行使撤销权的，撤销权消灭。乙知道丙将全部遗产留给自己的遗嘱后，未在 90 日内行使撤销权，撤销权消灭，遗产分割协议有效。

图书在版编目（CIP）数据

婚姻家庭继承法练习题集/房绍坤，范李瑛，纪力玮编著．--北京：中国人民大学出版社，2022.8
21世纪法学系列教材配套辅导用书
ISBN 978-7-300-30895-1

Ⅰ.①婚… Ⅱ.①房… ②范… ③纪… Ⅲ.①婚姻法-中国-高等学校-习题集 ②继承法-中国-高等学校-习题集 Ⅳ.①D923－44

中国版本图书馆CIP数据核字（2022）第139224号

21世纪法学系列教材配套辅导用书
婚姻家庭继承法练习题集
房绍坤 范李瑛 纪力玮 编著
Hunyin Jiating Jichengfa Lianxitiji

出版发行	中国人民大学出版社		
社　址	北京中关村大街31号	**邮政编码**	100080
电　话	010－62511242（总编室）		010－62511770（质管部）
	010－82501766（邮购部）		010－62514148（门市部）
	010－62515195（发行公司）		010－62515275（盗版举报）
网　址	http://www.crup.com.cn		
经　销	新华书店		
印　刷	唐山玺诚印务有限公司		
规　格	215mm×275mm　16开本	**版　次**	2022年8月第1版
印　张	12.25	**印　次**	2023年1月第2次印刷
字　数	351 000	**定　价**	38.00元

《　　　　　　》※任课教师调查问卷

为了能更好地为您提供优秀的教材及良好的服务，也为了进一步提高我社法学教材出版的质量，希望您能协助我们完成本次小问卷，完成后您可以在我社网站中选择与您教学相关的1本教材作为今后的备选教材，我们会及时为您邮寄送达！如果您不方便邮寄，也可以申请加入我社的**法学教师QQ群：436438859（申请时请注明法学教师）**，然后下载本问卷填写，并发往我们指定的邮箱（cruplaw@163.com）。

邮寄地址：北京市海淀区中关村大街31号中国人民大学出版社806室收

邮　　编：100080

再次感谢您在百忙中抽出时间为我们填写这份调查问卷，您的举手之劳，将使我们获益匪浅！

基本信息及联系方式：※

姓名：______________ 性别：______________ 课程：______________________________

任教学校：________________________________ 院系（所）：________________________

邮寄地址：________________________________ 邮编：____________________________

电话（办公）：______________ 手机：______________ 电子邮件：________________

调查问卷：※

1. 您认为图书的哪类特性对您选用教材最有影响力？（　　）（可多选，按重要性排序）

   A. 各级规划教材、获奖教材　　B. 知名作者教材

   C. 完善的配套资源　　D. 自编教材

   E. 行政命令

2. 在教材配套资源中，您最需要哪些？（　　）（可多选，按重要性排序）

   A. 电子教案　　B. 教学案例

   C. 教学视频　　D. 配套习题、模拟试卷

3. 您对于本书的评价如何？（　　）

   A. 该书目前仍符合教学要求，表现不错将继续采用。

   B. 该书的配套资源需要改进，才会继续使用。

   C. 该书需要在内容或实例更新再版后才能满足我的教学，才会继续使用。

   D. 该书与同类教材差距很大，不准备继续采用了。

4. 从您的教学出发，谈谈对本书的改进建议：____________________________

____

____

选题征集：如果您有好的选题或出版需求，欢迎您联系我们：

联系人：黄　强/宁丹丽　联系电话：010-62515955/5536

索取样书：书名：____

书号：____

备注：※ 为必填项。